# 数据素养
## 数据使用者指南

[美]戴维·赫佐格（David Herzog）◎著
沈浩 李运◎译

*Data Literacy*

A USER'S GUIDE

中国人民大学出版社
·北京·

## 译序

# 开启认识数据世界的大门

沈　浩

我为中国传媒大学的本科生和研究生开设"基础统计学"这门课程很多年了，对于很多新闻传播学科的同学而言，这是他们在大学期间学习数据知识为数不多的机会。所以在授课的过程中，我也非常喜欢引用生活中或者科研中碰到的例子，来引发大家对于数据的兴趣。我经常告诉同学们，新闻传播学科，或者广义上的"文科"，并非就不需要与数据打交道。早在20世纪80年代，就有研究《红楼梦》的学者，利用统计学中"聚类"的方法考察《红楼梦》不同回目的作者是否为同一人。可见对于任何学科而言，数据统计的知识都能发挥特定的作用，甚至在某些学科中提供崭新的研究视角。当前新闻传媒领域中，数据新闻的兴起，大量统计图表和信息可视化的运用，也证明了数据在帮助记者"讲故事"方面有巨大的价值。

然而，万丈高楼平地起，无论是数据知识的掌握，还是数据素养的养成，都需要系统学习的过程，其中最重要的，就是在刚刚开始学习的过程中，对数据产生感知，熟悉获取、评估、整理数据的流程。这些基础的工作虽然烦琐甚至有时候是枯燥无味的，但是任何技艺高超的运动员都不会忽视基本功的练习，对于初学者而言，打下牢固的基础，养成良好的数据处理习惯更有着重要的意义。

此次有幸受邀翻译的《数据素养：数据使用者指南》这本书，正是一本教给大家如何打下数据知识的基础、培养数据素养的清晰指南。这本书真正做到了面向零基础的读者，以一种手把手式的教学方法，一点一滴地扩展读者对数据的认识，最终达到习得养成数据素养的目的。

本书的结构简明清晰，首先介绍了如何定义"数据"，它和"信息""知识"乃至"智慧"之间有什么样的结构关系。厘清这几者的区别和联系，是我们认识数据、理解数据是如何产生价值的基础。我在《数据新闻：现代视角下的历史图景》一文中曾经提到：数据新闻，相对于它的前辈计算机辅助新闻报道，或者精确新闻，对于新闻领域的变革更为剧烈深刻。精确新闻与数据新闻有着本质不同，无论是在方法论还是在社会地位层面皆如此。精确新闻的底色是传统实证研究，分析的数据是小样本，解释力相对有限；数据新闻诞生在完整意义的"信息社会"中，它不仅依赖数据分析与挖掘能力，更是一种新闻思维和观念的转变。数据新闻立足于对新近发生的事件予以数据支持，或者从大量数据中提取出可供报道的事实性信息。这一描述既适用于新闻领域，也适用于其他学科，对数据的大量使用，乃至自然科学的研究范式的引入，具有一定的解释效应。简言之，数据是提炼信息的基础，我们能够从数据中提取信息，从信息中提炼知识。反过来讲，一个学科成熟的标志，正是其能够被数据化解构，被数据描述。

对于数据的理论构建甚至争议也是近年来学界热门的话题。抛开这些深层次的学术探讨，对本书的读者，或者数据领域的初学者来说，正确认识数据在认知体系中的位置和角色，是培养数据素养的第一步。接下来本书将对数据的认知过程进行分解。这一过程大致包括：获取数据—评估和清洗数据—分析数据—可视化数据。也许有时候因为分工的细致，我们的工作会局限于其中的某个部分，但是对于希望习得养成数据素养的初学者而言，需要明确的是，上述步骤共同构建了我们与数据打交道的全过程，培养数据素养，上述流程的学习缺一不可。

其中，我希望特别强调的是本书第 2 部分"识别并获取数据"和第 3 部分"评估和清洗数据"的内容。在处理数据的流程中，分析和可视化的结果往往以最终产品的面目出现，以至于很多初学者也将最大注意力放在了这个部分。然而不管是振奋人心的结果，还是优美的可视化图表，都是建立在正确获取和清洗了数据的基础上的。在数据获取方面，本书提供了许多基于美国各类数据库的例子。美国在数据开放方面确实走在了世界前列，我特别希望我们国家能有更多数据库开放出来。而数据的评估和清洗也是在处理流程中经常被忽视的领域。例如在开始一项分析前，我经常会提醒学生对原始数据进行备份，这也与本书反复强调的操作规范不谋而合。希望大家注意的是，数据的完整、规范是一切分析的基础。

如同本书作者所言，这个时代人人都需要基本的数据素养。我曾经在另一篇文章《大数据助力社会科学研究：挑战与创新》中指出，大数据时代已经来临，从海量数据中发现知识，寻找隐藏在数据中的模式、趋势和相关性，揭示社会现象与预知社会发展规律，这些都需要我们拥有更好的数据洞察力。随着社交网络、移动互联网和物联网的兴起，数据会越变越大，网络科学和数据科学提供了新的科学发展观和方法论。大数据对社会生活、媒介生态和商业带来的机遇与挑战是颠覆性的，大数据同时带来了社会科学研究的春天，我们必须拥抱大数据。

我想这也是本书作者写作的初衷，既然我们处在一个由数据带来的变革时代，那么借助一本通俗易懂的读物，帮助更多人扩展对数据的认识，习得养成数据素养，是一件令人欣慰的事情。我也希望更多读者能够借助此书开启认识数据世界的大门，里面有更多精彩等待着您。

# 简要目录

序言：数据素养的赞歌 / 1
致谢 / 4

**第 1 部分　欢迎来到数据世界 / 1**
　　第 1 章　定义数据 / 3

**第 2 部分　识别并获取数据 / 15**
　　第 2 章　寻找数据线索 / 17
　　第 3 章　在线数据库 / 32
　　第 4 章　发现和申请离线数据 / 55

**第 3 部分　评估和清洗数据 / 73**
　　第 5 章　数据污染无处不在 / 75
　　第 6 章　数据完整性校验 / 84
　　第 7 章　让数据变为可用形态 / 106

**第 4 部分　分析数据 / 127**
　　第 8 章　数字概括与对比 / 129
　　第 9 章　计算汇总统计和数字对比 / 135
　　第 10 章　用电子表格管理数据库 / 146

第 5 部分　数据可视化 / 159
　　第 11 章　将你的数据可视化 / 161
　　第 12 章　选择图表 / 165
　　第 13 章　用 EXCEL 制作图表 / 174
　　第 14 章　用网络工具制作图表 / 187
　　第 15 章　更高级的分析方式 / 199

附录　数据工具包 / 205
术语表 / 208
参考文献 / 215
索引 / 219
译后记 / 230

# 详细目录

序言：数据素养的赞歌 / 1
致谢 / 4

## 第1部分 欢迎来到数据世界 / 1

### 第1章 定义数据 / 3
攀登金字塔 / 7
数据世界简史 / 9
数据文件格式 / 10

## 第2部分 识别并获取数据 / 15

### 第2章 寻找数据线索 / 17
机构为何要收集、分析并发布数据，它们是怎样做的？ / 17
从数据录入中获取线索 / 22
从报告中获取线索 / 26
发现表格和报告的技巧 / 29
个人练习 / 30

### 第3章 在线数据库 / 32
目标：数据门户 / 33

统计层面的储备 / 38

机构的网站 / 42

民间的资源 / 44

数据搜索技巧 / 46

别忘了数据说明书 / 46

下载、解压和检查数据文件 / 47

个人练习 / 54

第 4 章　发现和申请离线数据 / 55

离线数据的线索 / 55

寻找数据专家 / 61

申请数据 / 63

提起数据申请 / 65

《信息自由法案》的作用 / 65

协商解决（获取数据的）障碍 / 67

获得帮助 / 68

个人练习 / 70

## 第 3 部分　评估和清洗数据 / 73

第 5 章　数据污染无处不在 / 75

所有数据都是"脏兮兮"的 / 78

检测农业数据中的污渍 / 81

改变规则＝改变数据 / 81

个人练习 / 83

第 6 章　数据完整性校验 / 84

全局校验 / 86

细节校验 / 87

个人练习 / 105

第 7 章　让数据变为可用形态 / 106

将数据分列 / 107

连接不同列数据 / 115

日期处理技巧 / 118

使用 OpenRefine 有效地清洗数据 / 119

从 PDF 文件中提取数据 / 124

个人练习 / 125

# 第4部分　分析数据 / 127

第 8 章　数字概括与对比 / 129

简单概括统计 / 130

和什么进行对比？ / 132

基准点 / 133

个人练习 / 134

第 9 章　计算汇总统计和数字对比 / 135

按年份汇总的犯罪数据 / 136

最小值和最大值 / 137

数量变化 / 137

百分比变化 / 138

运行比率计算 / 140

运行比例计算 / 142

个体占总体的百分比 / 143

更多汇总技巧 / 144

个人练习 / 145

第 10 章　用电子表格管理数据库 / 146

排序 / 146

筛选 / 150

分组和汇总 / 154

个人练习 / 158

| 第5部分 | 数据可视化 / 159

第 11 章　将你的数据可视化 / 161
数据可视化的定义 / 161
创建图表的指南 / 163

第 12 章　选择图表 / 165
用图表将数据可视化 / 165
个人练习 / 173

第 13 章　用 EXCEL 制作图表 / 174
饼状图 / 174
横向条形图 / 176
柱状图和折线图 / 177
散点图 / 182
股价图 / 183
迷你折线图 / 185
个人练习 / 186

第 14 章　用网络工具制作图表 / 187
在线可视化站点选择 / 189
网络可视化工具的利弊 / 192
创造融合统计图 / 193
个人练习 / 198

第 15 章　更高级的分析方式 / 199
数据库管理软件 / 199
统计分析软件 / 202

附录　数据工具包 / 205
术语表 / 208
参考文献 / 215
索引 / 219
译后记 / 230

# 序言

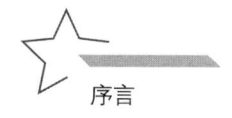

## 数据素养的赞歌

我们置身于一个充斥着数据的时代。在各个生活领域，诸如教育、政府管理、经济、公共安全、政治、国际发展、医疗、市场等方面，数据都帮助我们做出重要决定。然而对大多数人而言，理解和分析数据更像是一门暗黑艺术，我们更愿意把它交给"专家"。我们更愿意说："我们相信数据"。

然而，如果我们这样对待数据的话，可能会将自己置于危险境地。

我撰写这本书的想法始于2010年左右，那时科技、商业和大众传媒都非常着迷于"数据"。你每天都会在网络上读到这样的报道：政府如何建立开放数据门户，社会化媒体分析的进展怎样，大数据或者数据科学家将要改变世界。在这些报道中，只有极少数提及潜藏在数据中的陷阱和缺点，在我作为新闻工作者和教育者超过20年的职业生涯中，我对于这些潜在的陷阱再熟悉不过了。

随后发生的两件事进一步证明：我们需要超越这些关于数据的大肆宣传来真正理解数据。

第一件事情是：美国2012年大选时，一位《纽约时报》的博主纳特·西尔弗（Nate Silver），成功预言了奥巴马总统将轻松取得连任。西尔弗的预测是基于他对50个州民意调查数据的仔细分析。而在选举前，很多专家、政客和竞选团队成员都曾攻击过西尔弗的这一预测，他们认为竞争非常激烈，无法轻易得出这样的结论。然而事实证明西尔弗不仅准确预测奥巴马的轻松当选，他还准确预测了所有州的竞选结果。

第二件事发生在2013年春季，两位来自哈佛大学的经济学家被发现在一项具有广泛影响的关于联邦政府债务的研究中犯下计算错误。在该项研究中，这些经济学家得出了当债务规模超过国内生产总值的90%之后，经济增速将会骤降的结论。在新闻报道中，该研究被认为非常具有权威性。当届政府官员中的那些反对增加公共开支的人也将其作为捍卫自己观点的论据。然而，另一个经济学家团队在事后重新评估这项研究的数据，并指出其中的缺点，其中就包括一项Excel计算错误。

这些不同的案例表明：对我们而言，精通数据使用是多么重要。我们需要成为具有数据素养的人。

这本书旨在帮助学生习得数据素养的核心技巧并进行实践。因为每一个学生都需要成为具有数据素养的人，所以本书的目标读者包括来自所有学科、需要数据研究技巧的本科学生。这本书是一部探索我们所身处的数据丰裕世界的指南，它涵盖的步骤包含识别、获取、评估、清洗、分析以及可视化数据。

利用科研级数据来帮助学生入统计方法之门的教科书汗牛充栋。然而本书的一大特点是：使用那些容易上手的软件和政府数据，介绍一些基础的、非科研级的，但又是所有学生在他们的学术和职业生涯中应该掌握的研究技巧。

本书以实践的、要求上手操作的课程作为学习法则来串联与数据相关的背景知识。比如，第8章详述如何进行数字概括和对比，而第9章和第10章则介绍如何使用Excel软件来进行这些操作。

在那些涉及如何实现具体操作的章节中，我使用截图和按照步骤的详细介绍来帮助学生理解相关内容。此外，在大部分章节的最后，有供学生自行实践的个人练习与问题思考。例如在第3章的末尾，"个人练习"要求学生去寻找三个州政府或地方政府的可供下载的数据库（集）。

为了帮助学生和课程讲师学习全书内容并进行个人练习，笔者提供了相应部分的数据文件。这些文件简便易得，可以在SAGE出版公司的网站中找到，敬请访问：study.sagepub.com/herzog。

全书分为五个部分。第一部分用于向学生介绍当下这个充斥着数据的世界，以及它是如何被创建的。第二部分帮助学生建立数据概念，使得他们能够从网上或者线下的政府机构处获得可用数据。第三部分会引导他们学习一个处理流程：如何评估、理解、清洗数据。第四部分中，学生会接触到使用 Excel 电子表格来分析数据的最佳实践案例。第五部分将聚焦于如何用 Excel 和 Google Fusion Tables 来创建图表。

通过完成本书的学习，学生们终将掌握养成良好数据素养所必需的核心技能，而这些技能将成为他们在未来学习更高级分析技能时的重要基础。

# 致 谢

本书虽然以我的名字作为作者名,但实际上它是一部集体智慧的结晶。所以我希望在这里感谢一些向我提供帮助的人们。

首先感谢的一批人对本书的脱胎具有至关重要的作用,感谢我在2002年加入密苏里大学新闻学院以来结识的所有优秀的新闻工作者、老师和同学们,我非常有幸从他们那里学到很多知识。您在书中读到的许多内容都来自他们的传授和启迪。

同时,我也想感谢我过去和现在的同事们,他们分散在美国调查记者编辑协会、美国计算机辅助报道协会,同时我要特别感谢执行董事马克·霍维特(Mark Horvit)和前任执行董事布兰特·休斯顿(Brant Houston)。在密苏里大学新闻学院执教期间,我想感谢院长 H. 迪安·米尔斯(R. Dean Mills)和系主任汤姆·瓦霍沃(Tom Warhover)多年来坚定不移的支持。

我们学校的荣誉学生马德琳·奥德尔(Madeline Odle)协助本项研究。她的工作包括安排访谈、校对全书。她对本书有着难以估量的贡献并极大提升本书的质量。

我非常感谢以前的同事,现任佐治亚大学格雷迪学院院长的查尔斯·戴维斯(Charles Davis),他帮助我联系SAGE出版集团的CQ出版社。

感谢SAGE出版集团的组稿编辑马特·拜恩(Matt Byrnie)和编辑主任查理斯·基诺(Charisse Kiino)对承担这个项目的热情,也感谢SAGE的制作编辑纳塔莉·坎农(Natalie Cannon)和劳拉·巴雷特(Laura Barrett）、助理编辑加布丽埃勒·皮奇宁尼（Gabrielle Piccininni）和市场经理利兹·桑顿（Liz Thornton）对本书的贡献。我还要感谢文字编辑艾利森·霍普（Alison Hope）为书稿整理成形所作出的高质量工作。同时感谢以下几位审稿人对本书提出的建设性意见和建议：

吉姆·伯诺尔（Jim Bernauer），宾夕法尼亚州罗伯特莫里斯大学（Robert Morris University in Pennsylvania）；

约瑟夫·海登（Joseph Hayden），孟菲斯大学（University of Memphis）；

艾伯特·梅（Albert May），乔治华盛顿大学（The George Washington University）；

斯蒂芬·西弗（Stephen Siff），迈阿密大学（Miami University）；

戴维·瓦伦丁（David Valentine），密苏里大学杜鲁门公共事务学院（University of Missouri-Truman School of Public Affairs）。

最后，感谢我的家人和朋友在我写作期间提供的支持。特别感谢我的儿子本（Ben），在临近截稿之日时我全力倾心于写作，而他对我总是耐心包容。

## 出版机构致谢

SAGE 对以下审稿人的贡献表示感谢：

詹姆斯·A. 伯诺尔（James A. Bernauer），罗伯特莫里斯大学（Robert Morris University）；

迈克尔·塔格勒（Michael Tagler），印第安纳鲍尔州立大学（Ball State in Indiana）；

戴维·C. 瓦伦丁（David C. Valentine），密苏里大学（University of Missouri）。

# 第 1 部分
# 欢迎来到数据世界

# 第 1 章　定义数据

在我们开始探索数据世界之前，我们需要对"什么是数据？"有一个可靠的理解。这看起来似乎像是一个容易被忽略的技术性细节，但我觉得形成一种可靠的理解是非常重要的。不管是对于学生还是专业人士，它都能帮助我们与这个领域内的数据维护者和数据分享者进行更为有效的沟通。如果我们非常清楚自己在提及"数据"一词时所要表达的意涵，那么当我们在尝试从互联网或利用信息公开的相关法律获取数据时，就会变得更有效率。

"data"这个词汇是希腊文字"datum"的复数形式，它从诞生伊始已存在若干个世纪了，并非是一个新颖之物。然而，许多人误解并误用了"数据"这个术语。当人们想到、谈论或者书写所谓的"数据"时，他们通常指涉的是一般意义上的信息。比如，人们也许会说："那是一些很有意思的数据点。"或者说："你有数据来支撑那个观点吗？"在那些情况下，他们真正的意思是："那是一些很有意思的信息。"或者说："你有什么证据来支撑你的观点吗？"在诸如此类的情况下，他们有可能是指那些以文本、统计资料、表格甚至图表作为存储形式而存在的信息。

对于贯穿全书的"数据"概念，词典能够帮助我们进行一个明确的界定。部分词典对"数据"的定义实际上是较为宽泛的。韦氏词典对"数据"的基本定义是："作为推断、讨论或者计算之基础的事实类信息（比如测量或统计获得的结果）。"牛津高阶美语词典也提供一个类似的基本定义："事实或信息，尤其是当它们用来核查、探寻事物的本质或进行决策时。"

如果我们浏览过这些普遍意义上的说法，我们会得到更接近"数据"本质的定义。牛津词典对"数据"的次要定义是："由计算机存储的信息。"这个定义有其正确的地方，但难以涵盖全貌。毕竟计算机中存储的音乐文件、文档或者照片也包含在此定义之下。韦氏词典对"数据"的第三重定义更加接近"数据"的本质："能够被数字化传递或处理的数字形式信息。"数据文件能够借助计算机网络进行数字化传输，能够利用计算机程序进行处理，因为数据是由数字化数据的最小存储单位——**比特**（bits）所组成的。

以上定义对达到我们的学习目的或者对于那些从事数据行业的专业人士而言都是不够的。在本书中，我们将"数据"定义为任何使用行∗列这样的表格结构来组织信息的计算机文件。这些信息囊括文本、数字、日期或其他形式。此外，这些文件是能够用电子表格和数据库管理软件来进行操作的，能够通过计算机网络进行传输。我们接下来将学习关于此类文件的更多内容。

| | A | B | C | D | E |
|---|---|---|---|---|---|
| 1 | MFG_FIRM_FEI_NUM | LGL_NAME | LINE1_ADRS | LINE2_ADRS | CITY_NAME |
| 2 | 3008347634 | Agostino Recca Conserve Alimentari Srl | Contrada Santa Maria | | Sciacca |
| 3 | 3007384564 | Banaful & Co. | 397 Sk Muhb Road | | Chittagong |
| 4 | 3004398937 | Prince Food Products | Commercial Plot No 2, Main Road 1, | Block B, Section 1, Mi | Dhaka |
| 5 | 3007450858 | Bangas ltd | Doulatdia,Chuadanga,bgangladesh. | | Chuadanga |
| 6 | 3008518445 | Square Consumer Products | Meril Road | Pabna 6600 | Salgaria |
| 7 | 3004276258 | Barnier | Zia Du Barier | 34110 Frontignan | Montepellier |
| 8 | 3004276258 | Barnier | Zia Du Barier | 34110 Frontignan | Montepellier |
| 9 | 3004276258 | Barnier | Zia Du Barier | 34110 Frontignan | Montepellier |
| 10 | 3004276258 | Barnier | Zia Du Barier | 34110 Frontignan | Montepellier |
| 11 | 3004276258 | Barnier | Zia Du Barier | 34110 Frontignan | Montepellier |
| 12 | 3004276258 | Barnier | Zia Du Barier | 34110 Frontignan | Montepellier |
| 13 | 3004276258 | Barnier | Zia Du Barier | 34110 Frontignan | Montepellier |
| 14 | 3004276258 | Barnier | Zia Du Barier | 34110 Frontignan | Montepellier |
| 15 | 3004255266 | Shanxi Changzhi Yunhai Foreign Trade Meat Co. Ltd | NO.41 Changan Road | | Changzhi |
| 16 | 3004255266 | Shanxi Changzhi Yunhai Foreign Trade Meat Co. Ltd | NO.41 Changan Road | | Changzhi |
| 17 | 3008356772 | Yiyuan Haida Foodstuffs Co Ltd | Lucun Town Yiyuan Countyzibo City | | Shandong |
| 18 | 3008356772 | Yiyuan Haida Foodstuffs Co Ltd | Lucun Town Yiyuan Countyzibo City | | Shandong |
| 19 | 3004251160 | Anhui Fuhuang Chaohu Sanzhen Co. Ltd | Huangglu Town, | | Chaohu |
| 20 | 3004251160 | Anhui Fuhuang Chaohu Sanzhen Co. Ltd | Huangglu Town, | | Chaohu |
| 21 | 3009521500 | THIEN MA SEAFOOD CO, LTD - FACTORY 3 | 2.11E STREET 9, TRA NOC II ZONE | O MON DISTRICT | Ho Chi Minh |
| 22 | 3008518445 | Square Consumer Products | Meril Road | Pabna 6600 | Salgaria |
| 23 | 3008518445 | Square Consumer Products | Meril Road | Pabna 6600 | Salgaria |

注：这是在电子表格中的数据。
资料来源：Food and Drug Administration.

数据文件可能含有被归纳和总计过后的信息。在下图这个例子中，这些关于破产的法律存档数据已经按照由某处的联邦地区法院、联邦巡回法院（审理）和破产类型等维度被归纳过了（United States Courts, n.d.a）。所以我们可以很容易从下图中读到：在2013年第一季度，马萨诸塞州（MA）的联邦地区法院共受理了3 207起个人和公司破产案，其中

33起案件按照《破产法》第11章（Total Chapter 11）处理。根据该条款，这些申请破产的企业可以进行重组并继续经营（United States Courts, n. d. b）。

展示这个已被归纳总结的破产案例文件的目的是向那些还不清楚如何操作原始数据的朋友们提供一些有用的信息。任何能够下载这个表格的人，都能很容易地获取发生在该季度的破产案件记录。你可以将它想象为一份已经写入各种信息的报告。

| | A | B | C | D | E | F | G | H | I | J | K | L | M | N | O |
|---|---|---|---|---|---|---|---|---|---|---|---|---|---|---|---|
| 1 | Table F-2. U.S. Bankruptcy Courts—Business and Nonbusiness Cases Commenced, by Chapter of the Bankruptcy Code, During the Three-Month Period Ending March 31, 2013, Based on Data Current as of March 31, 2013 ||||||||||||||| 
| 2 | | | | | | | Predominant Nature of Debt ||||||||| 
| 3 | Circuit and District | Total Filings | Total Chapter 7 | Total Chapter 11 | Total Chapter 12 | Total Chapter 13 | Business Filings |||| Nonbusiness Filings |||
| 4 | | | | | | | Total | Chapter 7 | Chapter 11 | Chapter 12 | Chapter 13 | Total | Chapter 7 | Chapter 11 | Chapter 13 |
| 5 | TOTAL | 272,296 | 189,083 | 2,345 | 103 | 80,737 | 8,512 | 5,703 | 1,990 | 103 | 689 | 263,784 | 183,380 | 355 | 80,048 |
| 6 | DC | 203 | 166 | 3 | 0 | 34 | 11 | 8 | 2 | 0 | 1 | 192 | 158 | 1 | 33 |
| 7 | 1ST | 7,988 | 5,230 | 101 | 9 | 2,648 | 327 | 183 | 84 | 9 | 51 | 7,661 | 5,047 | 17 | 2,597 |
| 8 | ME | 514 | 409 | 5 | 0 | 100 | 35 | 24 | 5 | 0 | 6 | 479 | 385 | 0 | 94 |
| 9 | MA | 3,207 | 2,553 | 33 | 3 | 618 | 92 | 55 | 22 | 3 | 12 | 3,115 | 2,498 | 11 | 606 |
| 10 | NH | 869 | 631 | 10 | 0 | 228 | 65 | 36 | 7 | 0 | 22 | 804 | 595 | 3 | 206 |
| 11 | RI | 869 | 752 | 3 | 0 | 114 | 33 | 30 | 2 | 0 | 1 | 836 | 722 | 1 | 113 |
| 12 | PR | 2,529 | 885 | 50 | 6 | 1,588 | 102 | 38 | 48 | 6 | 10 | 2,427 | 847 | 2 | 1,578 |
| 13 | 2ND | 11,190 | 9,131 | 243 | 2 | 1,803 | 564 | 283 | 237 | 2 | 31 | 10,626 | 8,848 | 6 | 1,772 |
| 14 | CT | 1,728 | 1,481 | 29 | 0 | 218 | 90 | 59 | 29 | 0 | 2 | 1,638 | 1,422 | 0 | 216 |
| 15 | NY, N | 2,016 | 1,576 | 13 | 2 | 425 | 49 | 26 | 13 | 2 | 8 | 1,967 | 1,550 | 0 | 417 |
| 16 | NY, E | 3,546 | 3,138 | 64 | 0 | 340 | 149 | 79 | 63 | 0 | 3 | 3,397 | 3,059 | 1 | 337 |
| 17 | NY, S | 2,246 | 1,758 | 125 | 0 | 356 | 219 | 82 | 120 | 0 | 10 | 2,027 | 1,676 | 5 | 346 |
| 18 | NY, W | 1,420 | 989 | 12 | 0 | 419 | 50 | 30 | 12 | 0 | 8 | 1,370 | 959 | 0 | 411 |
| 19 | VT | 234 | 189 | 0 | 0 | 45 | 7 | 7 | 0 | 0 | 0 | 227 | 182 | 0 | 45 |

注：法院破产案件数据。这张电子表格按照破产适用条款和受理法院所在地区汇总了这个时期的破产案件。

资料来源：United States Courts.

与上述已经被汇总处理过的信息不同，下图这样的数据文件提供的是原始数据。我们将此类数据识别为"原始数据"的标准在于：其中每一行数据包含了一个个体、地点或事件。对应以上的破产信息案例，一个原始数据文件的样貌是：每一行数据记录一个个人或者企业的破产案件。也许在它的第一行，还列出了表明各列数据含义的标题。

下图这个文件是一份简要的西雅图警方实时警情报告，它为说明什么是原始数据提供了一个绝佳案例。在这份报告中，表格中的每一行代表了警方在接警后所做的一次记录。恰如你在标题中所看到的，警察记录的数据包括：警情类型、对应的事件代码、发生地点、日期和具体时间，以及其他细节。

| | Offense Type | Summary Offense | Summarized Offen | Date Reported | Occurred Date or D | Occurred Date Ra | Hundred Block Loc | District/Sector | Zone/Beat |
|---|---|---|---|---|---|---|---|---|---|
| 1 | WARRARR-FELON | 5000 | WARRANT ARRES | 06/14/2013 08:10:0 | 06/14/2013 02:05:0 | 06/14/2013 08:10:0 | 3XX BLOCK OF 9 A | E | E3 |
| 2 | VEH-THEFT-AUTO | 2400 | VEHICLE THEFT | 06/14/2013 07:44:0 | 06/13/2013 10:30:0 | 06/14/2013 06:00:0 | 67XX BLOCK OF 2( | S | S1 |
| 3 | VEH-THEFT-AUTO | 2400 | VEHICLE THEFT | 06/14/2013 06:50:0 | 06/14/2013 04:00:0 | 06/14/2013 06:45:0 | 43XX BLOCK OF N | L | L3 |
| 4 | BURGLARY-FORC | 2200 | BURGLARY | 06/14/2013 05:44:0 | 06/14/2013 02:00:0 | | 38XX BLOCK OF 1( | F | F1 |
| 5 | ASSLT-NONAGG | 1300 | ASSAULT | 06/14/2013 02:13:0 | 06/14/2013 02:13:0 | | 42XX BLOCK OF U | U | U2 |
| 6 | ASSLT-NONAGG | 1300 | ASSAULT | 06/14/2013 01:51:0 | 06/14/2013 12:02:0 | | 24XX BLOCK OF B | O | O1 |
| 7 | ASSLT-NONAGG | 1300 | ASSAULT | 06/14/2013 01:15:0 | 06/14/2013 12:33:0 | | 13XX BLOCK OF E | E | E2 |
| 8 | THEFT-BUILDING | 2300 | OTHER PROPER | 06/14/2013 01:06:0 | 06/14/2013 01:06:0 | | 1XX BLOCK OF OC | K | K3 |
| 9 | DUI-LIQUOR | 5400 | DUI | 06/14/2013 01:04:0 | 06/14/2013 01:04:0 | | 7XX BLOCK OF 15 | G | G1 |
| 10 | ROBBERY-STREE | 1200 | ROBBERY | 06/14/2013 01:13:0 | 06/14/2013 11:45:0 | | 5 AV S/S JACKSO | K | K2 |
| 11 | OBSTRUCT | 4800 | OBSTRUCT | 06/14/2013 12:56:0 | 06/13/2013 11:50:0 | | 27XX BLOCK OF R | O | O1 |

注：西雅图警察局警情数据。

资料来源：https://data.seattle.gov/Public-Safety/Seattle-Police-Department-Police-Report-Incident/7ais-f98f.

近年来"开放政府"方案快速发展，作为这项方案的一部分，美国的市、县和州政府需要公开这些原始数据。譬如西雅图等城市公开这些数据文件，帮助美国公民和当地其他居民更好地理解政府的运作模式。此外，一些城市将这些文件做成某种特定格式后，开发者们可以方便地以这些数据为基础制作一些移动应用程序和 Web 应用程序，有效展示犯罪地点。

然而，对于没有接受过数据处理训练的普通人来说，这些文件几乎无法使用。缺乏数据处理经验的人仅仅能做的就是下载这些警情记录文件，在电子表格软件中打开并浏览它们，寻找一些基本信息，但是却无法对它进行任何计算，更谈不上生成报告了。

通常来说，我们更愿意获取原始数据。在分析原始数据时，研究者有更大的灵活性。我们可以自行决定如何对其进行汇总。以上述来自西雅图警局的文件为例，我们可以使用它来测定西雅图哪个街区的犯罪案件数量最多，或者入室盗窃案件数量最多。此外，我们更容易检查原始数据的完整性或者数据质量，我们将在第 5 章中详细探讨这个问题。对于熟练的数据使用者来说，原始数据是更佳选择。

在之前那个美国法院统计破产案件的文件中，由于缺乏关于每个案件的具体数据，我们在分析中难免会受限。如果我们想进行更高级的分析，就必须去网络中寻获原始数据。如果法院网站并未提供符合条件的数据，我们就需要向美国法院系统提交数据申请。

我们在这本书中使用的数据文件都是**二手数据**（secondary data），或者说是由非研究者（作者）自行收集的数据。一些学科和行业会分析自己收集的数据，这样的数据被称为**一手数据**（primary data）。一手数据在自然科学、社会科学和医学领域有着广泛应用。这些数据有时候通过抽样设计获得，或者从你的研究总体中选择子集来获得。随着你学术研究水平的不断提高，你可能会更多地处理一手数据。

以下是一些收集一手数据的案例：

- 一位心理学家希望研究电视中播放的禁烟广告的效果，于是他招募了一群受试者，让他们观看禁烟广告。通过记录受试者对于一系列后续问题的反应，这位心理学家收集到数据。
- 一位医学研究者希望试验一类抗癌药物的效果，于是他招募了一群受试者。这些受试者中的一部分服用抗癌药物，而另一部分则服用安慰剂。这位研究者通过检测受试人员服药后白细胞数量的变化，来评估这类药物的效果。
- 一位候选人雇用了一位政治投票顾问，这位顾问通过对潜在投票者进行电话访问的方式，询问投票者们关切的议题。

## 攀登金字塔

若希望更好地理解我们所处的世界，那么数据是一个起点，是原始的材料。在数据—信息—知识—智慧这个层级关系中，数据处于最底层。运筹学大师罗素·阿科夫大约在20年前提出这个层级关系（Ackoff，1989）。

注：数据—信息—知识—智慧的金字塔。
资料来源：R. L. Ackoff；illustration by author.

来自英国班戈大学（University of Bangor）的营销和管理学教授珍妮

弗·罗利（Jennifer Rowley）认为："这个金字塔的隐含假设是数据可以被用来创造信息；信息可以被用来创造知识；知识可以被用来创造智慧。"（Rowley，2007，164）

金字塔的顶端是一个崇高的目标，但也是有可能达到的。那么这些不同的部分是如何结合在一起的呢？我们如何能利用它们来攀登金字塔的顶峰呢？

罗利认为，数据处于金字塔的底端，是未经处理的符号，它代表了物或人所具备的特征。如果数据之间相互孤立，那么它们就处于无组织状态，并且没有任何意义与价值（Rowley，2007）。由于数据组成了金字塔的基底，并且覆盖了大面积区域，我们可以得出如下结论：我们被大量数据充斥着，且这些数据与金字塔中的其他要素有所关联。此外，数据还是其他所有层级的基础。

数据构筑了通往金字塔下一层级——"信息"的桥梁。我们通过计算机程序处理数据从而创造信息。例如，我们可以通过诸如 Excel 这样的电子表格软件创建总和、平均数这些有意义的描述性统计信息。或者如同本书接下来将会做的练习一样，我们可以利用数据计算比例和比率。我们可以使用诸如 Access 这样的数据库管理软件来实现更高级的分析，当然这超出了本书讨论的范畴。信息是具有描述性的：它可以回答"谁？什么？何处？何时？"这些问题（Rowley，2007）。

在我们生成信息之后，我们就可以创造知识，这要求我们对信息进行深思。当我们获得信息、将之加工后，加工产物可以成为实践依据时，知识便应运而生了（Rowley，2007）。知识可以帮助我们，以及任何领域的专业人士——如教师、政治研究者、商业分析师等，促使他们更好地进行决策。

如同 ESPN's FiveThirtyEight 网站的创办人兼总编纳特·西尔弗（序言中曾提到）所指出的，"世界自印刷媒体出现以来已经走过漫长岁月，信息不再是稀缺商品；我们拥有的信息远远超过自身所能处理的，其中又只有很少的信息是真正有用的。我们主观地、有选择性地获取信息，却甚少关注信息给自身带来的扭曲。当我们认为我们需要信息时，其实我们真正需要的是知识"（Silver，2012，17）。

帮助各位读者从数据中获取知识是本书的核心目标之一。当你已经能够从数据中提取知识后,你甚至能够攀登金字塔的顶峰并获取智慧。但这需要经验,需要价值观和判断力的锤炼(Rowley,2007)。

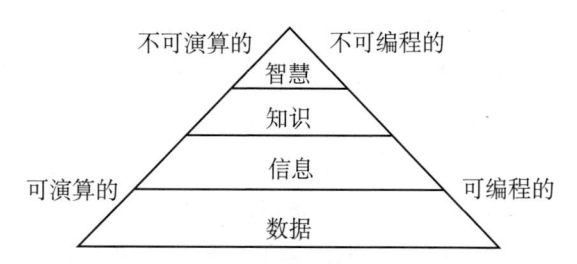

```
              不可演算的    不可编程的
                    ╱╲
                   ╱智慧╲
                  ╱──────╲
                 ╱  知识  ╲
                ╱──────────╲
    可演算的   ╱    信息    ╲   可编程的
              ╱──────────────╲
             ╱      数据      ╲
            ╱_____╲
```

注:修正后的数据—信息—知识—智慧的金字塔。
资料来源:Awad and Ghaziri; illustration by author.

请各位读者谨记高效运用数据不仅限于计算能力,它还需要思索和自我反思。当我们攀爬这个金字塔的时候,我们更多依赖的是自己的经验和思考,而不是计算机。阿瓦德(E. M. Awad)和加齐里(H. M. Ghaziri)在修正阿科夫的金字塔模型时解释了这一动态过程。修正后的模型出现在他们的商业知识管理教科书中,如上图所示(Awad and Ghaziri,2004)。

如同你看到的,这个修正后的金字塔模型表明处在基底的数据是能够为计算机程序或者**算法**(algorithms)所操作的,这里的算法意指用于解决某类数学问题的指令集。当上升到信息和知识这两个层面时,对程序和算法的依赖程度就没有那么强了。而在智慧这个层面,我们则完全不依赖它们。

## 数据世界简史

当前围绕开放数据门户、大数据和数据科学的讨论如此风靡,以至于容易让我们忽视数据和计算的根源,而这需要回溯到公元前 20000 年。①(The following discussion is based on Wolfram Alpha n. d.)那时我们的祖先发明了算术,将其作为一种计量物体数量的手段。此后,在公元前 2150 年到公元前 1700 年,他们创造了乘法和度量衡。在公元前 500 年左右,希腊学者和神秘人物毕达哥拉斯(Pythagoras)推动了一种思想:世界可以通过数字来加以理解。

---

① 对于数据和计算的根源及最早出现时间的说法不一,本书作者采用此说法。——编者注

若干年后的文艺复兴时期，妮科尔·奥里斯姆（Nicole Oresme）发展了用图表呈现数字的思想，这成为传播数据的重要工具。大约三个世纪之后，威廉·契克卡德（Wilhelm Schickard）发明了第一台可用于处理 6 位以内数字运算的木制机器。

工业革命带来更多革新，有助于创建我们如今身处的数据世界。著名的案例包括约瑟夫·玛丽·雅卡尔（Joseph Marie Jacquard）使用打孔卡片控制他位于法国的纺织厂内的织布机；查尔斯·巴比奇（Charles Babbage）创造了早期的机械计算机；赫尔曼·何乐礼（Herman Hollerith）利用打孔卡片将美国十年一次的人口普查结果自动制成表格。

20 世纪 40 年代揭开数字计算机时代的序幕，彼时的真空电子管计算机对存储为一系列数字格式的数据执行计算。1963 年，美国标准协会发展出了一套数据编码系统并一直沿用至今。这套系统被称为 **ASCII**，也就是美国信息交换标准代码的缩写。这套系统使得我们可以轻易分享数据，利用 ASCII 格式编码的文本文档也是最便携的数据文件。70 年代相关技术进一步飞跃，出现了更多更高级的产物，比如**数据库管理**（database manager）程序、交互式计算和首台个人计算机。

## 数据文件格式

你在计算机中存储的数据文件，无论是在 Mac 操作系统还是在 PC 系统上，大概有几百种存储格式。音频、视频和图像文件皆有其独特的存储格式并有其专属的**文件扩展名**（file extensions，在文件名以及 "." 之后的几位字母）（FileInfo.com, n. d.）。在本书中，我们主要聚焦于其中几种可以在**电子表格程序**（spreadsheet programs），例如 Excel 或者 OpenOffice Calc 上进行分析的数据文件格式。

微软的 Excel 工作簿有两种文件格式，它们都能在一个文件中保存多个表格。Excel 1997—2003 版本的表格文件扩展名为 **.xls**，而在伴随 Windows 新系统而来的 Office 2007 版本中，其文件扩展名为 **.xlsx**，其区别在于后者支持 **XML**，即可扩展标记语言。微软官方认为 XML 格式的文件体积更小，更稳定，互操作性更强（Microsoft Developer Network, n. d.）。

除了使用 Excel 原生文件，Excel 和 Calc 也支持打开其他电子表格的开放文件格式。这些文件的扩展名为".ods",开发它的目的在于提供一种开源的、有别于 Excel 专有格式的备选方案,它基于 XML 格式。此外,Excel 和 Calc 也能打开专有的 **dBASE** 数据文件格式,该类文件具有".dbf"的扩展名。

　　文本格式文件也许是所有文件格式中最有用的,因为几乎所有分析程序都能读取、操作、输出文本文件。在美国,文本文件通常以 ASCII 形式编码,大型计算机、服务器、Mac 计算机和 PC 都能读取这样的文件。采用 ASCII 格式编码的文本文件有两种形式:**固定宽度的**(fixed-width)和**使用分隔符的**(delimited)。对于两种形式的文件,你都可以使用诸如 Notepad++ 这样**文本编辑器**进行检查。Notepad++ 是一款运行于 Windows 平台之上的免费**开源软件**,它也具有处理大型文件的能力。**TextWrangler** 对于 Mac 系统来说是一个不错的选择,它也是免费的。

　　在以固定宽度形式存储的文本文件中,数据已经被很准确地分为了行和列。这样的数据表格形式正是我们所希望看到的。下面这个例子来自一张美国联邦航空管理局(Federal Aviation Administration)编撰的机种类

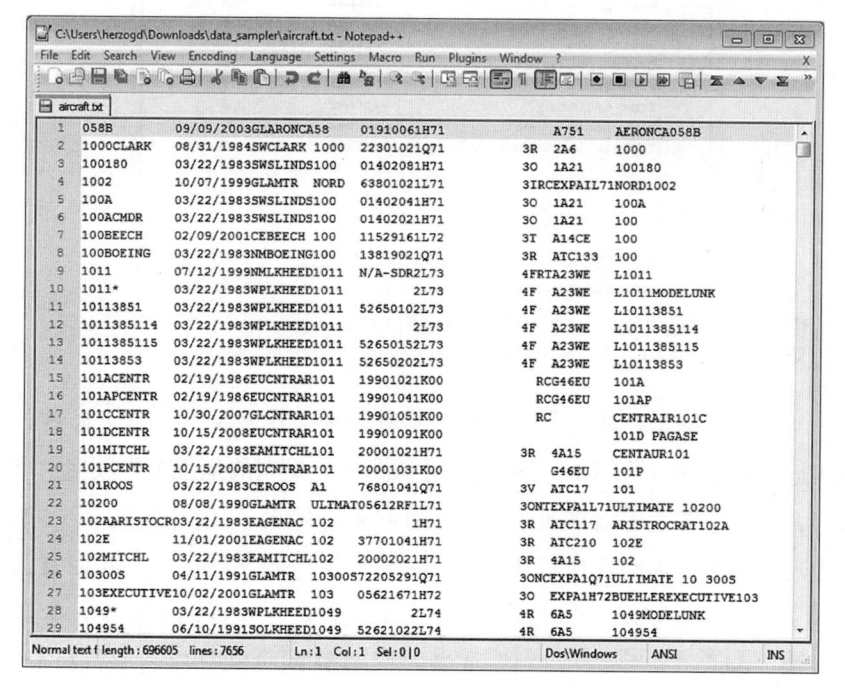

注:美国联邦航空管理局机种数据。这些被分隔成列的数据可以帮我们认识固定宽度文本文件。
资料来源:Federal Aviation Administration.

型表格。在这个 7 655 行的文件中,每一行都代表了一类飞机的数据。在目测这个文件时,关于应该在哪些地方进行列分隔,我们可能会做出一些可靠的、合理的推测,但我们对分隔依据并不确信。

幸运的是,联邦航空管理局提供了一份说明文档,用于告诉我们每一列的名字是什么,以及在文件中,每一列占的固定宽度是多少。在这个文件中,我们看到第一列的名字是"型号"(Model),并且是一个占据 12 个字符宽度的字符列。

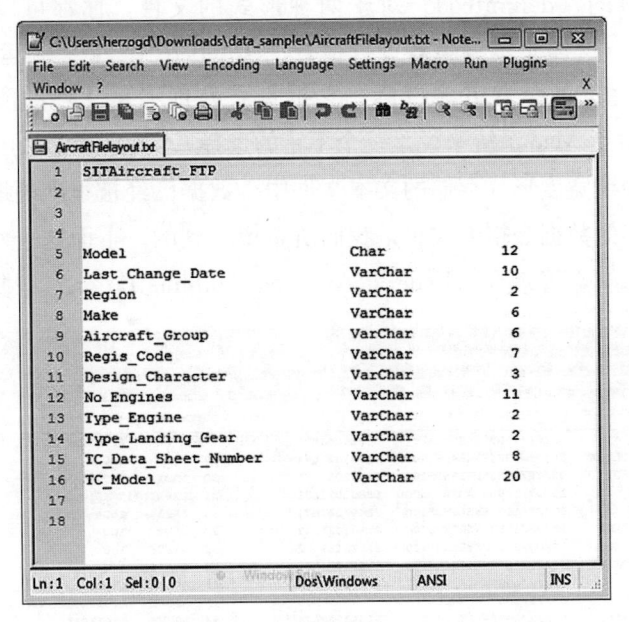

注:美国联邦航空管理局飞机型号文件的说明文档。
资料来源:Federal Aviation Administration.

与之相反的是,使用分隔符的文本看起来会比较混乱。从下面这张由美国地质调查局(the U.S Geological Survey)发布的地震报告数据中可以看出,数据非常紧密地排列在一起,看起来就像火车残骸一样。但是如果仔细观察的话,你会发现逗号隔开了每行数据中的不同区块。我们将此类文本文件称作逗号分离或者逗号分隔文本文件。在这样的文件中,数据可以由像"tab""|""~""!"或者"^"这样的 ASCII 字符来进行分隔。尽管这些数据看起来比较混乱,但是相比固定宽度的文本文件,它们更容

易被读取，因为计算机程序能够读取分隔符并自动决定在何处将数据进行列切分。

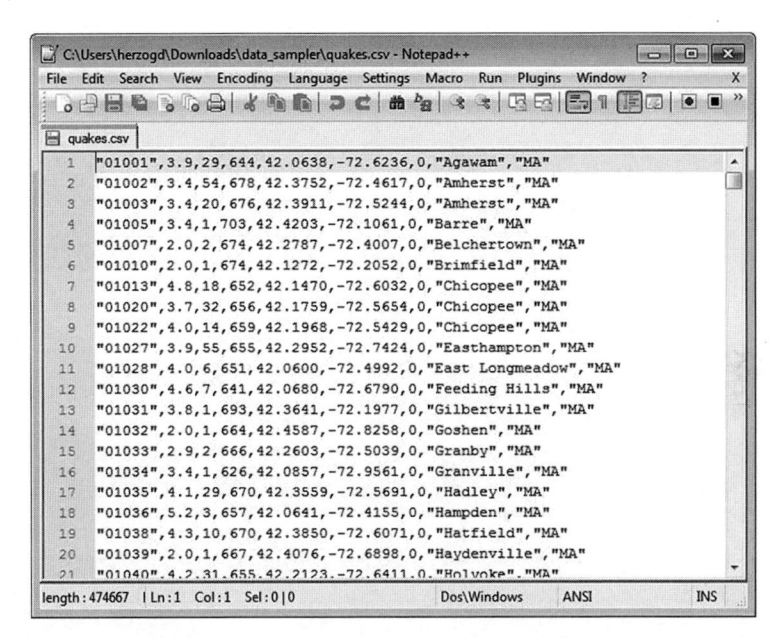

注：一个逗号分隔的文本文件。这个文件使用逗号分隔列，并使用双引号标记需要表示的文本。
资料来源：Geological Survey.

对于文本文档，一般没有特定扩展名，但你通常所见的应该是".txt"、".csv"（逗号分隔值）、".tsv"（tab 键分隔值）、".tab"、".prn"或者".dat"。如果你的文本文件扩展名无法被 Excel 识别的话，那么只需要将其重命名为一个可被 Excel 识别的扩展名即可。

现在你已经知道数据是什么了，我们将开始学习找到帮助你获取所需数据的线索。

# 第2部分
# 识别并获取数据

第一部分

凡例并交敘取放

# 第 2 章 寻找数据线索

要成为一个有数据素养的人,将面临的一项重大挑战就是如何能做到快速识别数据,并且判定是哪个政府机构持有这些数据。如果这些数据是公开发布到互联网上的,那么我们可以很容易地找到并下载;如果这些数据不是在线形式的,我们则可以向相关机构提交申请。

为了应对数据获取的挑战,我们需要在脑中形成一种对数据的直觉。我们需要将目光放到那些快速增长的、在线的、存储于政府机构超级计算机和服务器以及大学图书馆的数据资源上。在形成数据直觉,或者说对数据的触觉后,我们将会更容易地寻找可能的数据源。其实,数据无处不在。

了解政府机构为什么要处理数据以及它们怎么处理,对形成数据直觉来说是个很好的开始。具体来说,我们将会查看这些机构收集、分析和发布数据的原因和方法。换句话说,我们将会查看到数据在这些机构的输入和输出。

## 机构为何要收集、分析并发布数据,它们是怎样做的?

广义上,政府机构收集、分析和发布数据主要有以下三个原因:(1)法律要求它们这么做。(2)这些机构相信数据能帮它们更好地履行职责。(3)这些机构正积极参与开放政府的建设。

法律规定是美国的州、地方和联邦政府机构收集数据的最大动力。有时候法律会具体明确要求这些机构应该创建什么样的数据库。有时候,这些机构能够通过使用数据库的信息更好地完成法律赋予它们的职责。

例如,美国海岸警卫队(the U. S. Coast Guard)的船只事故报告数库中，包含所有当局备案的游船事故数据。在最近几年的记录中，2012年海岸警卫队记录了4 515起事故，这些事故共造成651人丧失，3 000人受伤。海岸警卫队根据这些数据（事实上任何人都可以根据《信息自由法案》请求查阅这些数据）来跟踪沉船事故发展趋势，生成船只调查统计公开报告，发表于自己的网站上（Coast Guard, n. d.）。此外，海岸警卫队还提供搜索接口，并允许用户查阅其数据库，可以生成表格形式的报告，并可导入Excel。

注：船只事故搜索页面。美国海岸警卫队允许公众在这个页面查询游船事故数据库。
资料来源：Coast Guard. Retrieved from https：//bard.cns-inc.com/Screens/PublicInterface/Report1.aspx.

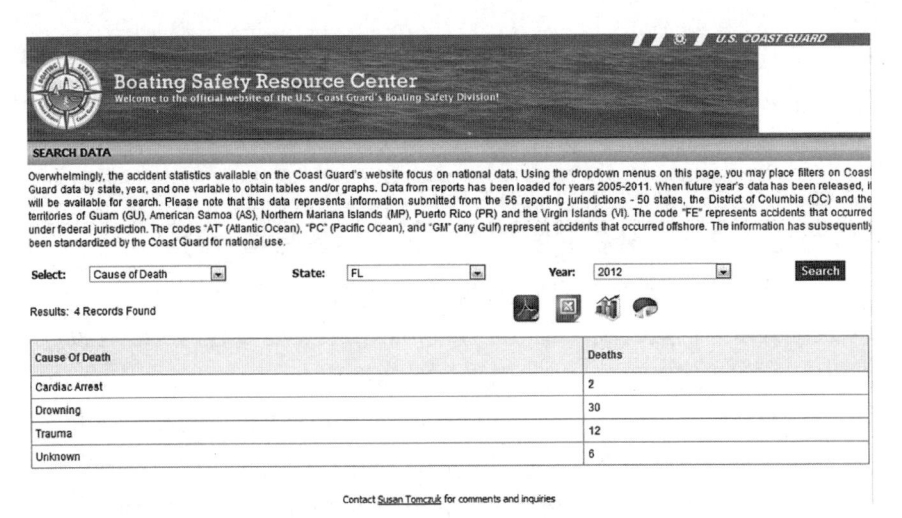

注：2012年佛罗里达州（FL）引起死亡的游船事故搜索结果。
资料来源：Coast Guard. Retrieved from https：//bard.cns-inc.com/Screens/PublicInterface/Report1.aspx.

这些数据在网上公开显然将有益于相关法律的执行，如像美国国家船只安全局（National Safe Boating Council）这样的机构所倡导的游船安全，也包括公众的人身安全。除了这些益处外，海岸警卫队之所以公开数据，也源于一部法律的要求。美国国会在1983年通过了交通运输部（the U. S. Department of Transportation）建立国家海上事故报告制度（the State Marine Casualty Reporting System）的法律。海岸警卫队曾经是交通运输部的一部分，现在隶属于美国国土安全部（Department of Homeland Security）。

次年修订的这部法律的相关条款如下：

（a）交通运输部长应该针对船只制定一个各州统一的国家海上事故报告制度条例。该条例应该规定伤亡事故必须报告以及报告的程序。州一级机构应该编写事故报告，提供事故信息和有关伤亡统计，包括因酒后事故造成伤亡的数量统计，并向交通运输部长递交。

（b）交通运输部长应该收集、分析和公布这些报告、信息和海事伤亡的统计，以及发布任何适宜的事故发现和对公众的建议。如果州一级海上事故报告系统提供如下信息，那么部长仅能以与州一级机构相同的信息使用权限，使用州相关机构提供的信息（U. S. C. Title 46，2011）。这些信息包括：第一，不适合向公众披露的伤亡报告（统计类信息除外）；第二，因为处于法律控告流程等被州政府或任何个人禁止使用。

从以上法律条款可以看出，交通运输部不仅需要将来自州一级机构的数据汇编为统一的表格，还需要编写和发布相关报告。

尽管该法律并未指出报告中应该具体含有何种数据，但交通运输部在此后的管理条例中对此做了具体说明，包括船只事故必须报告的具体情况标准，以及在一定时间段内报告的报告人。此外，该管理条例还规定了报告中至少应该包括以下信息：事故发生地点、事故发生时间、事故发生时的天气情况和水域情况、个人浮漂装备是否可用以及是否使用等等（Government Printing Office，2001a，2001b）。

另一个按照法律要求建立的联邦数据库是美国环境保护局（EPA）的风险管理计划（U. S. Environmental Protection Agency's Risk Management Plan）数据库。该数据库含有美国全国化工厂的化学制品生产、存储和配送信息。这些数据能够向消防队员、医务人员等紧急事件处理者提供信息，使得他们对可能出现的火灾和化学制品爆炸有更充分的准备，比如，2013 年在得克萨斯州韦斯特镇发生的化肥厂严重事故。

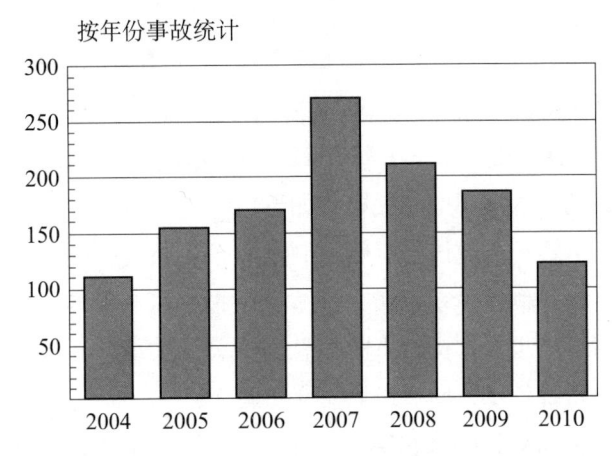

按年份事故统计

| 年份 | 事故数 |
| --- | --- |
| 2004 | 约110 |
| 2005 | 约155 |
| 2006 | 约170 |
| 2007 | 约270 |
| 2008 | 约210 |
| 2009 | 约190 |
| 2010 | 约125 |

注：美国有害化学品事故年度统计。图表由非官方机构 Right to Know Network 根据美国环保局数据制作。

资料来源：Risk Management Plan Database. (n. d.). The Right to Know Network. Retrieved July 10, 2013, from http：//www.rtknet.org/db/rmp/search.

美国环境保护局并未将这个数据库发布在自己的网站上。而位于华盛顿的另一家非营利性环保组织高效政府促进中心（Center for Effective Government）在其一项名为"知情权网络"（The Right to Know Network）的计划中提供了这一数据库。用户可以访问该网站并查看已经被归纳总结过的数据。例如，上图中的年度事故的统计结果。访问者同样可以进行更复杂的操作，通过填写下图所示的表格，来获取关于任何具体化工厂的细节信息（Center for Effective Government，n. d.）。

EPA 是在 1970 年由时任美国总统的尼克松创建的机构，其职责是实施关于空气、水源和地面污染的联邦法令（在美国的一些州，EPA 会授权州一级机构行使相关职责）。上述的风险管理计划数据库来源于 1970 年通过的《清洁空气法案》（Clean Air Act），该法案旨在减少由城市化和工业化所造成的空气污染。

20 年后，时任美国总统的布什签署了含有防止化学品事故条例的法令

注：Right to Know Network 的风险管理计划数据库搜索界面。
资料来源：Risk Management Plan Database. (n. d.). The Right to Know Network. Retrieved July 10, 2013, from http：//www.rtknet.org/db/search.

修正案。EPA 据此制定了相关规定并要求各化工厂在 1999 年前开始实施（Environmental Protection Agency，n. d. b）。

该规定明确了需要向 EPA 报告的 77 种有毒物质和 63 种易燃物质，以及其（需要报告的）临界值。例如，如果工厂存有 10 000 磅液氨，则必须向 EPA 报告（Chemical Accident Prevention Provisions，1994）。而据 The Right to Know Network 提供的最新 EPA 数据（Center for Effective Government，n. d.），前述的韦斯特爆炸案中，该工厂在 2011 年 6 月共存有 54 000 磅液氨。

而在一些其他情况下，政府机构会根据自己的需求主动创建一些数据库。作为交通运输部的一部分，美国国家公路交通安全管理局（the National Highway Traffic Safety Administration，NHTSA）的职责在于减少机动车事故带来的伤亡和经济损失（National Highway Traffic Safety Administration，n. d.）。该机构于 1975 年创建了"死亡事故分析报告系统"（Fatality Analysis Reporting System）数据库，用于监测全国范围内的严重交通事故，并给研究者提供用于分析事故原因的数据。州一级机构会收集严重交通事故的数据给 NHTSA，后者据此编写上述数据库并每年向公众发布。交通规划人员、交通安全倡导者、新闻工作者和事故辩护律师都会根据各自研究需求使用该数据库。此外 NHTSA 自己也根据这些数据编写了大量分析报告，这些报告均是可供下载的。

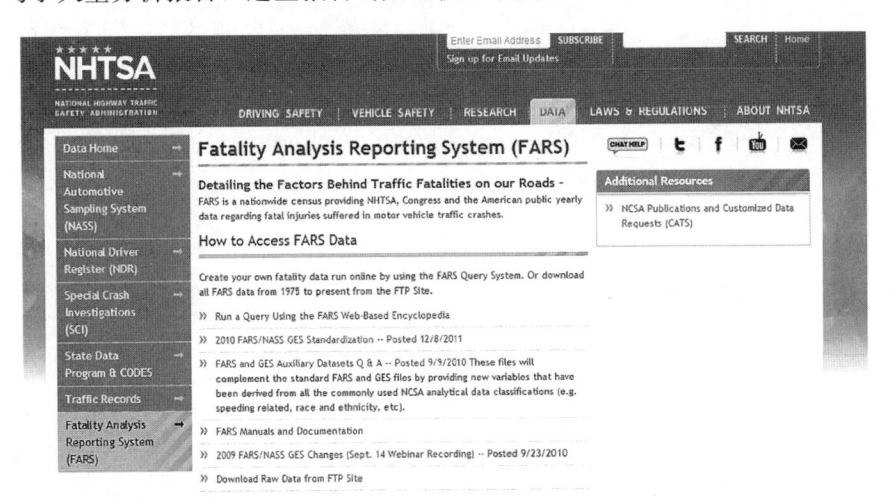

注：死亡事故分析报告系统的页面。
资料来源：National Highway Traffic Safety Administration. Retrieved from http：//www.nhtsa.gov/FARS.

NHTSA 允许访问者使用一系列网页表格访问其数据。熟练使用数据库管理软件的高级数据分析人员，甚至可以下载从数据库创立起至今，也就是 1975 年起的所有原始数据。

可以看出，出于不同的原因，政府机构会收集、使用和发布数据。这对于我们接下来使用数据、检查数据完整性时的进一步思考是非常重要的。因为我们通过分析数据想要达到的目标，和这些机构收集数据的初衷可能完全不同。例如，我们也许想知道哪个工业集团的雇员向我们的州长候选人捐款最多。但是州政府的数据可能只记录了这些人的职业或者雇主，而不是他们所属的行业类别。这就意味着我们需要许多额外的研究和对竞选捐款数据的重塑才能回答上述的问题。

## 从数据录入中获取线索

当我们慢慢开始有了数据直觉时，就应该有意识地留意那些政府机构在创建数据库时留下的线索。这些政府机构有很多方法将数据录入数据库中，从装订纸张到使用非常先进的技术手段。

我们也许会看到政府工作人员用手持计算机在街头收集数据。例如，你所在城市或者校园的停车管理员也许会使用那些可以输入并打印违章数据的设备，以便于张贴罚单（看起来像收据或者ATM单据）。其中一些看起来较大和坚固耐用的设备，还有数字和字母输入键，也有的设备带有触摸屏和手写笔。有的甚至带有GPS接收器，以便执法人员记录违规停车的具体位置。与之类似的是，其他一些政府机构，像消防部门和医疗部门，也会在工作现场使用平板设备输入相关数据。

当我们看见他们这样记录数据的时候，我们可以推测这些数据会不会就这样保存在这些平板或者手持设备上。事实上，这些数据稍后便会传到存储所有信息的集中数据库中。

与此类似的是，警察会在案发现场录入数据，以便回应911报案中心。他们在巡逻车内事先放置好的笔记本电脑的帮助下，使用一套固定的模板以便清晰地录入事故数据。比如，警察会录入事发地点、事件性质、事件后果以及任何现场目击者的联系信息。当他完成这些内容后，就能将报告发送到警察局的案件报告系统中。

然而，多数数据的录入工作并没有这么先进。很多数据录入是由纸质或者网页表格完成的。所以我们也应该注意到这一点并将之视为我们的线索。虽然可能令人难以相信，但是政府机构的大量数据都是人工录入的。通常会有专职人员坐在电脑前，将纸质表格中的数据输入电脑。所以如果你在政府大楼里看见工作人员在录入数据，可以问问他们录入的是什么。有时候，这些机构也会在扫描表格后利用特定软件自动提取数据。

如果你对某个数据库感兴趣，最好能拿到一份相应数据表格的样本。表格能够告诉你，该数据库中能找到什么样的信息。你也许会认为通过这些表格收集到的所有信息都会被录入，但有时候不是这样，不过大多数情况下，我们一开始仍然可以假设绝大部分数据被录入了。

下图是一个用于收集数据的表格的样本。美国烟酒枪炮及爆炸物管理局（the U. S. Bureau of Alcohol, Tobacco, Firearms and Explosives, ATF）是枪支交易商的授权机构，这些交易商包括大型零售店、体育用品店和打猎用品店。当联邦枪支经营执照或者枪支丢失（或被盗）后，该执照持有者应在 48 小时内向 ATF 的全国追踪中心报告。ATF 会将被盗的枪支数据输入数据库中，并在执法机构需要追踪用于犯罪的枪支时进行搜索（Bureau of Alcohol，Tobacco，Firearms and Explosives，n. d.）。

注：用于报告枪支丢失或被盗的表格。

资料来源：Bureau of Alcohol Tobacco，Firearms and Explosives，Department of Justice. Retrieved from https: //www.atf.gov/files/forms/download/atf-f-3310-11.pdf.

上述表格的各栏告诉了我们它收集了什么样的数据。我们看到枪支经营执照的各项信息,包括执照号码、店铺地址。表格要求填写该报告的个人提供联系方式,被盗或遗失细节包括向当地警方报告的时间,事故类型和大致的描述。此外,表格中还预留了填写丢失或被盗枪支信息的位置,包括枪支制造商、枪支款式和枪支编号。

如果说政府机构喜爱表格是夸大其词的话,那么起码它们的填表体系是异常发达的。如果你在浏览器中输入以下网址 http://forms.gov,你会进入联邦政府关于表格的门户网站。

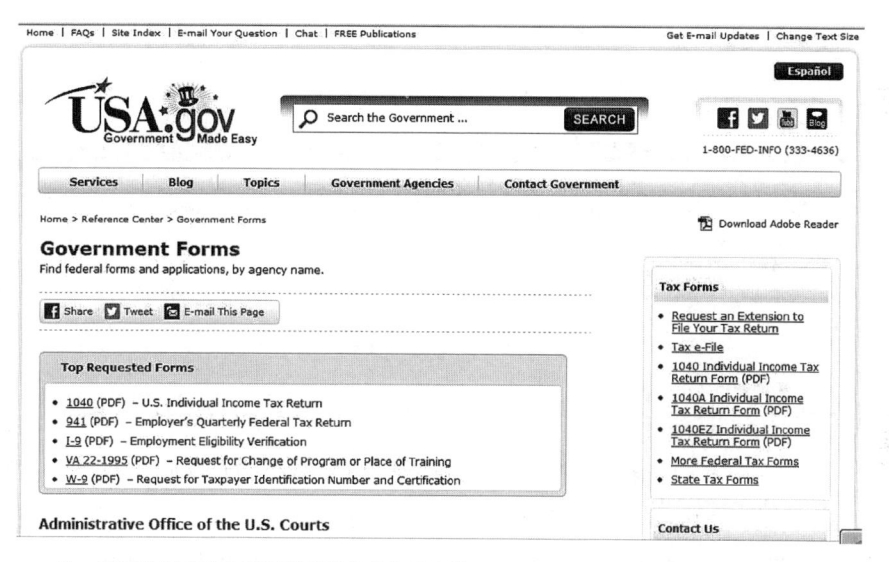

注:该网站提供来自不同联邦机构的各种表格。
资料来源:Retrieved from http://www.usa.gov/Topics/Reference-Shelf/forms.shtml。

这些表格的一部分是以网页形式存储的,而不是 Word 文档或者 PDF 文档。各种机构越来越多地使用这些在线表格来获取数据。比如,如果你想在密苏里州哥伦比亚市的某些街道上进行游行、竞选或者任何其他活动,都需要填写如下表格,并在线提交。接下来,这些数据会以表格的形式被提交到城市管理系统的数据库中。我们可以看到这个表格的地址,带有".php"扩展名。它给我们提供了线索,让我们知道了这个数据库的存在。**PHP** 是一种脚本语言,网页表格使用这个脚本语言来实现数据库和表格间的数据传递。类似的扩展名还有 **".cfm"**(Adobe ColdFusion)和

". asp"（Microsoft Active Server Pages），都代表一种实现相似功能的脚本语言。通过查看这个表格，我们知道它需要申请人的个人信息，申请举行的事件信息比如举行日期和举行地点。

注：密苏里州哥伦比亚市的游行许可申请表格。
资料来源：City of Columbia, Missouri. Retrieved from https://www.gocolumbiamo.com/CMS/special_events/step1.php.

## 从报告中获取线索

上一部分我们着眼于数据收集方式如何为我们提供数据库的线索。这一部分我们将关注数据库产出的"产品"，例如报告等，如何为我们提供数据库的线索。换言之，数据收集是数据库的输入部分，而报告是数据库的输出部分。

我们可以看到，机构收集数据以履行法定职责或者实现自己的特定目标。而它们发布报告也是基于相同的理由。此外，地方、州和联邦的执法机关，经常会应监督它们的立法机构的要求发布数据报告。

得克萨斯州的"公园和野生动物部"（the Texas Parks and Wildlife Department）管理该州的打猎活动并颁发打猎执照。该机构同时也收集相关数据并发布年度报告（Texas Parks and Wildlife Department, n. d.）。这些报告会总结该年份发生的打猎事故，有时候也会使用其他年份的数据作为对比。这些总结表格如下面的图表，它们同时也提供了一个潜在的线索：这些报告中使用的数据一定来自一个数据库。

**2012**
**TEXAS HUNTING INCIDENTS ANALYSIS**

注：得克萨斯州打猎事故年度报告。
资料来源：Texas Department of Parks and Wildlife. Retrieved from http：//tpwd. state. tx. us/publications/pwdpubs/media/pwd_rp_k0700_1124_2012. pdf.

| 设备 | 事故数量，括号内为事故百分比 | | | |
|---|---|---|---|---|
| 来复枪 | 16（55） | 8（32） | 11（48） | 11（44） |
| 猎枪 | 11（38） | 16（64） | 9（39） | 11（44） |
| 手枪 | 2（7） | 1（4） | 2（9） | 3（12） |
| 前膛枪 | 0 | 0 | 0 | 0 |
| 弓 | 0 | 0 | 1（4） | 0 |

注：打猎事故报告中的表格。
资料来源：Texas Department of Parks and Wildlife，Retrieved from http：//tpwd. state. tx. us/publications/pwdpubs/media/pwd_rp_k0700_1124_2012. pdf.

  当阅读到这份报告介绍关于每起打猎事故细节的部分，我们可以更清楚地意识到这一点：这些数据一定来自某个数据库。如下图所示，2012 年该州共发生两起打猎致死事故。图中的每一项事故记录都包含以下信息：事故日期、事故所在县、猎手年龄及性别、使用枪支类型、狩猎动物类型、是否为自我伤害事故以及猎手是否参加过猎人培训课程。

| **2012 年由枪支/弓箭引起的相关伤害事故（A*）** ||||||
| --- | --- | --- | --- | --- | --- |
| *A. 事故说明：在打猎期间，由枪支或弓箭射伤造成的伤害或死亡事故。 ||||||
| 日期 | 所在县 | 猎手年龄及性别 | 使用枪支类型 | 狩猎动物类型 | 是否为自我伤害事故 | 猎手是否参加过猎手培训课程 |
| 4月2日 | 贝尔县(Bexar) | 36岁/男 | 来复枪 | 负鼠 | 否 | 否 |
| 事故描述：猎手试图射杀一只负鼠，由于此时天黑没有发现他的朋友位于射程中。<br>事故避免：保持枪支指向安全方向，远离枪支射程范围，狩猎时与同伴保持联系，以便随时知晓同伴方位，不在他人身后开枪，接受猎手培训课程。 ||||||
| 11月10日 | 波克县(Polk) | 42岁/男 | 来复枪 | 鹿 | 否 | 否 |
| 事故描述：猎手在结束打猎后，于其卡车后方拆卸弹药，此时来复枪走火击中位于卡车驾驶室中的受害人腰部。<br>事故避免：保持枪支指向安全方向，在不明情况下默认枪支已经上膛，小心持枪，接受猎手培训课程。 ||||||

注：得克萨斯州打猎事故报告细节部分。该部分包括向州一级机构报告的事故数据。
资料来源：Texas Department of Parks and Wildlife. Retrieved from http://tpwd.state.tx.us/publications/pwdpubs/media/pwd_rp_k0700_1124_2012.pdf.

25　　美国消费者金融保护局（the U. S. Consumer Financial Protection Bureau, CFPB）于 2011 年正式开始运行。在此前一年，该机构由《多德-弗兰克华尔街改革和消费者权益保护法案》（Dodd-Frank Wall Street Reform and Consumer Protection Act）授权建立。这项法案旨在防止 21 世纪初十年间发生的、过多的按揭贷款、信用卡滥发和掠夺性贷款事件。该机构会接受消费者的投诉并对此进行调查。消费者可以通过填写如下在线表格，来进行（例如）信用卡方面的投诉。

2013 年夏，消费者金融保护局发布了一份 19 页的报告，提供了其接到的投诉的大致信息及其处理流程。这份报告中有大量反映投诉数据的统计数字和表格。此外，可以合理推测的是，这份报告的数据来源为有关投

注：消费者金融保护局在线投诉表格。

资料来源：Consumer Financial Protection Bureau. Retrieved from https：//help.consumerfinance.gov/app/creditcard/ask.

诉的一个数据库（Consumer Financial Protection Bureau，n. d. a）。

## 发现表格和报告的技巧

有时，在政府机构的网站上寻找表格和报告并不是一件容易的事情。很多时候，这些报告和表格散落在不同的位置，而不是像我们之前介绍的联邦表格门户网站一样，有一个集中放置的位置。还好，我们有一些在网络上追踪它们的技巧，例如谷歌高级搜索的功能。

在浏览器中输入"http：//www.google.com/advanced_search"，你会看到一个比通常使用的谷歌搜索更复杂的用户界面。高级搜索功能可以按照我们的要求设定以便我们搜索特定的网站、文件格式或者两者。据此我们可以在所有政府网站（含有". gov"的网站）中寻找 PDF 格式的表格，甚至也可以在宾夕法尼亚州教育局（Pennsylvania Department of Education）的网站上（education. state. pa. us）搜索表格。在"寻找含有下列关键词页面"选项里输入"表格"（form），并在下方选项中输入"education. state. pa. us"加以限制，使其仅显示来自该网站的搜索结果。试试你会得到什么样的搜索结果。

注：谷歌高级搜索界面。
资料来源：Google Search.

在高级搜索界面中，你可以通过下拉菜单选择仅显示 PDF 或者 Word 文档。

在熟练地使用高级搜索功能后，你可以通过记录并模拟出现过的搜索规则，从谷歌搜索的主界面中运行高级搜索。对于我们的操作来说，这项规则是："form site：education.state.pa.us"。谷歌会将这句话识别为一项搜索指令，并只从 education.state.pa.us 这个网站搜索带有"表格"（form）的结果。同样，如果你想在 EPA 的网站搜索相关表格的话，你可以输入"form site：epa.gov"，如果只想搜索 PDF 格式的表格，可以输入"form site：epa.gov filetype：pdf"。

现在对于形成数据直觉，你心中已经有了一定的概念。我们接下来会开始学习在线数据库的相关知识，并学习找到和下载它们的技巧。找到并下载研究相关的在线数据的能力是培养数据素养要掌握的核心技巧之一。

## 个人练习

选择下列联邦政府的两个数据库中的一个，找到促使它们建立的相关法律：(1) 美国食品和药物管理局（U. S. Food and Drug Administration，FDA）的进口支持运营和行政管理系统（Operational and Administrative System for Import Support）。(2) 美国教育部（U. S. Department of Education）的校园安全和安保（Campus Safety and Security）数据库。引用法律条文并简述该法律条文如何促进了该数据库的建立。

每一个州都设置了一个负责收集并发布政治竞选资金数据的机构。找到你所在州的相应机构，引用并总结赋予该机构收集相关数据权限的法律条文。

找一份联邦、州或地方政府机构用于收集数据的表格。说明你找到的这份表格的来源，如果你是在网上下载的，请提供下载链接。说明该机构使用这份表格能收集什么样的数据，并寻找这份表格对应的数据库，如果找到了请提供它的链接。

# 第 3 章 在线数据库

在理想化的世界里，我们坐在电脑前敲敲键盘就可以很容易地获得任何我们需要的数据。所有政府机构，从联邦政府到地方政府，都将它们所持有的信息公布在那些已经被搜索引擎编入索引且很容易就能找到的网站上。这些机构会将它们的数据做成可以被电子表格、分析或者可视化软件方便读取的格式，也会向我们提供所需的任何完整版文件，以便我们能理解这些数据。

当然这样理想化的世界是不存在的，以后也不可能出现。虽然我们不知道那些已经公开的数据占总体的百分比，但我敢打赌，尽管**开放政府**（open government）的努力近期不断见诸媒体，但各级政府机构大致上只将所持有的不到一半的数据放到了网上。这些机构发布的数据也许是电子表格无法识别的文件类型，或者数据量太大无法被输入。此外，它们发布的数据有时不含有说明文件，以致用户很难理解其内容。所以在真实世界里，寻找并高效地使用合适的在线数据有时候会非常困难。

在这一章，你将会学习用于寻找、理解和使用政府机构数据的高效手段。由于互联网日新月异的发展，没有人可以给出一个可供未来5到10年所需的必备网站列表。所以，最好的办法是了解政府机构是如何在线存储数据的，并学会那些可以让你在合理的时间内找到所需数据的技巧。此外，记得收藏那些你觉得有用的网站，以备日后所需。

## 目标：数据门户

感谢**政府 2.0**（Government 2.0）行动，或者开放政府行动，政府**数据门户**（data portals）这一概念正在一些机构和公众中流行起来。这项行动在 2009 年 5 月取得了极大突破，当时奥巴马政府建立了"Data.gov"这个网站，作为公众获得联邦政府各类数据集的站点。其实联邦政府的这一行动也是对一些地方先行者的模仿，例如华盛顿特区的"Data Catalog"。

然而，有时候数据门户的使用体验也并不出色，一些机构只是提供已存在数据的链接，或者只提供非常有限的数据集，而这些数据集并非非常有用。

除了联邦政府外，许多其他政府机关也建立了开放数据门户，例如芝加哥市、得克萨斯州的奥斯汀、马里兰州的蒙哥马利县和俄勒冈州。一些城市像费城，通过与非政府组织（NGO）合作来提供数据门户。

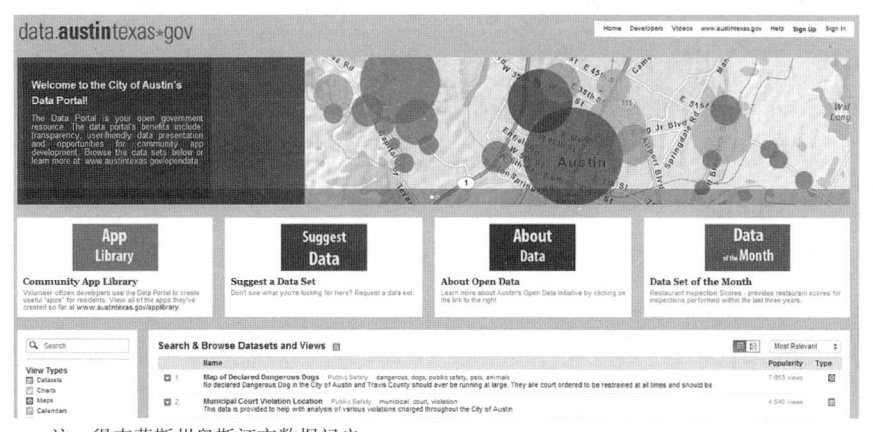

注：得克萨斯州奥斯汀市数据门户。

资料来源：Dangerous and Vicious Dogs. （n.d.）. *City of Austin*. Retrieved August 16, 2013, from austintexas.gov/department/dangerous-and-vicious-dogs.

如果多花一些时间在当前这些所谓的开放的数据网站上浏览，你就会发现在功能和外观上它们都有很多相似的地方。这是因为以上站点的大部分基于两个大型数据持有网站——**Socrata** 和 **CKAN**。Socrata 是一家位于西雅图的公司，它向政府机构出售其开放数据站点的服务。根据其网站介绍（2014 年夏数据），它至少有 36 个政府机构客户（Socrata.com, 2014）。与此同时，

注：费城数据开放门户，费城市府通过与非政府组织合作向公众开放数据。
资料来源：Open Data Philly. Retrieved from http：//www.opendataphilly.org/.

CKAN是一个开源数据分类项目，它由一家位于英国的非营利机构Open Knowledge Foundation创立。政府机构可以免费使用它部署自己的网站。

以下是一个由Socrata支持的站点：data.austintexas.gov。这是得克萨斯州奥斯汀市的官方数据开放门户，从规模和导览清晰度两方面来看，它都非常容易使用。网站页面的下半部分列出了市政府公布的各类数据集。

注：得克萨斯州奥斯汀市数据门户的各类数据集。
资料来源：Retrieved from Data.austintexas.gov.

在点击餐馆检查得分链接后，我们看到了一系列检查的结果。点击右上角的"关于"（About）按钮，我们得到了能帮助我们更好地理解数据的进一步说明。比如，我们能了解到这些检查的结果可以回溯到3年前，目前已经有19 964行相关结果了，并且由当地卫生和公众服务部门（Health and Human Services Department）每周进行更新。

注：奥斯汀市数据门户的"关于"（About）部分，这个部分提供了对数据信息的重要说明。
资料来源：Retrieved from https://data.austintexas.gov/dataset/Restaurant-Inspection-Scores-Chart/hqa6-stx4.

在下载数据文件前，我们首先需要进行安全计算和建立说明文件：用Word建立一个文件并命名为 **Data_Notebook**，我们会用它来记录关于数据的一些信息和我们的操作。接下来输入数据名称"奥斯汀市餐馆检查得分"（Austin restaurant inspections），并输入数据地址 http://data.austintexas.gov/dataset/Restaurant-Inspection-Scores/ecmv-9xxi. 不要忘记记录关于数据的信息，例如数据有多少行、它的时间跨度、更新频率和来源。

现在我们可以下载餐馆检查得分的这个 Excel 数据文件了。在上述网站的页面单击"导出"（Export）按钮，选择格式为最新的 Excel 文件格式 XLSX。通常几秒钟即可下载完成，当然，这取决于你的网速和电脑速度。找到下载好的文件并用 Excel 打开，现在我们就拥有了一份该数据的副本用于自己的分析。

让我们再次进行安全计算的操作，并确保我们下载到了全部数据。从文件中我们可以看到我们下载了全部的 7 列数据。接下来检查数据行数，按住键盘上的 Ctrl 键并同时按下 End 键（Mac 版用户请使用 Command 代替 Ctrl），我们将会来到表格底部的最右下角。此时我们可以确定该文件共有 7 列和 19 965 行［一行标题及 19 964 行数据，与上述"关于"（About）界面一致］。

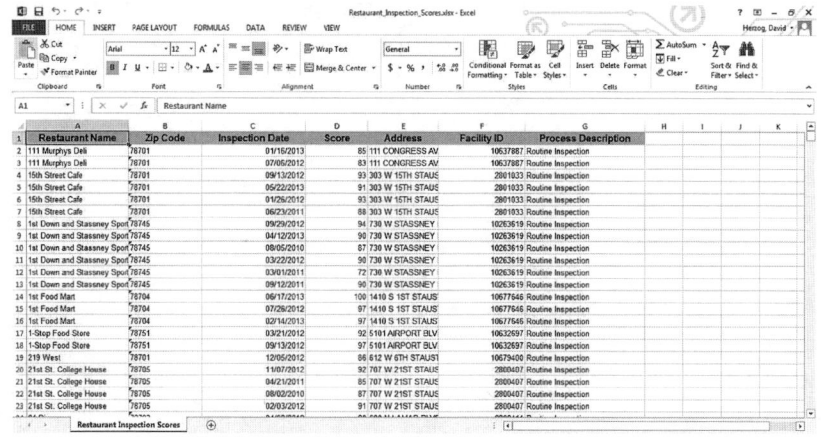

注：奥斯汀市餐馆检查得分数据的 Excel 表格文件。
资料来源：Retrieved from https://data.austintexas.gov/dataset/Restaurant-Inspection-Scores-Chart/hqa6-stx4.

开放数据门户也为我们提供搜索功能。假设你是一个地方社会服务机构的实习生，你希望更好地了解奥斯汀市居民普遍负担得起的房屋价格信息。你可以使用该网站首页左侧的搜索框搜索"居民普遍可负担得起的房屋"（affordable housing），结果显示该市确实提供相关数据信息。

注：奥斯汀市数据门户搜索框。
资料来源：Retrieved from Data. austintexas. gov.

现在我们转到联邦政府的数据门户网站"Data.gov",它基于开源站点 CKAN。我们可以看到该网站首页上并未直接展示数据,但是用户可以通过点击标题图标或者使用搜索框获得数据。

注:Data.gov 的主页。联邦政府在 2014 年重新设计了这个网站主页使得用户更容易地搜索或者浏览信息。

资料来源:Retrieved from Data.gov.

通过"数据"(Data)标签获取数据是获得数据最方便的方式,它提供了数据集的列表供我们浏览、过滤或者搜索。在 2013 年夏天,Data.gov 将超过 161 000 个数据集按目录进行了分类。这个数字看起来非常庞大,但事实上略带欺骗性且夸大其词。许多数据集其实是从一些大型数据库中提取的一部分链接。例如,EPA 提供各年份各州或者联邦直辖地区的有毒物质排放清单。所以 EPA 将罗得岛 2009 年的有毒物质排放清单作为一个单独的数据集,而其实这个数据集是包含多年数据的全国性数据库的一部分。

寻找数据的最好方法是利用 CKAN 提供的强大的过滤工具。在数据集页面的左侧(如下图所示),我们可以通过设置数据集的类型、标签、格式,涉及群体、组织(或特定机构)和社区来过滤数据。我们可以通过添加过滤规则来锁定我们想要的数据。例如,在机构过滤选项上点击"联邦公路管理局"（the Federal Highway Administration，FHWA），我们就可以过滤出由这家交通运输部的分支机构发布的数据集。Data.gov 会更新你的搜索结果，告诉你根据你的过滤规则找到了多少个（由联邦公路管理局发布）的数据集。接下来我们可以在文件格式中选择 Excel 的 XLS 文件，由此，通过使用两个过滤规则，我们进一步缩小范围。

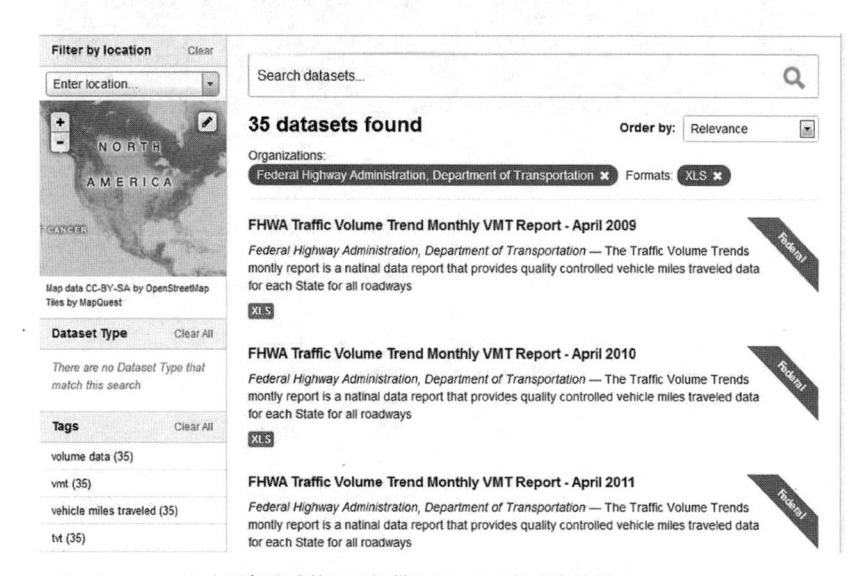

注：Data.gov 上由联邦公路管理局提供的 Excel 文件搜索结果。
资料来源：Retrieved from http：//catalog.data.gov/dataset.

点击"X"键可以清除过滤器。

通过搜索的方式寻找数据集也很容易。只需在搜索框中键入想搜索的关键词并点击放大镜形状的那个按钮，你就会得到包含这个关键词的结果，然后在此处你也可以使用上述过滤功能。假设我们希望找到发生在自己州的灾难事件（declared disaster）数据，我们可以键入关键字后再选择仅查看来自联邦应急管理局（Federal Emergency Management Agency）（这个机构是国土安全部的一部分）的数据。这样应该就能找到包含灾难事件数据的 Excel 文件了。

### 统计层面的储备

另一个利用在线数据库的方法是寻找那些本身职责就是提供统计数据

的政府部门的网站。在联邦政府层面，这些机构包括美国人口普查局（the Census Bureau）、美国司法统计局（the Bureau of Justice Statistics）、美国劳动统计局（the Bureau of Labor Statistics）、美国国家教育统计中心（the National Center for Education Statistics）和交通统计局（the Bureau of Transportation Statistics）。在州政府层面，你可能也会发现类似的机构，比如密苏里州经济研究和信息中心（Missouri Economic Research and Information Center）。

美国人口普查局是联邦政府中最大的数据提供者之一。事实上，它作为联邦机构的任务就是提供关于人口和经济的可靠数据。我们中的许多人知道人口普查局是因为**十年人口普查**（decennial census）。该普查每十年举行一次，旨在统计美国全国的人口数。而获得人口信息的主要目的在于为各州分配众议员席位。

注：人口普查局的主页。人口普查局建立了庞大的人口、商业和政府数据储备。
资料来源：Census Bureau, Department of Commerce. Retrieved from http：www.census.gov.

但上述所用到的信息只是从人口普查局可查询到的数据中的极小一部分。事实上我们能查到更为具体的人口统计学数据，此外该机构数据还包括全国的建设支出、零售贸易、车辆注册信息和房屋拥有信息。如果进行更深层次的挖掘，我们还能发现政府的雇佣信息、工资支出、债务规模、资产和预算情况。通过浏览人口普查局网站上的导航标签，我们可以获知它收集和公布了何种数据。它的美国信息检索（American FactFinder）功能可以让用户根据十年人口普查和美国社区调查（American Community

Survey)（与前者相比含有更多人口统计学细节）结果，自行生产所需表格的交互工具。上述两个调查的区别是：美国社区调查基于对总体人口抽样的结果，在统计学意义上不如十年人口普查的可靠性高。

司法统计局是美国司法部的一个分支，该机构已经发布了大量关于犯罪、司法和法律执行的数据集（Bureau of Justice Statistics，n. d.）。犯罪学家、政策分析师和社会科学家会分析这些数据以了解监禁、仇恨犯罪的趋势，掌握盗窃和人口贩卖的现状。司法统计局也会定期发布自己的数据分析报告，例如2013年6月发布的一份聚焦校园犯罪和安全情况的报告，使用了2012年美国全国犯罪受害调查（National Crime Victimization Survey）的结果（Snyder and Truman，2013）。

交通统计局是美国交通运输部的一部分，它负责编写关于航空、公路、铁路和航运的相关数据集。它甚至有关于美国—加拿大以及美国—墨西哥边界线的通行数据，以及油气管道的数据。商业航空操作人员、新闻记者和航空公司会使用交通统计局的数据预估飞行成本、准点率和一些机场活动的大致状况。

注：交通统计局网站。

资料来源：Bureau of Transportation Statistics，Department of Transportation. Retrieved from http：//www.rita.dot.gov/bts/.

交通统计局自己的研究人员和一些其他研究者也会使用这些数据编写报告，内容包括酒驾情况统计、货柜码头活跃情况和"9·11"事件对美国整个旅行系统的影响（Bureau of Transportation Statistics, n. d.）。

对于经济和就业统计情况，美国劳工部（the U. S. Department of Labor）的劳动统计局是最好的信源之一。劳动统计局会收集关于就业情况、劳动力、劳工赔偿、大型裁员事件和通货膨胀（根据 CPI 等指数）的权威数据。事实上，劳动统计局的数据是政府官方公布的失业和通胀数据的来源。经济学家和经济发展专家也需要通过这些数据来开展他们的工作。在劳动统计局的网站上，寻找数据的最好方式是按照类别或者数据库名称导航。

注：劳动统计局网站。

资料来源：Bureau of Labor Statistics, Department of Labor. Retrieved from http://www.bls.gov/home.htm.

关于幼教、小学、中学、高等教育和成人教育的数据可以在美国国家教育统计中心的网站上找到，这个中心是美国教育部的一个分支机构，它收集了大量关于教育费用、学生注册和大学及其他高等教育机构犯罪情况的数据。此外，它也会提供关于公立学校师生比例的数据。近期一些使用该中心数据的报告聚焦的问题包括公私立学校的对比，以及当前大学本科最热门的专业等（National Center for Education Statistics, n. d.）。

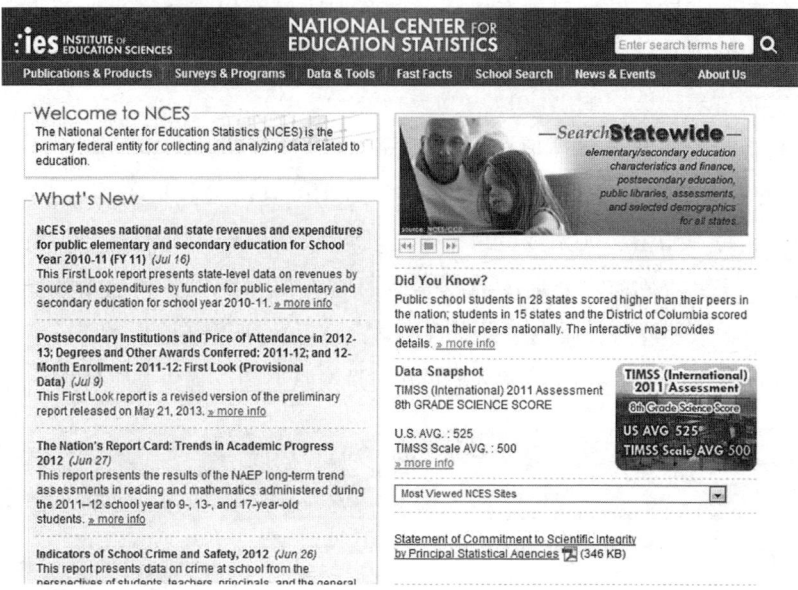

注：国家教育统计中心网站。

资料来源：National Center for Education Statistics. Department of Education，http://ies.ed.gov/.

## 机构的网站

熟悉各种机构是怎样在它们自己的网站上存储数据是非常明智的，因为有时这些机构的数据只有一部分被链接到了前面说的数据门户网站上。但是在这些机构网站寻找数据有时候并不容易，因为数据经常被散乱地存储在不同地方。建议各位使用网站的导航标签，去寻找诸如数据、开放数据、信息公开和统计信息等关键词。

以美国联邦存款保险公司（Federal Deposit Insurance Corporation）为例，我们可以进入它网站的"产业分析"（Industry Analysis）标签，然后通过其中的"银行数据和统计"（Bank Data & Statistics）找到其数据信息。该机构提供的数据包括各种存款信息，比如每一个银行分支行的存款数量。市场分析人士和监管机构会据此考察银行业的市场竞争现状。

你可以通过下面这样的地址结构查看某个机构是否有自己的数据门户或者数据统计页面：www.agencyname.gov/data。例如输入 www.epa.gov/

data，你就可以进入 EPA 的数据搜索页面。

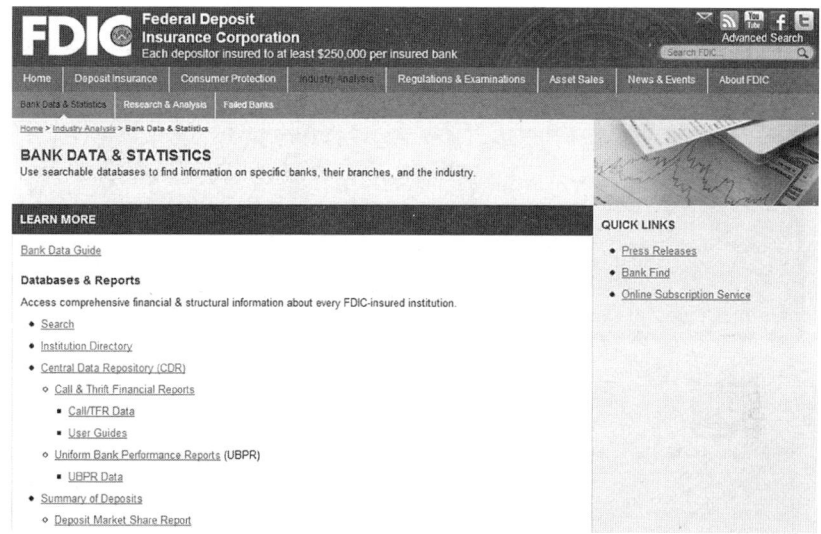

注：联邦存款保险公司关于银行数据的页面。
资料来源：Federal Deposit lnsurance Corporation. Retrieved from https：//www.fdic.gov/bank/statistical/index.html.

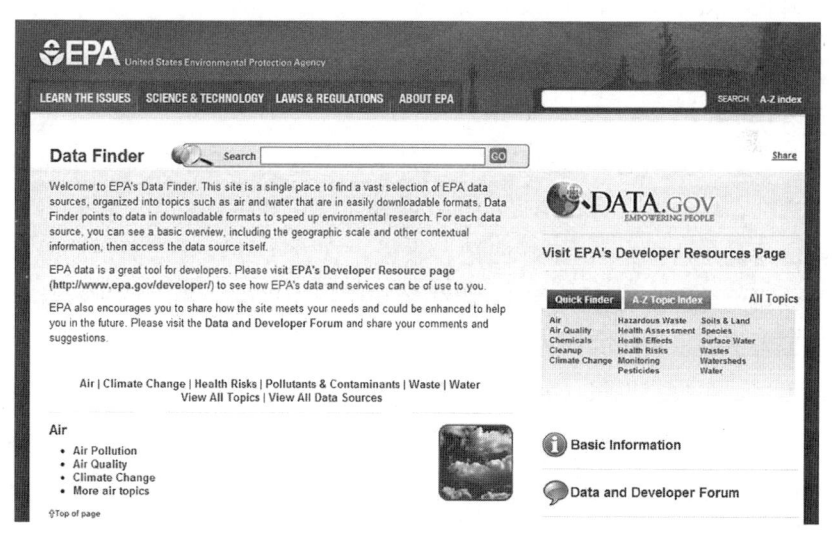

注：EPA 的数据页面。你可以通过在机构网站地址后面加上"/data"寻找它们的数据。
资料来源：Environmental Protection Agency. Retrieved from http：//www.epa.gov/data/.

或者你可以尝试这样的结构：data.agencyname.gov。例如想进入密苏里州的开放数据门户,你可以键入以下地址:data.mo.gov。

注:密苏里州的数据门户,在寻找机构的数据门户时,你可以在它们的地址中用"data"代替"www"。

资料来源:Retrieved from Data.mo.gov.

## 民间的资源

政府机构提供的数据被广泛使用是因为大家认为政府对数据的记录具有权威性。此外,政府机构提供的数据并无使用和传播方面的限制(至少美国的情况是这样)。对于新闻记者来说,官方文件和数据提供的额外好处是:避免诽谤指控。因为中立报告的特殊性给准确使用它们进行新闻报道的记者提供了最好的保护。

不过,非政府组织(NGO)也能提供可供我们分析的在线数据。前面第2章我们提到过知情权网络(The Right to Know Network,RTKNet),它就提供一些来自 EPA 的数据库。这些数据虽然来自 EPA,但是是由高效政府促进中心通过 RTKNet 的网站发布的。除了提高政府透明度的倡议外,该组织还呼吁提高国家收入(Center for Effective Government,2013)或者说向高收入群体收更高的税(以及与此相应地给低收入群体减税)。作为代表另一种政治派别的机构,密苏里州的 Show-Me 组织会公布政府雇员的薪水数据。访问者可以下载包含这些数据的 ASCII 文本文件。该组织是一个倡议通过自由市场和自由主义来解决社会和政府问题的机构，它会通过行政机关拿到相关的工资数据。

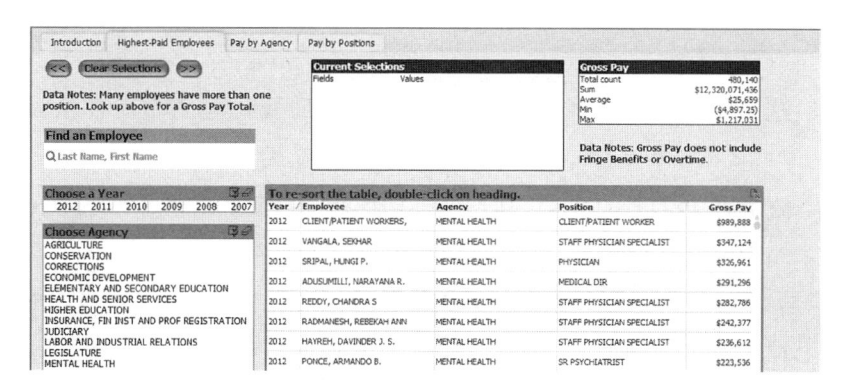

注：在 Show-Me 这个组织的网站上公布的密苏里州的数据。
资料来源：Show-Me Institute. Retrieved from http：//www.showmeliving.org/payroll.

在使用民间的数据源之前，请关注以下问题：
- 该组织是如何获得这些数据的？
- 该组织编辑或者改变了哪些数据？
- 该组织公布这些数据的利益倾向是什么？
- 能否直接从官方获得你在该组织看到的数据？

一些 NGO 收集的数据并非来自政府信源。例如康涅狄格大学的罗普中心（The Roper Center）和盖洛普公司都提供民意测验的数据。密歇根大学的校际政治与社会研究联盟（the Inter-university Consortium for Political and Social Research）会发布由社会科学家们收集的系列数据。如果你的学校是该联盟成员的话，当你的电脑使用学校网络时就可以下载这些数据了（Inter-university Consortium for Political and Social Research, n. d.）。

### 数据搜索技巧

如同我们使用谷歌高级搜索来发现数据线索一样，我们也可以用它来寻找可供下载的数据文件。找到这些文件的技巧是尽量联想那些可能出现在下载页面的关键词，然后将之填入我们的搜索表格中。我们再次访问EPA的数据页面"http：//www.epa.gov/data"看看有什么发现。可以看到"可供下载的"（downloadable）和"数据"（data）在页面中出现了多次，这让我们有理由相信这些关键词能帮助我们搜索。我们尝试用"downloadable data. site. gov"这个搜索规则来寻找在".gov"类型网站地址中，含有"downloadable"和"data"的页面，搜索结果应该含有各种联邦、州和地方政府的网站。你也可以继续尝试缩小范围，例如当只想找Excel文件时，加入"filetype：xls"这个搜索规则。此外，你也可以继续尝试其他关键词，例如"下载数据"（download data），看看有什么新的发现。

### 别忘了数据说明书

在从政府网站下载数据时，不要忘了同时下载数据的说明文件。这样的**数据说明文件**（data documentation）通常为 Word、PDF 或者其他文件形式，对于我们理解数据文件有极大的帮助。这类文件并无一个特定的名字，你可以叫它记录格式、文件格式、数据字典或者其他随便什么。若无法下载到这样的文件，请尝试直接与该机构联系，联系信息应该很容易在它们的网站上找到。

不管这个文件叫什么名字，它通常包含关于数据集的以下关键信息：

● 各表格名字和每个表格记录的数量。

● 表格的列或者字段的名字、字段的描述和字段类型（如字符、数字或日期等）及宽度。

● 编码及其含义。数据通常会按一定规则编码，所以说明文件应该对此做出解释。

例如，美国联邦航空管理局会收集拥有飞行执照的飞行员数据，并且会在飞行员目录发布版文件中发布其中的一部分。联邦航空管理局在提供其（两种格式的）数据文件的同一个页面上，也提供了数据的说明文件（Federal Aviation Administration，n. d.）。下图是这个九页长的说明文件的一部分。该说明文件适用于 **CSV**（comma-separated value，or delimited text）格式的数据文件。据该文件提供的信息可知：数据中含有一个被命名为"飞行员基本信息"的表格，该表格共 13 列，第一列是飞行员唯一的身份号码（UNIQUE ID），最后一列是飞行员体检结果的有效期限（MEDICAL EXPIRE DATE）。这些字段都遵循**字母数字**（Alphanumeric）格式。这里的字段长度表明了每一列最多存储多少个字母。而备注提供了使用的编码信息（参见体检结果的备注）。例如在"体检日期"（MEDICAL DATE）和"体检结果有效期"（MEDICAL EXPIRE DATE）两个日期编码中，日期都被存储为了月-年格式。

| FIELD NAME | FORMAT | LENGTH | REMARKS |
|---|---|---|---|
| Pilot Basic record file | | | |
| UNIQUE ID | A | 8 | 1st position = 'A' or 'C' followed by a 7-digit number |
| FIRST & MIDDLE NAME | A | 30 | |
| LAST NAME & SUFFIX | A | 30 | |
| STREET 1 | A | 33 | |
| STREET 2 | A | 33 | |
| CITY | A | 17 | |
| STATE | A | 2 | Blank if foreign address |
| ZIP CODE | A | 10 | |
| COUNTRY-NAME | A | 18 | |
| REGION | A | 2 | |
| MEDICAL CLASS | A | 1 | 1=First 2=Second 3=Third (Certificate Type "P" only) |
| MEDICAL DATE | A | 6 | MMYYYY (Certificate Type "P" only) |
| MEDICAL EXPIRE DATE | A | 6 | MMYYYY (Certificate Type "P" only) |

注：联邦航空管理局飞行员数据库的说明文件。
资料来源：Airmen Certification Database. (n. d.). FAA: Home. Retrieved July 22, 2013, from http://www.faa.gov/licenses_certificates/airmen_certification/releasable_airmen_download/.

## 下载、解压和检查数据文件

在本章的最后一部分，我们将学习如何下载、解压和检查一个使用分隔符的文本文件。我们使用的这个案例来自美国能源部（the U. S. Department of Energy）的车辆燃油经济数据，你可以在以下页面中找到它：http://www.fueleconomy.gov/feg/download.shtml。在"寻找和比较车辆数据"（Find and Compare Cars Data）这个部分，我们下载网站提供的 CSV 文件到自己的电脑里。接下来我们点击"数据说明文件"

（Documentation）的链接，如同前面介绍的一样，数据说明文件能帮助我们理解每列数据的内容（别忘了像之前的操作一样，同时建立自己的数据说明文档，并记录数据细节，我建议在每次下载数据后都这样做）。

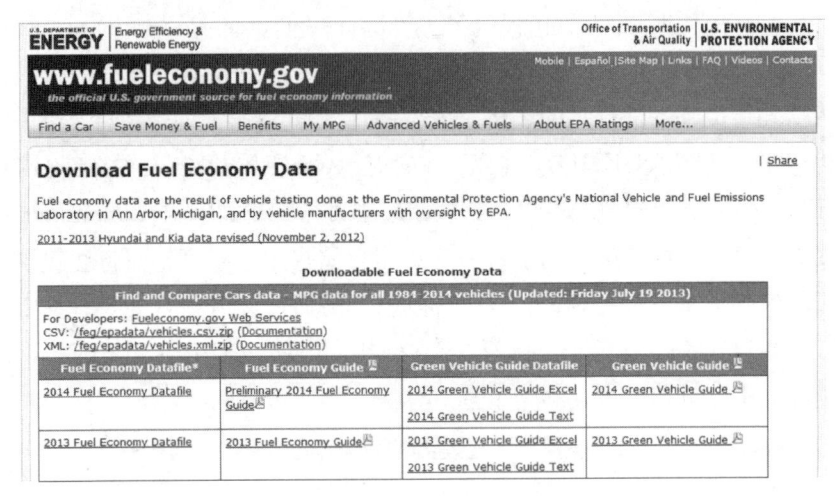

注：联邦政府网站提供的车辆燃油经济数据。
资料来源：Department of Energy. Retrieved from http：//www.fueleconomy.gov/feg/download.shtml.

44  用"Windows 搜索"（Windows Explorer）功能（Mac 则对应 Finder）找到刚才下载的文件，右键点击文件选择"全部提取"（Extract）（使用 Windows 自带解压文件功能），此外如果你愿意也可以改变解压文件的存储位置。现在在你的电脑里已经生成了一个名为"vehicles.csv"的文件夹，里面存储的文件也是同样的名字。这里我们解压的压缩文件通常被称为 **zip 文件**（zip files），带有".zip"的扩展名。

注：车辆燃油效率信息的 csv 文件，在 Windows 系统中通常默认为 Excel 文件的一种。
资料来源：Department of Energy.

Windows 系统会将 csv 文件识别为 Excel 文件的一种。因为该类文件的扩展名会自动和 Excel 关联。接下来我们双击文件打开它。使用"Ctrl+End"组合键导航到文件末尾，我们看到这个文件共有 33 847 行。接下来我们暂时关闭文件，不用保存更改（如果提示的话）。

"vehicles.csv"是一个文本文件而不是电子表格文件，所以我们也可以用文本编辑器打开它。在 Windows 系统中，我们使用 Notepad＋＋这个免费的开源软件（下载地址：http：//notepad-plus-plus.org/）。我们选择它是因为相比系统自带的记事本程序，这个软件有更多的功能，还支持打开更大的文件（Mac 用户建议安装 TextWrangler，它也是一个免费的开源软件，下载地址：http：//www.barebones.com/products/textwrangler/）。

用文本编辑器打开上述文件，我们将看到如下界面：

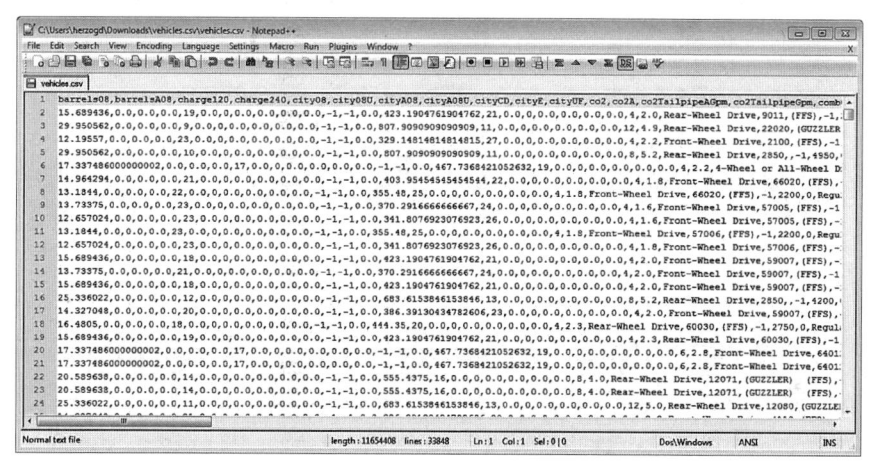

注：在文本编辑器中打开的 csv 文件，该文件形式用分隔符分列并存储压缩数据。
资料来源：Department of Energy.

这样的界面看起来很乱，数据都挤到了一块。但是，csv 文件确实看起来就是这样的。文件第一行包含了每一列的标签。每一个逗号分隔一列数据使得 Excel 和其他程序能够识别。第一行数据从文件第二行开始。我们仍然可以使用"Ctrl＋End"组合键导航到 Notepad＋＋文件尾部，然后发现与 Excel 中查看到的结果一致——该文件共 33 847 行。

我们现在来下载、解压和检查一个 tab 键分隔的数据。这个数据来自 FDA 的一项膳食研究，这项研究希望监测食物中的污染物水平，它始于 1961 年的一项辐射监测计划。此后，该项研究监测的物质扩展到食物中的杀虫剂和工业化学品含量（Food and Drug Administration，n. d.）。我们可以在以下页面上找到该项研究的分析结果：http：//www.fda.gov/ForConsumers/ConsumerUpdates/ucm184293.htm。我们在报告标题中找到文件"O 2008"，接下来我们找到被命名为"FY 08 O results only.zip"的文件，下载并解压它。这样一来我们会得到一个名为"FY 08 O results only.txt"的文本文件，我们使用前面提到的文本编辑器打开它，你应该会看到如下图这样的界面：

注：我们第一次看这个使用分隔符的文本文件时并未看到任何分隔符号。
资料来源：Food and Drug Administration.

如同上面提到的一样，这个使用分隔符的文本文件看起来会比较乱，数据都挤在了一起。我们注意到第一行仍然是各列的标题，数据本身从第二行开始。此外，这里的一些数据有双引号标注。这些标注称为**文本识别符号**（text qualifiers），它们的作用是在使用分隔符的文本文件中，标记那些应该在一列中保持完整的文本。此外有时候我们也会使用单引号作为文本识别符号。

但是这个文件的分隔符，也就是"tab"在哪里呢？我们前面讲到过tabs是ASCII字符之一，但它们是被隐藏起来的，所以通常在文件中看不到tab的存在。在Notepad＋＋中，我们可以通过"查看/显示符号"（View/Show Symbol）菜单，选择"显示全部字符"（Show All Characters）的方式使得tab可见。

在上述操作后，我们现在能看到这个文档中的红色箭头了。这些就是作

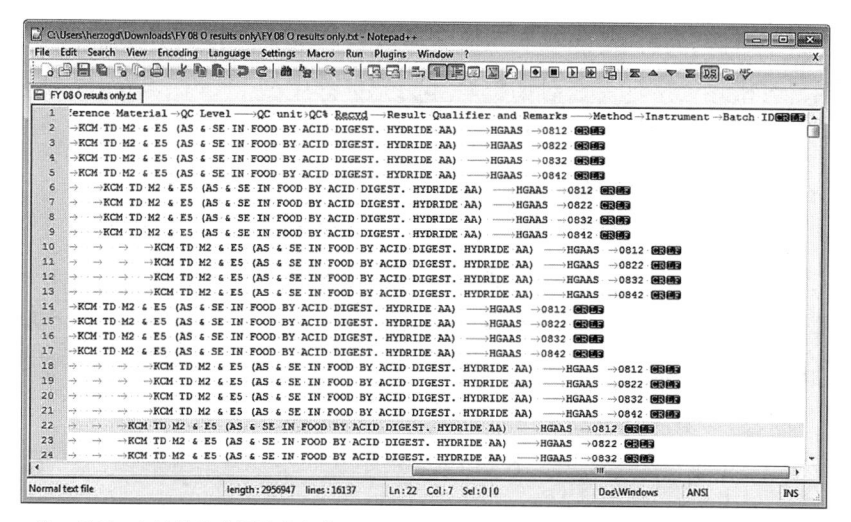

注：显示 tab 键作为分隔符的文件。
资料来源：Food and Drug Administration.

为列分隔符的 tabs。我们也可以看到一些句号，它们代表了空格。在查看这个文件的右边部分时，我们看到一些黑框白字，它们被称为 CR 和 LF，表示的是回车和换行，这些也是隐藏的字符，用于标记一行数据记录的结束。

我们仍然使用"Ctrl+End"组合键查看这个数据有多少行。你会看到这样的结果：包括标题共 16 136 行。现在可以关闭这个文件了。

我们现在用 Excel 打开这个文件。启动 Excel，选择"打开其他工作簿"（Open Other Workbooks），在"计算机"（Computer）选项中选择"打开计算机中的文件"（Browse），然后找到你存储文件的位置。

注：Excel 打开文件界面。
资料来源：Microsoft Excel 2013 for Windows.

这个时候，我们可能看不到任何可以打开的文档，因为 Excel 默认只寻找自有格式的文件。在对话框底部的"文件类型"（File Type）中选择"全部文件"（All Files），这样我们就能看到刚才的文件了。在打开的时候 Excel 会运行文本导入向导以便帮助我们正确识别文件。

第一步，我们需要告诉 Excel 这个文本文件的类型：使用分隔符号的还是固定宽度的。此处 Excel 正确识别了文本类型（有时候 Excel 的识别结果是错误的，所以这里一定要记得检查）。这个数据文件的标题在第一行，所以我们勾选"数据包含标题"（My data has headers），然后开始从第一行读入数据。

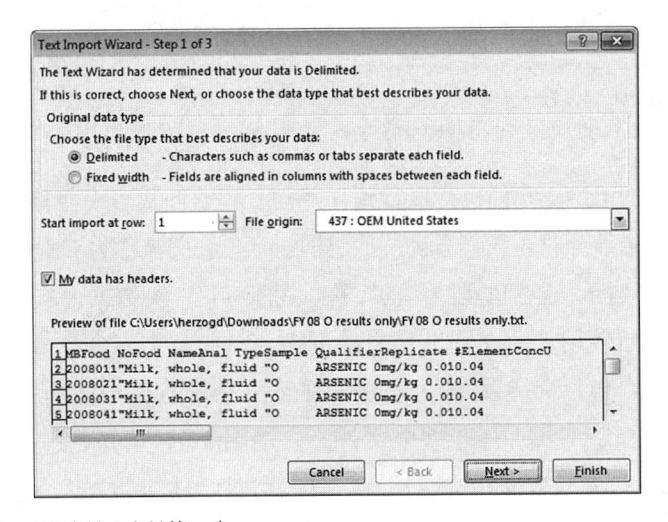

注：Excel 文本导入向导第一步。
资料来源：Microsoft Excel 2013 for Windows.

接下来，我们需要指定文件使用的分隔符号。所以在如下图所示的对话框中，请勾选"Tab"［如果文本的分隔符没有在对话框中，请勾选"其他"（Other）并输入］。在这一步，我们同时需要告诉向导，我们使用双引号作为文本识别符号。

最后，我们需要告诉 Excel 每一列的数据格式是什么。默认值是"常规"（General），表示 Excel 将自动根据每一列内容来判断数据格式。但是有时候这样做会遇到问题。例如，我们的数据其中一列含有邮编，有的会以 0 开始。比如罗得岛的东格林尼治，该地区邮编是 02818。如果这一列数据格式选择"常

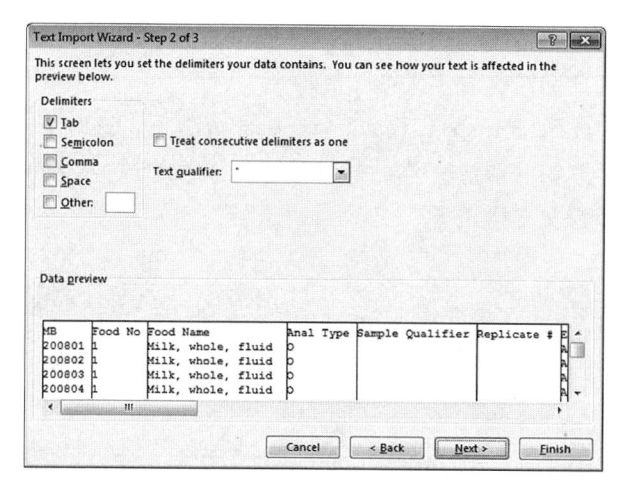

注：Excel 文本导入向导第二步。
资料来源：Microsoft Excel 2013 for Windows.

规"（General），那么 Excel 会将之识别为数字并去掉首位的 0，这样这个邮编就变成了 2818。还好我们对此有一个简单的处理办法：将这一行的数据类型选择为"文本"（Text）。这里我们可以简单地将所有列的数据类型设置为"文本"，以避免错误的读取会删除数据。之后我们可以随时修改一列的数据格式。

我们可以很容易地改变表格所有列的格式，只需要选中第一列并在按

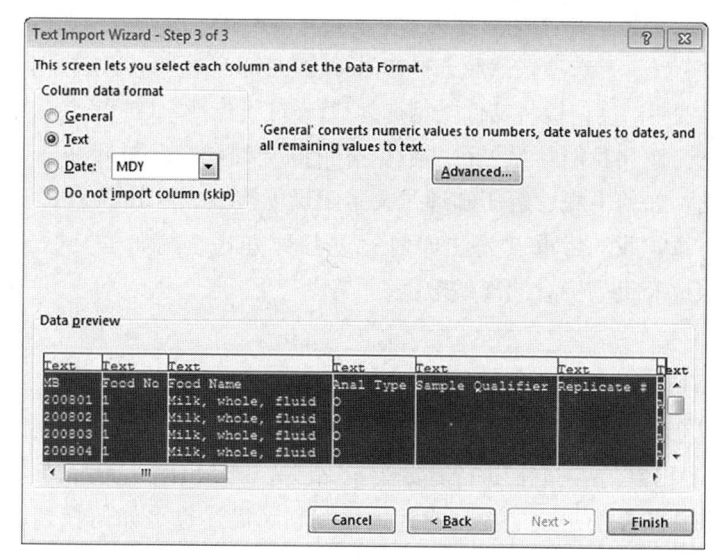

注：Excel 文本导入向导第三步。
资料来源：Microsoft Excel 2013 for Windows.

住"Ctrl"键的同时用鼠标滚动到最后一列即可。现在所有列都被选中了，我们可以将其全部修改为"文本"格式。

点击"完成"（Finish），Excel 会开始导入数据。这时 Excel 通常会显示一个绿色小旗帜（取决于你的软件设置），提示你一些看似是数字的数据已经被选择为文本格式了。

注：文本文件已被成功导入 Excel。
资料来源：Food and Drug Administration.

我们尚未将这个文件保存为 Excel 自有的格式，所以可以在这个时候选择"文件"（File）选项，然后选择"另存为"（Save As），在选择你希望存储文件的位置后，请记得将文件类型选为"Excel 工作簿"（扩展名".xlsx"）。

在这一章，我们学习了很多数据分析的基础操作，包括在网上识别有用的数据，如何下载、解压和通过文本编辑器检查 ASCII 数据。

下一章，我们将重点关注如何通过各种方式（例如提交数据公开请求）获取政府机构持有的离线数据。

## 个人练习

使用谷歌高级搜索找到你所在州或地方政府存储在网上的数据。请给出三个你找到的数据集，并对它们进行简要总结。此外，请给出你所使用的搜索语句。

找到你所在的州或地方政府的数据门户，简述你是如何找到它的。请简要总结这个数据门户提供的三个数据集。

# 第 4 章 发现和申请离线数据

正如我们在上一章所看到的，政府机构正在把越来越多的数据资源放到网上。但是，仍然有很多数据集是离线保存的。这样做的原因有很多，比如缺乏资金支持或者缺少维护人员，一些数据有政治敏感内容，也有的机构认为公众不会对一些数据的内容感兴趣。我们在上一章已经讲过有时候获取在线数据并不容易，但是与之相比，识别并且成功获得离线数据（offline data）就更有挑战性了。在这一章，作为进一步形成数据直觉的训练，我们将学习一些获取离线数据的方法。我们还将学习如何利用联邦和州政府的公开记录法来通过正式途径申请获取公共信息的数据。掌握数据库的名字和它保存的方式是我们利用联邦《信息自由法案》等法律条文成功申请数据开放的关键。

通过第 2 章的学习，我们已经知道很多政府机构依法必须收集和使用某些数据，此外数据也能帮助这些机构更好地开展工作。我们也已经知道，工作人员用手持计算机、纸质及电子表格输入数据，或者某些机构发布了某种统计报告，这些都是指向该机构持有某种数据库的重要线索。在第 3 章，我们学习了数据说明文件（也是发现数据库存在的线索）。所有这些线索都能帮助我们发现那些离线保存的数据库。

## 离线数据的线索

有些资源对我们发现离线数据是非常有帮助的，例如记录保存时间表、审计报告、联邦机构主要信息系统列表和非政府组织的网站。

**记录保存时间表**（records retention schedules）会提供由联邦和州政府机构保存的数据记录，这些记录是政府机构需要保存该数据多长时间的指南。

每一个州都会编写相应的记录保存时间表，有时候还会针对该州各地方的记录编写对应的时间表。可惜的是，各州编写的记录保存时间表内容都不尽相同，获取方式也各不一样。佐治亚州会提供一个记录保存时间表的查询表格，而佛罗里达州则提供相应信息的 PDF、Word 或者 Excel 文件。犹他州的做法是将这些记录保存时间表的信息放到网页上，所以你需要知道你想查询的内容是什么。下图是一个记录保存时间表的例子，从中我们可以看到犹他州的相应机构需要保存六年内的州政府所有的不动产销售记录。我们据此可以合理推测（虽然这条记录并未提及）这些销售记录信息是以数据形式保存的。

---

**不动产销售文件记录（第 14-3 号）**

该记录旨在记载由转让、交易、销售或捐赠等方式进行的国有不动产变更。

保管

记录原件：永久保存。自销售起由州政府保管 6 年，此后由州档案馆保存。

记录副本：保留直至政府要求销毁。

阅览权限

向公众开放。

(Approved 07/90)

---

注：犹他州的记录保存时间表提供的信息。

资料来源：Utah Department of Administrative Services. Retrieved from http：//archives.utah.gov/recordsmanagement/grs/stgrs-14.html.

我们通常不知道记录保存时间表是以数据文件还是纸质形式保存的。但是得克萨斯州、特拉华州、俄亥俄州和纽约州除外，因为这些州直接提供电子文件。

你可以通过搜索或者直接打开美国国家档案局（Council of State Archivists）的网站找到记录保存时间表。州一级的记录可以在以下地址 http://www.statearchivists.org/arc/states/res_sch_genlst.htm 中找到，而地方的记录可以在以下地址 http://www.statearchivists.org/arc/states/res_sch_genlloc.htm 中找到。

**审计报告**（audit reports）是调查政府机构运作情况的官方报告。美国政府问责局（the U. S. Government Accountability Office，GAO）是国

会的调查机构，它会监控政府机构运作的情况，并且发布含有自己调查结果和改进建议的深度报告。这样的报告通常很长，但是通过阅读你可以很快找到报告中的关键信息（完整报告有 PDF 文件可供下载）。如果政府问责局的报告中涉及任何数据库，其信息会在报告的"范围及研究方法"（参考资料）部分列出。在州一级，审计员会在全州范围的选举中产生，并审计州机构情况和发布报告。我们也同样可以在这样的报告中找到获取数据的线索。

一般的联邦调查报告也可能给我们提供帮助。这些调查通常由联邦机构中的独立部门执行，其目的在于调查任何可能存在的欺诈、浪费和其他不法行为。我们可以留意这些报告中提到的数据库信息。

例如，下面这份来自美国农业部（U. S. Department of Agriculture）的审计报告。报告主要调查了 2012 年农场服务局（Farm Service Agency）的农场援助计划（Farm Assistance Program）的支付情况。报告指出农场服务局未能详尽地记录款项支付的情况。在范围及研究方法部分，调查员提到报告使用了项目支付数据的一个样本（Department of Agriculture, 2013），这样我们就能知道，上述计划中有一个关于支付信息的数据库，我们可以请求查看。

---

**范围及研究方法**

我们从农场服务局所有支付款项记录中，随机选择了 2011 年 10 月 1 日至 2012 年 9 月 30 日的 80 条记录。农场服务局提供的数据包括 2012 财年援助计划的所有支付记录，共计 75 900 万美元，投向了 11 个不同的援助项目。

---

注：联邦调查报告的研究方法说明。此处说明调查报告从调查中提取了四个数据。
资料来源：Fiscal Year 2012 Farm Service Agency Farm Assistance Program Payments. (n. d.). U. S. Dept. of Agriculture. Retrieved July 24, 2013, from www.usda.gov/oig/webdocs/03401-0002-11.pdf.

政府和非政府机构的网站能给我们提供不少离线数据的信息。根据 1996 年通过的电子信息自由修正案（**E-FOIA**），联邦机构需要提供其主要信息系统页面的索引和描述（Department of Justice, 1996）。

上述法案在克林顿总统时期签署生效，要求联邦机构在它们的网站上提供电子阅览页面，用于公布文件和那些经常被请求查阅的数据。这里也是我们可以查到某些机构主要信息系统列表的地方。

此外，一些做得更好的机构会提供主要信息系统更详细的数据。

然而根据美国国家保密档案馆（National Security Archive）于2007年在乔治华盛顿大学进行的一项研究，大多数联邦机构未能像法律要求的那样，在它们的网站提供清晰的信息系统索引和描述，只有三分之一的机构提供了上述详细信息：

　　"与国会意在将政府的信息记录变得更透明的努力相反，各政府机构提供这些记录的索引和查阅指南的方式各不相同，这给希望查阅这些记录的人带来了很大的困扰。许多政府机构未能系统和详尽地描述它们持有的各项记录。这些机构所提供的索引和主要信息系统的说明在格式和易用性上存在很大差异。令人遗憾的是，现有的法律未能让公众更好地了解政府机构的信息记录和可公开信息"（National Security Archive, 2007）。

　　最近，一些联邦机构如缉毒局（Drug Enforcement Administration, DEA）就将其主要信息系统列表从自己的网站转移到了美国联邦信息系统数据库（Federal IT Dashboard），地址是 http://itdashboard.gov/（Drug Enforcement Administration, n. d. a）。

　　但像美国邮政局和美国法警局（U. S. Marshals Service）等机构仍坚持使用自己的系统。如下图所示，美国法警局就列出了执行令信息系统（Warrant Information System）等多个该机构正在使用的数据库（Marshals Service, n. d. a.）。

　　奥巴马政府的一项倡议也许能弥补一些上述不足。在2013年白宫的"公开数据政策"要求下，联邦机构需要创建持有数据的清单，并向公众公开（Sinai and Van Dyck, 2013）。如果实施到位，这些清单将对我们发现离线数据库提供极大帮助。

　　非政府网站也能提供政府机构持有数据的信息。例如由密苏里新闻学院和美国调查记者编辑协会运营的美国计算机辅助报道协会数据库图书馆（National Institute for Computer-Assisted Reporting Database Library）。该馆列出了超过40个联邦政府持有的数据集。作为协会会员的新闻工作者可以向该图书馆购买这些数据，其他任何人也都可以从该站点获得这些数据库的概况。例如该图书馆（我也曾参与建设）提供了联邦聘用合同的数据，所有人都可以在该图书馆站点查到这些数据的信息，并且知道这些数据是来自美国总务管理局（U. S. General Services Administration）的。

第**4**章　发现和申请离线数据　59

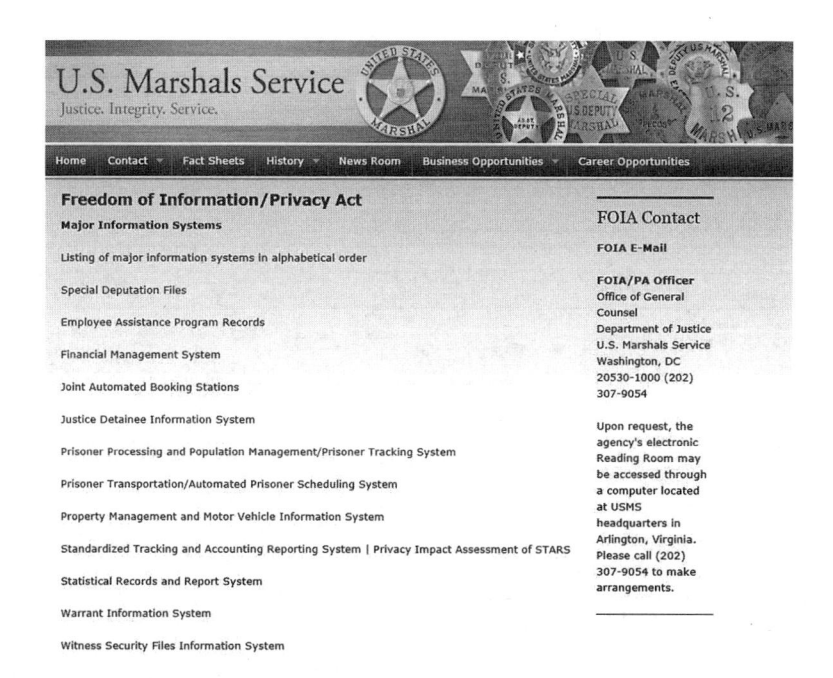

### U.S. Marshals Service
Justice. Integrity. Service.

Home | Contact | Fact Sheets | History | News Room | Business Opportunities | Career Opportunities

**Freedom of Information/Privacy Act**

**Major Information Systems**

Listing of major information systems in alphabetical order

Special Deputation Files

Employee Assistance Program Records

Financial Management System

Joint Automated Booking Stations

Justice Detainee Information System

Prisoner Processing and Population Management/Prisoner Tracking System

Prisoner Transportation/Automated Prisoner Scheduling System

Property Management and Motor Vehicle Information System

Standardized Tracking and Accounting Reporting System | Privacy Impact Assessment of STARS

Statistical Records and Report System

Warrant Information System

Witness Security Files Information System

**FOIA Contact**

FOIA E-Mail

FOIA/PA Officer
Office of General Counsel
Department of Justice
U.S. Marshals Service
Washington, DC
20530-1000 (202) 307-9054

Upon request, the agency's electronic Reading Room may be accessed through a computer located at USMS headquarters in Arlington, Virginia. Please call (202) 307-9054 to make arrangements.

注：法警局主要信息系统。
资料来源：Marshals Service. Retrieved from http：//www.usmarshals.gov/readingroom/titles.html.

NICAR » DATABASE LIBRARY » BUSINESS » FEDERAL CONTRACTS

## Federal Contracts

| | |
|---|---|
| Source | General Services Administration |
| File Size | 5.9 GB (FY 2011), 5.8 GB (FY 2010) |
| Dates Covered | FY 2011, FY 2010 (contact NICAR for data from FY 1979-2009) |
| Cost | **Snapshot**<br>Top 25 market or circulation over 100,000: $310<br>26-50 market or circulation 50,000-100,000: $270<br>50-200 market or circulation below 50,000: $135<br>**Subscription**<br>Top 25 market or circulation over 100,000: $650<br>26-50 market or circulation 50,000-100,000: $565<br>50-200 market or circulation below 50,000: $280 |
| Buy this database | Click here to purchase and download this database |

注：美国计算机辅助报道协会给新闻工作者提供的联邦聘用合同数据的接口。
资料来源：National Institute for Computer-Assisted Reporting. Retrieved from http：//www.ire.org/nicar/database-library/databases/federal-contracts/.

此外，也有一些网站提供州政府和地方政府机构持有的数据信息。我在 2011 年创立的 "OpenMissouri" 是这样一家网站：这个网站收集了大约 250 个由州政府机构持有的数据库信息。下面这个例子来自密苏里州农业部，这是一个关于鸡蛋生产许可（egg licenses）的数据库，可直接导出 Excel 表格（OpenMissouri. org，n. d.）。

注："OpenMissouri. org"提供的密苏里州农业部鸡蛋生产许可数据接口。
资料来源：Egg licenses. (n. d.). OpenMissouri. Retrieved July 25, 2013, from http://openmissouri. org/data_sets/51-egg-licenses.

美国图书馆协会（American Library Association）政府文件圆桌会议（Government Documents Roundtable）（地址为 http://wikis. ala. org/godort/index. php/State_Agency_Databases）提供的州机构数据库百科（the State Agency Databases wiki）是另一个寻找各州离线数据的好地方。从 2007 年开始，精通政府文件和数据的图书馆志愿者们通过访问这些机构的网站，寻找能够检索到的在线数据库，并将他们的检索结果汇编成信息，发布在州机构数据库百科上。这些站点通常不直接提供可下载的数据，但是通过它们我们能知道一些数据库的存在，并可向相关机构申请查阅这些数据库。

我们在州机构数据库百科中访问一下科罗拉多州的页面，在"公共安全"这个分支中找到冷案①数据库（地址：https://www.colorado.gov/apps/coldcase/index. html）。

---

① 形容因调查困难而被搁置的案件。——译者注

注：州机构数据库百科。来自美国图书馆协会的志愿者在这个百科中提供州机构的数据库。
资料来源：American Library Association. Retrieved from http：//wikis.ala.org/godort/index.php/State_Agency_Databases.

点击其中的"搜索"（Search），并选中"更多搜索选项"，用户能够在此选择下搜索信息：涉案人姓名（包括别名），案件类型，案发年份，案件调查状态，涉案人性别、年龄、种族、眼睛颜色、头发颜色，涉案人居住的市、县，法律身份和代理人等。据此，我们应该很容易猜到，至少有一份含有上述信息的表格，表格每一列记录了上述信息的一项。所以我们可以向持有该数据的科罗拉多州调查局申请查看这些表格。

## 寻找数据专家

在你找到某个离线数据后，你也许还需要在请求并获得它们之前做一些准备工作。持有该数据的机构工作人员也许能给我们提供很多帮助，因为他们对存储数据的系统最熟悉。有时候你能够在他们的网站上找到技术支援的联系方式，有时候你需要致电或致信该机构，以便找到能提供技术帮助的人。一些机构会有公共事务工作人员出面与你联系，而不是让你直接去联络数据管理人员。而这可能会影响我们的沟通效率，因为公共

**数据素养**

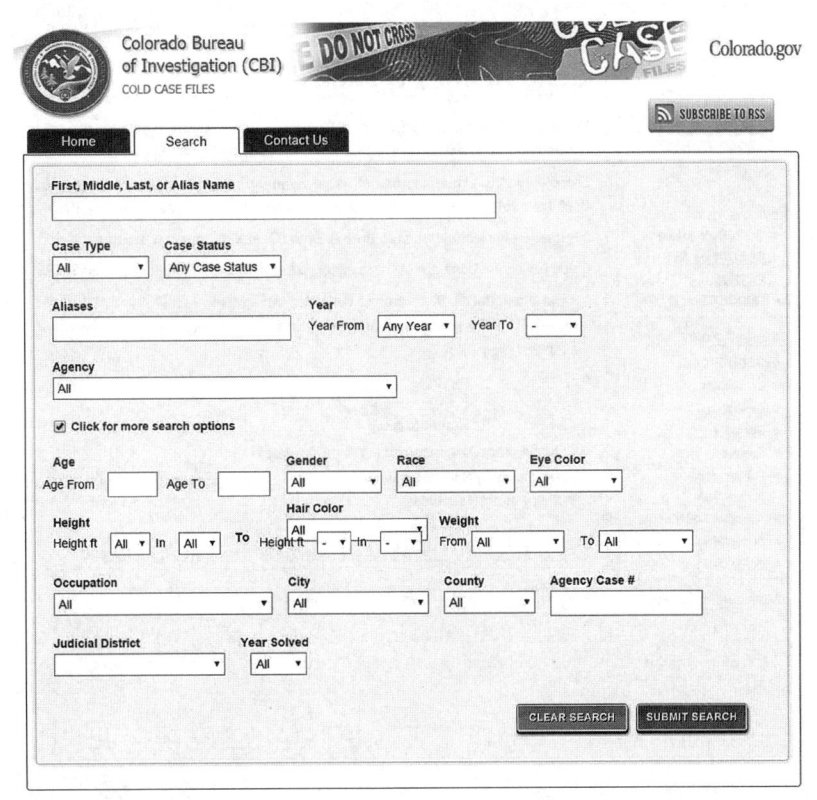

注：科罗拉多州冷案数据库搜索。
资料来源：Colorado Bureau of Investigation. Retrieved from https://www.colorado.gov/apps/coldcase/index.html.

58　事务工作人员往往对技术并不熟悉。作为一种沟通技巧，你可以直接提出与数据管理人员联系的请求，并指出这样可以提高各方的工作效率，也能减轻公共事务工作人员的负担。

当你尝试获取离线数据库的时候，也许会碰到一系列技术问题，包括：数据是如何存储的，该机构如何处理数据以及数据格式是什么。这些技术问题的沟通总是需要花费不少时间，而总结起来主要集中在以下三个方面：数据的硬件存储设备，用于处理数据的数据库软件和存储数据的格式。

一些政府机构会使用**超级计算机**（mainframe）处理它们的数据。这里说的超级计算机指的是可运行多进程的大型高速计算机系统。这类计算机自 20 世纪 60 年代开始逐步发展起来，虽然这类计算机花费较大，并且随着 PC 的普及显得有些过时，但在一些应用领域它们依然十分重要（Lohr，2012）。除此之外，也有一些政府机构会租用服务器来处理数据。与超级计算机相比，**服务器**（servers）的花费一般更低，当然能够处理的数据量相对较小。在计算量极大的时候，有的服务器只能处理单一任务。像 Windows PC 和苹果 Mac 这样的笔记本电脑，计算能力就更弱一些，通常不用于企业级的数据库管理。不过，也有一些技术人员会在创建电子表格和数据库后，在自己的电脑上继续处理数据。

在机构层面，用于存储和操作数据的软件也与我们通常使用的有所不同。虽然它们也会使用 Excel 这样的电子表格程序，但更多的还是使用数据库管理软件。数据库管理软件通常是联网的，这使得一个用户创造的表格能够被其他管理者看到。政府机构一般会使用商业数据库软件，比如 IBM 的 DB2、甲骨文的数据库、赛贝斯的数据库和微软的 SQL 或者 Access。除了 Access 外，以上这些数据库软件通常都在超级计算机和服务器上运行。而像 MySQL 或者 PostgreSQL 这样的开源软件，政府机构出于安全和维护考虑几乎是不会使用的。

对我们来说，不幸的是，以上所有软件都有一套自己的文件格式，并且互不兼容。如果你请求数据的机构不能导出 Excel 文件给你的话，就请它们生成 ASCII 编码的文本文件代替，后者通用性更强。

## 申请数据

在已经知道了数据库的存在以及持有机构的提供方式后，就需要进行申请了。你可以通过致电、致信这样非正式的渠道申请，很多情况下这样是可行的。不然的话，我们就需要按照联邦或州公开记录法规定的申请数据的正式流程去做。

如果你希望向 DEA 或者 EPA 这样的联邦机构申请离线数据，你需要根据《信息自由法案》提起请求。如果你想向州一级政府机构申请数据，则需要根据该州的公开记录法提起请求。同样，如果向地方政府申请数据的话，仍然是按照该州相应的法令提起请求。

州一级公开记录法和 1966 年生效的联邦《信息自由法案》（FOIA）都提到了"政府出于公共目的收集的信息应该公开"这一前提。尽管这些法律在许多细节上有所不同，但它们都明确了关于信息公开的关键点：回应申请的时间，基于哪些目的的申请是可行的，哪些信息属于不宜公开的范畴，向公众公开的数据格式以及花费。我们将从以上这些方面比较 FOIA 和密苏里州的《阳光法案》[①]。

FOIA 要求联邦机构在 20 个工作日内回复信息公开的申请，相对而言，密苏里州的法案要求相关机构在 3 个工作日内回复。此外，对联邦机构而言，上述提到的"回复"只是告知申请者已经收到申请而已，这就意味着申请者想要得到真正的数据文件还需要等待更长的时间，一些新闻工作者为了得到 FBI 的某项数据甚至等了数年。而在密苏里州，收到申请的机构需要在三个工作日内提供具体的数据文件（或者基于某些法律原因的拒绝说明）。当然出于某些正当理由，它们可以适当延长给出回复的时间。

上述法律都提到了出于某些原因，机构可以认定一些数据不属于公开的范畴。FOIA 对此有 9 项例外的说明，例如那些如果公开将引起机密文件泄露的法律执行材料。此外，如果文件涉及外交或国家安全利益，相关机构也有权不向公众公开。密苏里州的法案也有一些例外说明，包括罪犯逮捕记录和 911 报案中心的记录等。但这两部法律也都留下了可操作空间，即在其他法律的准许下某些保密文件也可以公开。

另外一个值得我们思考的点是这些法律如何处理数据申请。大部分法律（包括上述两部）特别提到了电子文件数据与纸质文件都属于信息公开的范畴。此外，一些法律还提到了申请者有权对申请的数据格式提出要求。以 FOIA 为例，该法律要求联邦机构应该在能力范围内提供申请者所需的数据格式。而密苏里州的法案则规定机构只需提供它们持有的数据的本来格式即可，虽然法律鼓励这些机构提供尽可能多的格式，但并非强制。

---

① 上述提到的州公开记录法的一个例子。——译者注

公共记录公开法律同时还会规定列出申请者的花费。例如 FOIA 允许联邦机构收取制作和传递文件副本的费用。密苏里州的《阳光法案》允许机构收取制作副本的费用和一定的人工费。此外，这些法律也允许机构在创建新的格式的文件记录时，收取这部分产生的费用。包括上述两部法律在内的大部分法律要求，当提供的信息涉及公共利益时，机构不能收取费用。一些州的法律甚至要求申请费不能超过某个固定的上限。

## 提起数据申请

一份好的公开记录申请信应该清晰简洁，并且包含申请内容的细节。通常来说，这样的信应该包括如下内容：
- 申请人姓名和联系方式；
- 提出申请的法律条文依据；
- 申请查看的数据库，在该机构保存时的名称；
- 申请查看的数据列（如果已知）；
- 申请查看的数据的时间范围；
- 希望收到的数据格式和存储介质；
- 要求同时提供数据说明文件；
- 如果该申请被拒绝，则要求该机构提供法律依据；
- 适用的费用减免或限制条款；
- 写信者联系方式。

美国新闻自由记者委员会（Reporters Committee for Freedom of the Press）有一项叫作"iFOIA"的在线服务（地址：http：//www.ifoia.org/♯！/），可以方便用户根据自己的需求向联邦或者州机构提起申请。

## 《信息自由法案》的作用

作为《纽约时报》驻华盛顿记者，罗恩·尼克松（Ron Nixon）在他关于联邦机构的报道中会大量使用数据（The following discussion is based on Nixon 2013）。他曾用翔实的数据报道了以下事件：养老和护理房内的床沿支架存在严重安全隐患，并且造成了大量老年人伤亡；以及那些与联

注：美国新闻自由记者委员会提供的"iFOIA"的在线服务。
资料来源：Reporters Committee for Freedom of the Press. Retrieved from https：//www.ifoia.org/#!/.

邦政府签有合同的企业如何罔顾政府制裁令，继续在伊朗从事贸易活动。

尼克松有时候通过直接向工作人员发送非正式请求的方式，从政府网站获得所需数据。而当这一招不奏效的时候，他会根据 FOIA 提起正式请求。

尼克松估计，为了给他计划进行的报道寻求数据支持，他每月要提起两到三次 FOIA 申请。这类申请通常需要花不少时间，所以说给自己留有时间余量是很重要的。

而当实际提交申请的时候，他的经验是提交的申请要尽量具体翔实，并且避免一次查看所有数据库的内容。根据经验，这样的申请很容易被拒绝。尼克松说："它们总是希望你能提出非常具体的请求，所以你对所需数据有详细了解是很有帮助的。"

尼克松建议申请者在申请前做尽可能多的准备工作。比如他有时候会根据从联邦机构的表格所收集到的信息来申请，有时候他会查阅联邦机构根据 FOIA 提供数据的记录。如果其他申请者曾经成功申请到某项数据，同样的申请就相对容易成功。

尼克松还介绍，当提交申请的时候，请记住处理这些申请的工作对于联邦机构来说并非优先考虑的事项，因为它们通常没有足够的人手来专门处理这类申请。看在它们的工作人员已经身兼数职的份上，在提交申请的时候也请多多体谅他们。

### 协商解决（获取数据的）障碍

由此你可以想象在实际操作中，获取你所需的数据有时候会很困难：政府机构会设置各种合理或不合理的障碍。其中最常见的是隐私问题、费用和导出数据（格式）的障碍。

政府机构通常会告诉你，由于隐私原因，它们无法提供这些数据。虽然一般来说它们是有依据的。然而 FOIA 和州相关法律都会要求它们在拒绝申请的时候，说明具体依据的法律条文。因为也有可能这些机构只是自己认定数据具有隐私性，而并无法律可依。所以如果一个机构拒绝了你的申请，一定要求它们给出具体的法律条文，并且记录在案（以备日后遇到类似情况时参考）。

如果某些数据确实涉及隐私问题，则可以尝试获得其中适宜公布的那一部分。因为按照上述法律，机构总是有公开恰当的信息的责任。例如，联邦法律禁止未授权的社保号码（SSN）公开。如果你向市政府申请获取雇员信息（含有 SSN），市政府按要求应该在隐去这部分信息之后给你其余的部分。

以下是一些涉及隐私保护的联邦法律：FERPA、HIPAA 和 DPPA。

FERPA 是《家庭教育权利和隐私法案》（Family Educational Rights and Privacy Act）的英文缩写，主要用于保障学生接受教育信息的隐私性。学生们有权在 18 岁或高中毕业后自主管理这些记录。而在此前，这些记录由其父母保管。而根据 FERPA 制定的条例，校方被允许在教育目的下使用这些记录（Department of Education，n. d.）。在寻求来自公立学校或者大学的数据的时候，FERPA 经常成为一道障碍。公立大学甚至根据 FER-PA 拒绝过获取校园逮捕记录的申请。专门为教育和大学的新闻工作者提供帮助的学生新闻法律中心（the Student Press Law Center）表示，FER-PA 是最经常被申诉的一部法律，为此该中心还专门提供了一份 PDF 文件指导那些数据申请者如何处理这类情况（Gregory，2013）。

HIPAA 是《医疗保险可携带性和责任法案》（Health Insurance Portability and Accountability Act）的英文缩写。它是一项于 1996 年起施行的，保护公民个人健康记录隐私的联邦法律（Department of Health and Human Services，n.d.）。显然没有人希望别人未经自己许可就使用自己的医疗记录。

DPPA 是《驾驶员隐私保护法案》（Drivers Privacy Protection Act）的英文缩写。在此法案创立前，有一系列被频繁曝光的事故，跟踪者很容易就从州车辆管理局获得目标的家庭住址信息。这部法律正是在这一背景下，于 1994 年通过的。DPPA 禁止各州随意公开包含驾驶记录的个人数据（epic.org，n.d.）。不过，这部法律也说明了数据公开的一些特定条件，例如出于保险、车辆召回和法律诉讼等目的，可公开相关数据。

提供数据的成本也经常成为一个障碍。一些机构会告诉你提供某些数据会产生大量费用。所以你在提起申请的时候，要记得请对方提供可能产生费用的估计，包括这些费用的类别（像复制、研究、计划等法律允许的收费范围）。有时候这些费用尽管已经被降到了一个合理的价格，但也许仍然超出了你能负担的范围。请记住你可以在申请时提出费用减免，所以记得去了解机构的费用减免条件，并声明自己符合这些条件。

另一种我们经常碰到的障碍是获得所需的特定数据格式。按照密苏里州相关规定，州政府机构只需提供数据的原始格式即可。例如，州高等教育局有一个以甲骨文公司的数据格式保存的数据库，则机构提供它时并无导出 Excel 或者 ASCII 文件的义务。此外，一些机构也许会表示它们从技术上无法实现导出特定格式数据的能力。也有一些机构会将数据库管理的工作外包给第三方机构，这就使得我们在这方面的沟通变得更加困难。还好大部分州相关法律规定了，政府机构需要履行公开记录法赋予的责任，与其具体运作是否交由第三方无关。

## 获得帮助

与政府机构的沟通协商（不管是为了数据还是其他文件）绝对是一门

艺术，其细微之处并非本章探讨的范围。如果你在这方面需要更多指导，我在这里推荐一本由戴维·库伊列尔（David Cuillier）和查尔斯·N. 戴维斯（Charles N. Davis）在 2011 年出版的名为《获取信息的艺术》（*The Art of Access*）的书。该书对新闻专业学生、新闻工作者甚至任何领域的读者而言，都是一本不错的沟通技巧指南。

由美国新闻自由记者委员会编纂的《开放政府指南》（Open Government Guide）也是一本高质量的手册。新闻自由记者委员会是一家非营利机构，它的主要工作是为新闻工作者提供帮助。这本指南提供了关于 FOIA 的各种细节，联邦和各州的隐私法及公开记录法，更重要的是，它提供了法律对数据的各项规定的具体信息。

各州都有一些专门帮助处理数据申请的机构。例如在康涅狄格州，如果你根据州《信息自由法案》申请数据或者其他记录被拒绝了，那么你可以将此结果上诉至信息自由委员会（Freedom of Information Commission）。信息自由委员会会根据申诉举行听证会，判定相关机构是否违反法律规定。如果判定违法，则该机构必须提供申请者所申请的相关数据（Connecticut Office of Governmental Accountability，n. d.）。

在得克萨斯州，首席检察官办公室会介入一些数据申请。如果一个机构拒绝提供某些信息，则在正式作出拒绝决定前需要向首席检察官办公室就该决定进行请示。在作出该决定后，首席检察官办公室会听取来自申请者和机构两方面对此的进一步说明（Attorney General of Texas：Greg Abbott，n. d.）。

此外，一些 NGO 也能给我们提供帮助。在密苏里大学的全美信息自由联盟（National Freedom of Information Coalition，NFOIC）的网站上，你能找到很多这类组织的信息。NFOIC（地址：www.nfoic.org）提供了很多州一级开放政府倡议团体的网站链接。所以，例如你在佛罗里达州向某个州或地方政府机构获取数据时遇到了问题，你可以首先登录 NFOIC 的网站，然后找到一个名为"佛罗里达州第一修正案基金会"（Florida First Amendment Foundation）的机构寻求帮助。

如同我们上述介绍的，发现和获取离线数据库有时候并不是一件容易

注：NFOIC 网站，NFOIC 提供了很多州一级开放政府倡议团体的信息。
资料来源：National Freedom of Information Coalition. Retrieved from www.nfoic.org.

的事情，因为大多数政府机构并不会告知我们它们持有什么样的数据。不过我们前面已经介绍了获取这些数据存在的线索，例如记录保存时间表和搜索表格。在此基础上，我们可以通过各种正式或非正式途径申请这些数据。

在介绍了上述获得数据的不同方法后，我们接下来将介绍如何检测数据，并发现其中的缺陷和瑕疵。这些是我们进一步分析数据和可视化数据的基础。

## 个人练习

找到你所在州的公开记录法。引用上述法律条文并用几段话描述据此申请数据的流程。请记住上述流程应该包括申请被拒后可能的上诉或由其他官方机构发起的调解的细节。

通过使用美国图书馆协会州机构数据库百科提供的信息，找到你所在州的三个离线数据库。记录你在上述网站找到数据库的网址，并简要总结该数据库含有哪些信息。

通过 NFOIC 找到你所在州或地区的开放政府倡议组织。记录该组织的网站地址和联系方式。请注明该组织是否向公众提供数据申请方面的帮助。

找到一份美国政府问责局或者州一级的审计报告，报告须提到某项数据库的存在。引用报告并简要总结该数据库内容以及报告是如何使用该数据库的。

找到一个机构因为 FERPA 而拒绝向学生记者提供数据或信息的案例，总结该案例细节。你认为该案例中的拒绝决定是否合理？为什么？

根据本章介绍的方式，撰写一份自己的公开记录申请信，向你所在市政府请求过去三年内的政府雇员信息数据。在申请中注明你需要 Excel 文件，并用电子邮件发送。

在美国新闻自由记者委员会编纂的《开放政府指南》上找到你所在州的信息。该州法律如何制定对数据的各项规定？法律条文中是否提到了电子数据也是公共记录的一部分？在申请获得特定格式数据方面，该法律条文有何说明？请针对以上问题引述法律条文并归纳总结。

# 第3部分
# 评估和清洗数据

# 第 5 章 数据污染无处不在

当我们通过网上下载或者公开记录申请得到数据后,一定迫不及待地想要开始分析了。

很多学生甚至专业数据分析师都喜欢一头扎进数据中,尝试做一些运算并得到相应结果。然而,我觉得此时此刻我们需要的是更好地理解自己获得的数据。这些数据(对我们的研究)有哪些优点?哪些弱点?数据中缺失了什么?缺失数据对我们的分析有多重要?我们能够利用手中的数据准确解答自己的研究问题吗?我们还需要其他数据作为补充吗?

对这些问题的重视往深了说其实涉及学术或者职业道德,数据分析的职责是尽可能地用数据还原事件本身的面目。所以作为数据分析师,我们应该尽可能了解手中的数据,尤其是其中暗含的缺陷。我们需要让阅览我们(基于数据分析的)成果的人,不管是其他研究者、商业客户还是公众,能尽可能准确地理解我们呈现的数据。在这个全民贡献、使用和与他人交互数据的年代,上述准则显得尤为重要。今天,分享信息是一件再普通不过的日常小事,然而琐碎日常中的错误也可能被放大甚至造成严重的后果。所以我们需要足够仔细和专业,才能提供可靠的分析结果。

盲目信任收集数据的机构是对自己工作的不负责任。有经验的数据工作者会告诉你,事实上政府收集的数据质量参差不齐,从仅有一些微小错误的文件到完全一团糟无法使用的文件都有。

你也许想问这是为什么?政府机构不应该保证自己存储的数据的准确性和可用性吗?事实上,大部分政府机构对于数据的质量管理是聊胜于无的。

让我们来看一个加利福尼亚州教育局的例子。以下是一份从该部门网站下载的学生违纪数据记录（California Department of Education, n. d. b）。在2001年生效的《"不让一个孩子掉队"法案》（又称《有教无类法案》）（No Child Left Behind）下，联邦各州都需要公开学生的纪律数据。这部由小布什总统主导的法案，其目的在于提高来自社会弱势群体小孩的教育质量。

注："加利福尼亚州公立学校学生表现"搜索工具。

资料来源：California Department of Education. Retrieved from http：//dq. cde. ca. gov/dataquest/.

根据该法案，地方学区需要将学生表现包括违纪情况的细节数据报告给州教育部门。在加利福尼亚州，一所拥有654名学生的小学，在2010—2011学年间，共报告了306次禁止学生携带枪支进校的记录。这个数据，很明显是一个离群值。因为，在此前5年间，该校每年出于各种原因需要向上汇报的事件也不超过131起（California Department of Education, n. d. a）。

NBC电视台驻旧金山的记者们发现了洛伦佐庄园小学（Lorenzo Manor Elementary School）的这个错误，并质问该州及当地管理者如何解释这个错误的发生。当地负责人表示他们没有时间检查数据的准确性。而州一

注：洛伦佐庄园小学纪律训诫的错误记录。

资料来源：Lorenzo Manor Elementary School - Suspension & Expulsion Information. (n. d.). DataQuest CA Dept. of Education. Retrieved June 13, 2013, from http://dq.cde.ca.gov/dataquest/Expulsion/ExpReports/SchoolExpRe.aspx?cYear=2010-11&cChoice=ExpInfo3&cDistrict=0161309--San%20Lorenzo%20Unified&cCounty=01,ALAMEDA&c Number=6002653&cName=LORE NZO%20MANOR%20ELEMENTARY.

级负责人则表示，他们并无对获得数据再次进行独立检查的机制，应该由当地学区负责上报数据的准确性。虽然这个错误事后得到了纠正，但到头来我们发现在这个体系中，其实没有人为数据的准确性负责（Susko, Putnam, & Carroll, 2012）。

路透社驻纽约的记者发现过关于危险化学品存储的一个国家数据库中的严重错误。该数据库是供紧急事件处理者在火灾和事故发生后使用的，例如前述2013年4月得克萨斯州韦斯特镇化肥厂爆炸事故。根据联邦的《应急计划和社区知情权法案》（Emergency Planning and Community Right-to-Know Act），地方和州都需要建立危险品事故响应网络。此外，该法案还规定了化工厂需要报告的危险品种类及其（需要报告的）临界值（Environmental Protection Agency, n. d. a）。然而，路透社的记者们发现许多工厂存在大量的误报或者未报告的情况，更糟糕的是，联邦和地方机构都没有建立起检查报告数量是否准确的机制（Pell, McNeill, & Gebrekidan, 2013）。

另一个案例来自一份由纽约市警察局理事长整理的报告，该报告显示警方的报告系统对于犯罪统计的故意操纵几乎没有防范能力。这份报告引用了几个案例，在这些案例中，警察将一些重罪降级成为了相对较轻的罪行（Goldstein, 2013）。

虽然这只是一些极端例子,但是数据存在瑕疵却不是极端情况。政府机构虽然在法律要求下不得不收集一些数据,然而这并不意味着它们准备了数据纠错和完整性检验的机制。所以作为数据使用者的我们,需要检查数据的完整性,发现其中的**离群值**(outliers),或者那些看起来像是错误的极端值。

### 所有数据都是"脏兮兮"的

请谨记我们总是假设所有数据都是被污染的。[①] 然而这是为什么呢?它们为什么会被污染?

数据污染的产生有几个重要的原因。正如我们在上述案例中看到的一样,政府机构发布的数据有误,是因为其审查机制的缺失。然而,如果回溯到数据的输入端,我们发现由于把控不严格,数据的错误在此时就已经产生了。这是一种典型的 GIGO[②] 效应。

请思考一下数据是如何进入数据库的。如同我们在第 2 章学过的,政府机构会有专门的人员负责将纸质文件上的数据输入电脑,形成电子数据文件。这是一份低收入高工作量的工作。如果你在学生时期曾经做过类似工作就会知道,重复劳动的过程很容易产生错误。

在录入大量重复数据的时候,很容易注意力分散并犯错。而且通常情况下,这会导致一些重复内容的不一致性。例如,你所在城市卫生部门的工作人员,正在输入动物咬伤申诉的数据,对于同一条街道,他可能会输入 "MacArthur Road" "McArthur Road" "MacArthur Rd." "McArthur Rd." "MacArthur Rd" "McArthur Rd" 等好几种格式。在密切接触数据的过程中,你会发现这样的不一致性随处可见。

这样被污染的数据不仅会让我们感到恼火,还会实际地影响我们的分析。大部分电脑程序,例如我们经常使用的电子表格,会把上述这些不同的拼写视为不同的内容。继而当我们创建数据透视表的时候,会发现同一

---

[①] 这里的数据污染指的是数据存在上述的各种问题,例如不完整,有离群值或错误。——译者注

[②] 短语 "garbage in, garbage out" 的缩写,意为 "输入的是垃圾,则得到的也是垃圾"。——译者注

条街道竟然以 6 行不同的数据来表示。当你以此创建图表的时候也会得到相似的结果，同一条街道会对应 6 个可视化元素。

为了解决这个问题，软件开发者有时候会在电脑或者网页表格中设计纠错功能，或者直接使用选项代替手动输入。某些表格会要求你直接在给出的列表中选择城市名称。例如你选择的城市是纽约（New York），则直接选择该项，而不是自己去输入"NYC""New York City""NY""N.Y."或者"N.Y.C."。你会发现使用封闭性问题通常更容易直接获得高质量的数据。

此外，有时候数据被污染或者无法操作是因为其存储方式存在问题。

我们来看一个案例：通常来说我们希望看到日期以"月/日/年"这样的格式保存；例如 2015 年第 1 天，我们会写成 1/1/2015。但创建日期数据库的人经常将日期存储成文本，所以同样的一天就变成了 01012015。在这里第一个"01"代表 1 月，而第二个"01"代表该月第 1 日，当然最后是年份"2015"。

如果像上面这样将日期存储为文本的话，会大大制约我们的分析能力。我们将无法运行日期的公式计算，例如算出两个日期的间隔时间，或者计算某一天对应的星期日期。

另一个在设计数据库的时候经常遇到的问题是没有隔开的数据，也就是创建数据库的人在同一列中加入了过多元素。

直到最近，专门负责收集和发布密苏里州竞选捐款数据的密苏里州伦理委员会（Missouri Ethics Commission），仍然在其发布的数据中将不同的捐款项目放在表格的同一栏里。请看下图中的捐款者信息列（名为ContrInfo 的 G 列）。

如果仅仅阅读这些数据似乎没有什么问题，然而如果我们想根据捐款者的来源城市、邮编、街道或者职业对以上数据进行归纳总结就不可能了。更糟糕的是，该列的不同行中有不同类别的捐款者信息，比如个人、公司或者政治团体。

这样的数据结构让我们无法轻易回答下列可能研究的问题：谁捐赠最多？有多少捐款来自州外？是否存在大量捐款的特定群体？捐款最多的来自哪一邮编（代表地区）？

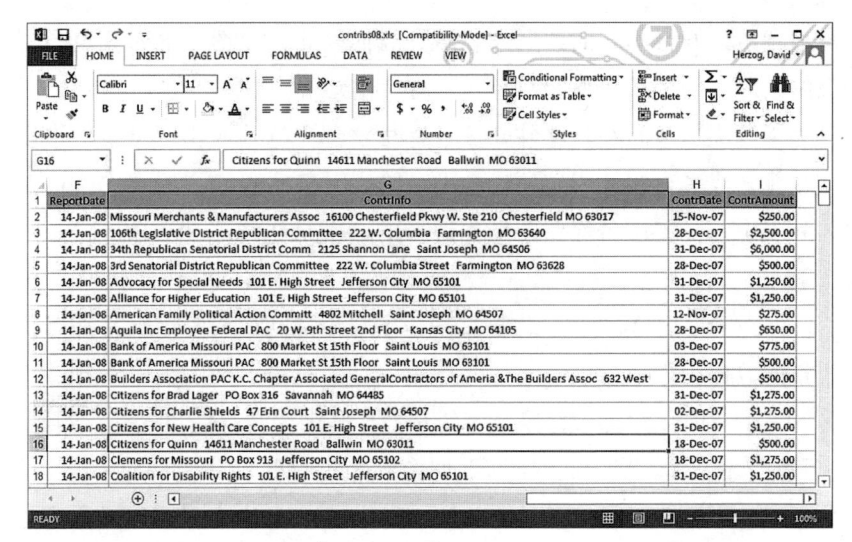

注：密苏里州伦理委员会的竞选捐款数据，最近该机构终于改进了这类数据结构。

资料来源：Missouri Ethics Commission，Retrieved from http：//www.mec.mo.gov/EthicsWeb/CampaignFinance/CF_ContrCSV.aspx.

如果需要利用这个数据集处理我们的研究问题，则需要进行大量的数据清洗工作。还好在这个案例中，密苏里州伦理委员会在其新版本文件中改正了上述数据结构的缺点，将不同信息分列存储了。

注：密苏里州伦理委员会改进后的数据表格。

资料来源：Missouri Ethics Commission. Retrieved from http：//www.mec.mo.gov/EthicsWeb/CampaignFinance/CF_ContrCSV.aspx.

再看看上图这样的数据结构，是否变得清晰多了？政治团体、公司和个人捐赠者都分别成列了。这样在利用数据透视表进行归纳总结的时候会变得非常容易。此外，个人的姓和名、街道地址、城市、州和邮编也分别成列了。

**检测农业数据中的污渍**

1984 年由美国国会拨款设立于密苏里大学的食品和农业政策研究所（the Food and Agricultural Policy Research Institute，FAPRI）常年从全球政府机构收集粮农数据，用于全球农业活动的研究。该机构收集的这些数据会对参众两院的农业立法工作产生潜在的影响。

FAPRI 的分析师们都知道收集的数据往往是有瑕疵的，所以需要清洗工作来修复或者标记这些问题。FAPRI 的负责人帕特里克·韦斯特霍夫（Patrick Westhoff）介绍，数据分析师们会在 Excel 中查看这些数据，并通过创建一些图表来发现数据的不一致性或者有错误的地方（The following discussion is based on Westhoff 2013）。

在此基础上，分析师们才能开始他们的研究工作：利用数据检验农产品的供需是否达到了平衡。具体来说，他们需要确保农产品的产出和进口数量能够满足国内市场的需求、出口需求和保有一定的存储量。有的时候，FAPRI 收集的数据在一些农产品价格上会存在缺失值，这个时候分析师就需要明确是否需要从其他地方找数据填补，或是用其他方式处理。

此外，FAPRI 还需要明确有的数据会被其提供者修订多次。例如，美国农业部对中国粮食的供需估计就可能会更改。

大部分时候 FAPRI 会在线获得需要的数据，但有时候也会从公开报告、电话访问等渠道获取信息。这时候就需要手动输入数据了，当然这样会不可避免地带来一些错误。

**改变规则＝改变数据**

在收集数据的过程中，改变收集规则很大程度上会影响数据的质量，至少会限制稍后的数据分析。不幸的是，联邦政府机构总是或多或少地不断改变其收集数据的方式和规则。以下是一些经济学数据中的案例：

大规模裁员数据：美国劳动统计局在 1995 年开始进行大规模裁员的统计。然而在 2004 年，该统计缩小了其适用范围。此后的统计将仅包含私人行业、非农行业，而不再包括公共事业和农业领域的大规模裁员。这就导致了我们无法比较 2004 年前后的数据（Bureau of Labor Statistics，n. d.）。

破产数据：小布什总统于 2005 年签署了一项国会通过的法案，该法案使得一些人在联邦法院寻求破产保护变得更困难了（Public Law，109-8，2005）。这同样导致比较 2006 年前后的破产统计数据将变得没有太大意义（United States Courts，n. d. a）。

医疗保险开支数据：美国住房和服务部（the U. S. Department of Housing and Human Services，DHHS）会使用医疗开支调查的数据来估计个人和家庭的保险费用，并以此制定雇主相关的保险政策，因为上述调查的数据被认为是与保险花费最接近的统计结果。然而在 2007 年，DHHS 为了改进其调查手段暂时停止了该项调查。所以你查阅数据时会发现 2007 年的数据是缺失的（Agency for Healthcare Research and Quality，n. d.）。

车辆注册数据：美国联邦公路管理局每年会发布各州的车辆注册信息。这些信息是根据各州提供的数据汇总的。所以当 FHWA（我们前面介绍过它是交通运输部的一个分支）无法获得州机构的数据时，就会直接使用之前年份的数据取而代之（Federal Highway Administration，n. d.）。

国内生产总值（GDP）数据：美国经济分析局（the U. S. Bureau of Economic Analysis，BEA）会使用 GDP（包括生产的产品和服务）来获知美国经济的规模。在 2013 年，BEA 进行了史上最大规模的 GDP 计算规则改写，包括将研发费用也列入投资类别（Coy，2013）。这一举措使得 GDP 的规模进一步增长。此后，BEA 根据这一新的算法重新计算了自 1929 年 GDP 被引入统计以来的所有数据。

如你所见，数据污染在这个行业是常事。那些不一致错误、输入错误、拼写错误和结构不合理的数据随处可见。

在这个前提下，我们需要了解的是，这些数据错误有多严重？在下一章，你将会学习如何检查自己获得的数据并决定如何正确地使用它们。我们将这个步骤称为数据完整性校验。

**个人练习**

找到你所在州的州长候选人竞选捐款数据。在数据中你发现了什么问题？找出其中三个例子，你认为这些问题是如何产生的？

# 第 6 章　数据完整性校验

如我们在上一章所见，数据往往是包含错误的。那么我们接下来要做的，就是更加清楚地确认数据中包含了多少错误。

这个步骤被称为**数据完整性校验**（data integrity checks）。这个名字听起来不像是什么轻松的工作，但真的不必担心，它只是一种核查数据是否有误的系统性方法。本章将为你揭开数据完整性校验的神秘面纱，并将展示如何用 Excel 就能完成这个步骤。

我们将会用到 2012 年得克萨斯州参议员候选人的详细开支数据，其原始的 CSV 文件由联邦竞选委员会（Federal Elections Commission，FEC）的数据门户所公布，网址是 http://www.fec.gov/data/CandidateDisbursement.do?format=html&election_yr=2012。你可以直接从本书的网站上下载，文件名为"TX_all_senate.xls"。

这个席位吸引了 25 余名候选人参与初选。据一份 2013 年 4 月 16 日发布的 FEC 数据分析显示，该席位在 2011—2012 年度的国会竞选费用排名中位列第三（OpenSecrets.org，2014）。

在进行数据完整性校验的时候，记得把数据说明文件带在身边。这个案例中，这份文件叫作元数据（metadata），可以在以下地址下载：http://www.fec.gov/finance/disclosure/metadata/CandidateDisbursement.shtml。如同我们在第 3 章介绍的，这样的说明文件也被称为记录格式、数据字典、编码表或者其他名称。

同时也别忘了安全计算法则，你应当额外复制一份元数据，从而确保始终有一份未曾修改过的原始文件。

我们的这份元数据中讲到，竞选活动中，单次超过 200 美元的支出都应当记录在案。这些数据对于政治学者、竞选团队和其他想要追踪候选人活动的人而言都很有意义。同时，它还讲到候选人需要多长时间报告一次上述文件，并指出了修订这些档案的程序（适用于纸质文件的提交）。

FEC 的说明文件还提醒我们，对于其备忘录中提及的事务——此处指的是用信用卡支付的费用，每项支出都会再次单独列出（而这部分费用在计算信用卡支出时会再次被计算在内）。这对我们接下来的分析非常重要，因为我们需要在计算时去除这部分费用，不至于夸大结果。

请特别注意下面的 HTML 表格，它包含了 FEC 在数据文件中提供的 26 列详细信息。

### Information contained in the file
The Candidate disbursement file contains the following information:

| Tag | Field Name | Data Type | Description | Range | Explanation |
|---|---|---|---|---|---|
| com_id | Committee ID | Character | Character C followed by eight digits | 9 characters | Unique nine digit identifier used by the Commission to identify each political committee. In general committee id's begin with the letter C which is followed by eight |
| com_nam | Committee Name | Character | Name of committee or other entity registered with the FEC | Max 90 characters | This is the name of the committee |
| can_id | Candidate ID | Character | | 9 characters | First character indicates office sought - H=House, S=Senate, P=Presidential. Columns 3-4 are the state abbreviation for Congressional candidates |
| can_nam | Candidate name | Character | Name of the candidate | Max 38 characters | List of all disclosure filings for this committee |
| ele_yea | Election year | Number | | 4 characters | General election year of the cycle in which this candidate is running |
| can_off | Candidate Office | Text | Office abbreviation | 1 character | P=President; S=Senate; H=House |
| can_off_sta | Candidate Office State | Character | Postal abbreviation for State | 2 characters | |
| can_off_dis | Candidate Office District | Number | District number for House candidates | 2 characters | |
| lin_num | Line number from Detailed Summary Page of FEC Form 3 | Character | category of disbursement based on detailed summary page of FEC Form 3 | max 12 characters | Description of Form 3 (See page 6 of these instructions) |
| lin_ima | Link to image presentation | URI | Page where transaction may be viewed as image | 11 characters | |
| rec_com_id | Recipient Committee ID | Character | Character C followed by eight digits | 9 characters | If the disbursement goes to another committee registered with the FEC, this would be the ID number of the committee receiving the payment |

注：FEC 公布的开支数据的说明文件。
资料来源：Federal Election Commission，Retrieved from http：//www.fec.gov/finance/disclosure/metadata/CandidateDisbursements.shtml.

在上面的表格中，"标签"（Tag）列举了数据文件中每一列的名称。

"字段名"（Field Name）则是各列完整名称的说明。

"数据类型"（Data Type）说明了数据的格式，比如竞选年份（ele_yea）就是以数字格式保存的。

"摘要"（Description）介绍了每列的内容。

"区间"（Range）则是说明每列所占的字符数。

"注释"（Explanation）则进一步补充解释了每列的详细信息。

注：我们下载的 Excel 数据文件图标。
资料来源：Microsoft Excel for Windows 2013.

## 全局校验

在下载了分析所需的文件后，我们需要先进行全局校验，再对各处细节进行检查。在宏观层面，我们需要知道：

这个文件的格式是什么？

文件有多少行？

每一列的标题与内容正确对应了吗？

在我们这个案例中，请首先找到你电脑中存储的文件，通过文件图标确定它是 Excel 格式。在 Windows 系统中，你也可以查看它的扩展名，我们的文件的扩展名是".xls"，也就是我们已经非常熟悉的 1997－2003 版本的 Excel 文件格式。

用 Excel 打开该文件后，我们看到如下界面：

注：Excel 界面下的得克萨斯州联邦竞选开支数据文件。
资料来源：Federal Election Commission.

这下我们可以回答上面的第二个问题了：该文件共有多少行？仍然使用我们之前介绍的"Ctrl＋End"快捷键（Mac 系统下请使用"Command＋End"）直接定位到文件尾部。正常情况下你会定位到单元格 Z8023，这表示这个文件中有 8 023 行数据（如果标题占一行则是 8 022 行）。

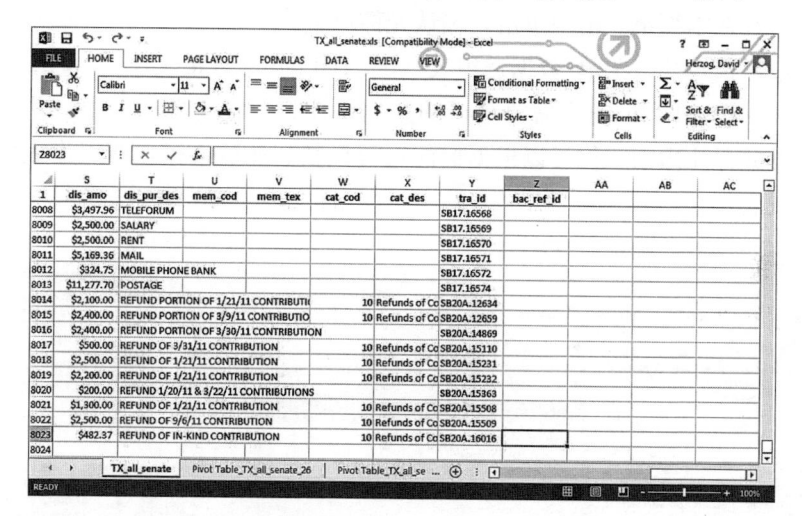

注：联邦竞选开支数据文件的末尾。
资料来源：Federal Election Commission.

我们向左拖动进度条，回到文件 A 列，再使用"Ctrl＋Home"（Mac 系统下请使用"Command＋Home"）快捷键回到文件顶部。

现在我们进行第三项检查：对照元数据说明检查每列标题与内容是否正确对应。我们可以将这些标题更改为更适合自己需要的名字，但是我仍然建议此处我们复制一份原始文件，在复制文件（新文件）上操作，以便任何合作者都能通过原始文件对应到元数据的说明。

确认了这些之后，我们可以进行下一步了。下一步是对整个数据进行逐列校验。

## 细节校验

对于数据文件的细节校验，我们需要使用到**数据透视表**（pivot tables），以便列出数据的不同值和每个值出现的次数。你会发现这些校验的步骤会让我们对接下来用于分析的数据有一个更好的理解。

我们从"com_id"这一列开始检查。这列中的每一个数据占有9个字符宽度，都应当由一个字母和8位数字组成，它们是由FEC为每一位候选人制作的编号，是唯一的。

以下是创建数据透视表的步骤：

（1）在本列单元格中单击，确认光标位置。

（2）选择插入菜单-数据透视表（Insert-Pivot Tables）。

（3）Excel会询问你需要分析的数据是什么，它会自动选中一些区域的数据并标注出来，你可以根据标注进行调整。然后选择在新工作表中放置透视表。

（4）点击"确定"（OK）。

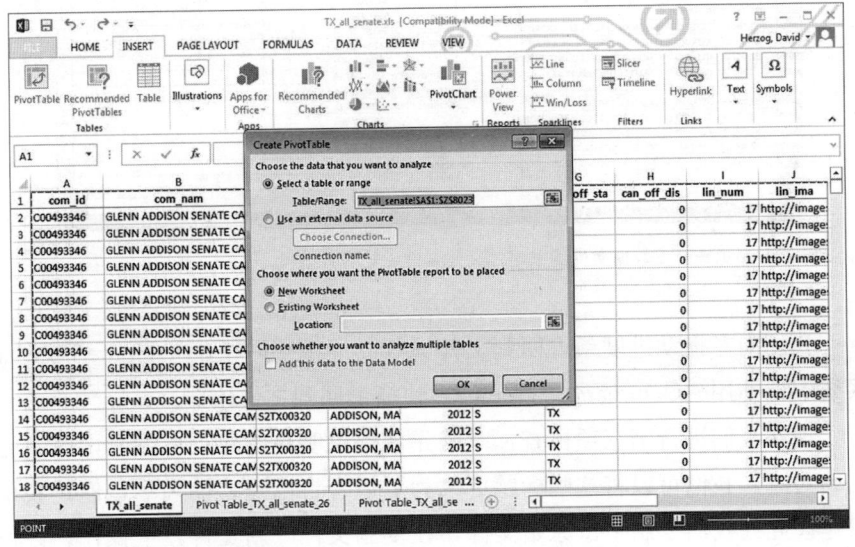

注：在Excel中创建数据透视表。
资料来源：Federal Election Commission.

接下来我们会看到Excel数据透视表设计页面。

页面右侧的数据透视表字段列出了数据文件中每一列的标题，我们在这里看到了"com_id"（表示committee ID）这一列。而左边的设计区域则是供我们设计透视表的。

想要创建透视表，只需要将字段拖动到其下方的布局区域即可。例如我们想创建"com_id"这个字段的透视表，则将它拖动到行方框（ROWS box）中，就能在左侧设计区中看到各个ID已经被列出来了。

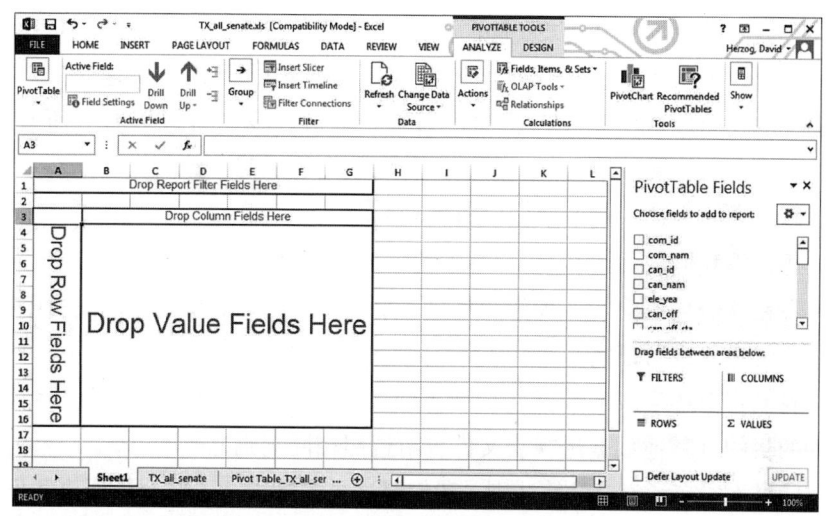

注：Excel 数据透视表设计界面，我们将在这里创建数据透视表。
资料来源：Microsoft Excel for Windows 2013。

接下来，我们希望在刚刚得到的透视表右侧再创建一栏，显示各 ID 共出现了多少次。操作步骤是将这个字段拖到布局区域右下角的值方框（VALUES box）。在默认状态下，Excel 能够识别我们的内容是文本还是数字，由于文本无法进行加总或平均计算，因而它会自动进行计数。接下来这个数据透视表就创建好了，像下图这样：

注："com_id" 列的数据透视表，统计了各个值出现的次数。
资料来源：Federal Election Commission。

80　　　我们看到数据中共有 17 个不同的 ID 值及其出现的次数,它们依据 ID 升序排列在表格中。此外,我们还看到所有次数的计数一共是 8 022 次,这也帮助我们回顾了这个数据集的行数。最后,我们也可以看到所有 ID 都是由一个字母和 8 个数字组成的,与元数据的说明一致。

以上说明了这一列的校验没有发现问题。

还记得我们前面说共有 25 个人竞争这个参议员席位,所以有 8 个人没有出现在这份名单上。一种猜测是这 8 个人没有达到需要上报的花费限额。我们需要对此进行证实。

我们将上述生成的数据透视表重命名为"com_id IC",用于说明这个文件的目的(其他数据透视表文件也请遵照相同规则)。

同样不要忘了安全计算法则。我们对这个表格进行了修改,所以我们保存一份原始文件,再另存一份用于接下来的分析。点击"文件"(File)菜单中的"另存为"(Save As),Excel 会按照原来的 Excel 早期版本文件和名字命名这个文件,我们在名称后面加上"1",命名为"TX_all_senate1"。在这个领域工作了一段时间之后,你一定会形成一套自己熟悉的命名规则。

我们接下来对"com_nam"这一列进行同样的校验。在前面的校验中我们已经知道了共有 17 个 ID 出现,所以这里按道理应该有同样多个 ID。

重复上述步骤,创建数据透视表验证这一判断。

| A | B |
|---|---|
| Count of com_nam | |
| com_nam | Total |
| CAS FOR SENATE | 7 |
| COMMITTEE TO ELECT LELA PITTENGER FOR UNITED STATES SENATE | 134 |
| CRAIG JAMES FOR UNITED STATES SENATE | 233 |
| DEWHURST FOR TEXAS | 1524 |
| ELIZABETH AMES JONES FOR TEXAS INC | 993 |
| FLORENCE SHAPIRO FOR TEXAS INC | 22 |
| GARZA FOR TEXAS EXPLORATORY COMMITTEE | 8 |
| GLENN ADDISON SENATE CAMPAIGN | 332 |
| HUBBARD FOR SENATE CAMPAIGN | 154 |
| JASON GIBSON FOR US SENATE | 9 |
| MICHAEL WILLIAMS FOR CONGRESS | 570 |
| PAUL SADLER FOR SENATE | 86 |
| PEOPLE FOR CURT CLEAVER; THE | 100 |
| ROGER WILLIAMS FOR US SENATE COMMITTEE | 422 |
| SANCHEZ FOR SENATE | 150 |
| TED CRUZ FOR SENATE | 1734 |
| TEXANS FOR TOM LEPPERT | 1544 |
| Grand Total | 8022 |

注:"com_nam"列的数据透视表。
资料来源:Federal Election Commission.

从上图中我们可以看到结果正常，有 17 个不同的委员会名字，所有行加总也正好是 8 022 行。

接下来我们要检验的是"can_id"这一列。根据元数据介绍，这一列的字符宽度是 9 个字母。第 1 个字母代表的是竞选的席位，第 3、4 个字母则是候选人所在的州。所以我们可以猜到这里的值第 1 个是"S"（代表参议院议员），第 3、4 个是"TX"（代表得克萨斯州）。

| | A | B |
|---|---|---|
| 2 | | |
| 3 | Count of can_id | |
| 4 | can_id | Total |
| 5 | S0TX00134 | 22 |
| 6 | S0TX00142 | 570 |
| 7 | S0TX00175 | 7 |
| 8 | S0TX00217 | 134 |
| 9 | S2TX00262 | 993 |
| 10 | S2TX00270 | 422 |
| 11 | S2TX00304 | 154 |
| 12 | S2TX00312 | 1734 |
| 13 | S2TX00320 | 332 |
| 14 | S2TX00338 | 1544 |
| 15 | S2TX00346 | 8 |
| 16 | S2TX00353 | 150 |
| 17 | S2TX00361 | 1524 |
| 18 | S2TX00387 | 100 |
| 19 | S2TX00411 | 233 |
| 20 | S2TX00429 | 86 |
| 21 | S2TX00437 | 9 |
| 22 | Grand Total | 8022 |

注："can_id"列的数据透视表。
资料来源：Federal Election Commission.

这里检验的结果也与上述一致，这个列表中仍然共有 17 名候选人，每位来自不同的竞选委员会，数据总共 8 022 行。

接下来"cand_nam"一行应该也有类似的结论。

进行到这里我们的检验结果仍然一切正常。

接下来，我们需要检验"ele_yea"这一列。在这个数据文件中，所有竞选者都处于 2012 竞选年度，所以这列的透视表应该只会看到这一个结果。我们发现因为年份数据的存储格式是数字，Excel 直接计算了所有年份的和。所以我们需要改变一下透视表的设置，进行计数计算。

| | A | B |
|---|---|---|
| 2 | | |
| 3 | Count of can_nam | |
| 4 | can_nam | Total |
| 5 | ADDISON, MARSHALL GLENN | 332 |
| 6 | CASTANUELA, ANDREW PAREDES | 7 |
| 7 | CLEAVER, CURTIS C | 100 |
| 8 | CRUZ, RAFAEL EDWARD TED | 1734 |
| 9 | DEWHURST, DAVID H | 1524 |
| 10 | GARZA, STANLEY | 8 |
| 11 | GIBSON, JASON AARON | 9 |
| 12 | HUBBARD, SEAN PETER | 154 |
| 13 | JAMES, CRAIG | 233 |
| 14 | JONES, ELIZABETH AMES | 993 |
| 15 | LEPPERT, THOMAS C | 1544 |
| 16 | PITTENGER, LELA MAE | 134 |
| 17 | SADLER, PAUL LINDSEY | 86 |
| 18 | SANCHEZ, RICARDO SAUCEDA | 150 |
| 19 | SHAPIRO, FLORENCE | 22 |
| 20 | WILLIAMS, MICHAEL L | 570 |
| 21 | WILLIAMS, ROGER | 422 |
| 22 | Grand Total | 8022 |

注："can_nam"列的数据透视表。
资料来源：Federal Election Commission.

| 3 | Sum of ele_yea | |
|---|---|---|
| 4 | ele_yea | Total |
| 5 | 2012 | 16140264 |
| 6 | Grand Total | 16140264 |

注："ele_yea"列的数据透视表，这里 Excel 直接对值进行了加总运算，所以显示的不是我们需要的结果。
资料来源：Federal Election Commission.

我们可以在右下方布局区域的值方框中点击下拉菜单，选择"打开值字段设置"（value field settings），你会看到如下图这样的对话框。我们在这里选择"计数"（Count）。

成功了！现在显示了我们需要的结果。我们看到 2012 年份出现了 8 022 次。

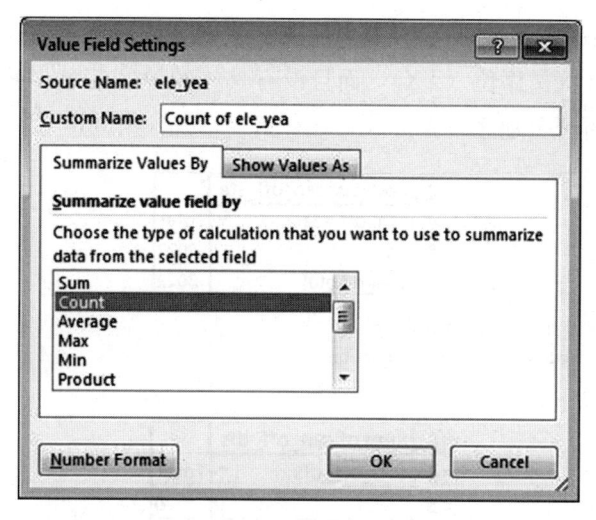

注：值字段设置对话框中修改显示类型为计数。
资料来源：Microsoft Excel for Windows 2013.

| 3 | Count of ele_yea | |
| --- | --- | --- |
| 4 | ele_yea | Total |
| 5 | 2012 | 8022 |
| 6 | Grand Total | 8022 |

注："ele_yea"列计数结果：Excel 此处显示了我们预计的正确数字，所有竞选年份都是 2012。
资料来源：Federal Election Commission.

我们继续进行"can_off"，也就是候选者竞选职位这一列的校验。此处我们只有参议员候选人的数据，所以我们不会看见代表众议员的"H"和代表总统职位的"P"。

| 3 | Count of can_off | |
| --- | --- | --- |
| 4 | can_off | Total |
| 5 | S | 8022 |
| 6 | Grand Total | 8022 |

注："can_off"列的数据透视表，按职位汇总结果。
资料来源：Federal Election Commission.

接下来是候选席位的州（can_off_sta）和地区信息（can_off_dis）。[①]

---

① 美国参议员席位按每个州两个名额分配。——译者注

这里的检验结果应该也不会有太大问题。我们会看见所有人竞选的都是得克萨斯州的参议员席位（TX），而且没有具体的地区信息（参议员是州范围内的，不再区分地区）。

| 3 | Count of can_off_sta | |
|---|---|---|
| 4 | can_off_sta ▼ | Total |
| 5 | TX | 8022 |
| 6 | Grand Total | 8022 |

注："can_off_sta"列的数据透视表。
资料来源：Federal Election Commission.

| 3 | Sum of can_off_dis | |
|---|---|---|
| 4 | can_off_dis ▼ | Total |
| 5 | | 0 | 0 |
| 6 | Grand Total | 0 |

注："can_off_dis"列的数据透视表，此处显示的都是0，原因如上所述。
资料来源：Federal Election Commission.

"Lin_num"代表的是FEC第3号表格的列数字总结，这个表格是用来汇总竞选委员会数据的。在表格中的每列都包含了总结信息，我们这里看到的这些值是其中的一部分。

| Count of lin_num | |
|---|---|
| lin_num ▼ | Total |
| 17 | 7568 |
| 18 | 3 |
| 21 | 7 |
| 19A | 32 |
| 19B | 8 |
| 20A | 399 |
| 20C | 5 |
| Grand Total | 8022 |

注："lin_num"列的数据透视表。
资料来源：Federal Election Commission.

85　　这里我们看到了7个不同的值。其中值"17"对应的计数最多。我们注意到这里Excel将识别为数字的值右对齐，而将识别成文本的值左对齐（当然为了避免引起混乱，我们可以将所有值设置为"文本"）。

接下来我们需要知道这里的每个值代表的意思是什么，我们在元数据中找到对第 3 号表格的说明，并由此找到一个对表格中每一个值进行说明的 PDF 文件（下载地址：http://www.fec.gov/pdf/forms/fecfrm3i.pdf）。

在上述 PDF 文件的第 7 页，FEC 告诉我们值"17"的意思是，对竞选委员会所有运行开支的汇总，并说明这些总体费用由哪些部分组成。在这里你能找到 FEC 对所有值代表的意思的说明。

在下一列"lin_ima"中，每一行都包含了一个 URL，每一个都指向一幅图，图中的内容是竞选委员会列出的报告中的开支类别。对这一列本身我们并不进行分析，所以此处不需要进行校验，但这列会为我们接下来的分析提供细节信息。

下一列是"rec_com_id"，这列标出了可能从本次的竞选委员会获取资金的其他委员会。其 ID 仍然由 9 个字符组成，其中第一位是字母。

| 3 | Count of rec_com_id | |
|---|---|---|
| 4 | rec_com_id | Total |
| 5 | C00143743 | 1 |
| 6 | C00310532 | 1 |
| 7 | C00326835 | 1 |
| 8 | C00355461 | 1 |
| 9 | C00457960 | 167 |
| 10 | C00498121 | 3 |
| 11 | S0TX00217 | 24 |
| 12 | S2TX00270 | 3 |
| 13 | S2TX00312 | 1 |
| 14 | S2TX00338 | 2 |
| 15 | S2TX00361 | 1 |
| 16 | S2TX00411 | 1 |
| 17 | (blank) | |
| 18 | Grand Total | 206 |

注："rec_com_id"列的数据透视表。
资料来源：Federal Election Commission.

有意思的是，在总共 8 022 条记录中，只有 206 条是用于向其他委员会支付的。我们在上图中看到了 12 个 ID，你可以在以下网址输入这些 ID，以查看它们对应的是哪个机构：http://www.fec.gov/finance/disclosure/advcomsea.shtml。例如上图中的第一个 ID（C00143743）就是得克萨斯州共和党。

上述的所有检查中，我们看到透视表都不是很大，因为这些列中的值较为固定。但是接下来这一列的情况就有些不一样了。我们接下来检查"rec_nam"这列，它代表的是支付款项的接收方。

同样生成数据透视表后，我们发现该列对应的 8 022 条记录共含有约 1 780 个不同的项目。

| | A | B |
|---|---|---|
| 1771 | WOODALL, CYNTHIA | 1 |
| 1772 | WOODFOREST NAT'L BANK | 1 |
| 1773 | WOODS, TOM | 7 |
| 1774 | WOOT.COM INC | 1 |
| 1775 | WORLD MAGAZINE | 1 |
| 1776 | WORLEY PRINTING CO, INC. | 2 |
| 1777 | WORTHINGTON, CHRIS | 1 |
| 1778 | WRIGHT, ROBERT J MR | 1 |
| 1779 | WXXV | 1 |
| 1780 | WYATT, JEANIE | 1 |
| 1781 | WYNN LAS VEGAS | 3 |
| 1782 | YELLOW CAB | 10 |
| 1783 | YORK, PAUL W | 1 |
| 1784 | ZEIDMAN, FRED S | 1 |
| 1785 | 7/11/2012 | 2 |
| 1786 | Grand Total | 8022 |

注：请注意最后一列的数据，这就是我们说的"数据污染"。
资料来源：Federal Election Commission.

重复前述步骤，检查进行到这里，我们首次发现了大量的数据污染。请看下列这些例子：

"ADOBE SYSTEMS"和"ADOBE SYSTEM，INC."；

"ADVANTAGE RENT A CAR"和"ADVANTAGE RENT-A-CAR"；

以及"AIRTRAN"和"AIRTRAN AIRWAYS"。

从以上应该就能看出数据清洗的工作量有多大了。是否真的需要处理所有这些错误呢？如果你想回答像"哪个机构接收了竞选者最多笔和最大量的资金"这样的问题，那么，是的，我们需要处理所有的数据污染。

如同上面提到这一列一样，我们也能想到在款项接收者的地址信息中，同样会存在大量错误（列"rec_str1"和"rec_str2"）。

事实上的确是这样的。以下是其中一些错误：

仅有 7 846 行带有地址信息，这就表示存在大量地址信息空缺；

存在大量邮政信箱号码代替了实际地址；

"街道"（street）的写法有时是全拼（STREET），有时是缩写（ST）。

我们在"rec_str_2"这列中找到的错误较少，不过实际原因是很多竞选委员会填写信息时根本就没有写到这一列。以下是这一列中我们发现的一些数据污染：

仍然存在大量邮政信箱号码代替了实际地址；

"房间信息"（Suite）全拼和缩写混用；

"楼层信息"（Floor）全拼和缩写混用。

我们继续检查代表款项接收者地区信息的"rec_cit"和"rec_sta"这两列。

在"rec_cit"这列的检查中我们发现：

这列一共有 289 个不同的值；

绝大部分记录（7 887 条）中都包含了城市信息；

大部分记录中的城市名称写法是一致的。

然而依然存在一些不一致错误："得克萨斯州沃思堡"的写法存在"FORT WORTHZ"和"FT WORTHS"两种。

在"rec_sta"列的检查结果中，我们发现支付款项发生在共 39 个州中，没有发现错误。

将城市和州分开检验在这里也许不是最好的方法，因为市本身是州的一部分。我们可以在数据透视表中将城市和州信息合并在一起。这个操作比前述的创建透视表稍微复杂一些，以下是实现步骤。

首先在透视表设计界面上将"rec_cit"拖到行方框，接下来同样将"rec_sta"拖到该区域，置于"rec_cit"下方。将"rec_cit"放到数据显示区域，并设置显示计数。你会看到像下图这样的透视表。

上述表格看着比较奇怪，Excel 在每一行下面还单独列出了每个城市出现的次数。这是为什么呢？继续观察这份表格，你会发现原因。请找到上述统计结果中的华盛顿（Washington）。你会发现像下图这样，除美国首府外，得克萨斯州同样存在以"华盛顿"命名的地区。表格会统计每个"华盛顿"出现的次数。

注：两个标签及以上的数据透视表。
资料来源：Federal Election Commission.

| | | | |
|---|---|---|---|
| 731 | ⊟WASHINGTON | DC | 135 |
| 732 | | TX | 1 |
| 733 | WASHINGTON Total | | 136 |

注：城市和州数据透视表细节。
资料来源：Federal Election Commission.

继续检查这份表格，我们发现阿马里洛（Amarillo）被计入了田纳西州（Tennessee）[①]，这应该是输入错误。此外，我们还发现位于宾夕法尼亚州（Pennsylvania）的"Pittsburg"市有拼写错误。[②] 这些都是需要在数据分析前纠正的错误。

我们最后检查的接收者信息是其邮编（rec_zip）。

在生产的数据透视表中，我们很容易发现问题：很多邮编只有 4 位数字。而根据元数据，邮编应该有 5 位或者 9 位字符。

我们回到原始表格中，找到邮编列，按这一列顺序重排表格，希望这样能够帮助我们找到问题所在。这里仍然有一条安全计算法则：点击表格中列 A 和行 1 之间的区域，全选表格，这会让 Excel 在排序时保持各行数

---

[①] 阿马里洛位于得克萨斯州。——译者注
[②] 匹兹堡市，英文拼写为"Pittsburgh"，此处少了"h"。——译者注

| 3 | Count of rec_zip | |
|---|---|---|
| 4 | rec_zip | Total |
| 5 | 1702 | 8 |
| 6 | 2118 | 3 |
| 7 | 2241 | 2 |
| 8 | 2451 | 3 |
| 9 | 3302 | 17 |
| 10 | 3449 | 4 |
| 11 | 4101 | 4 |
| 12 | 6103 | 3 |
| 13 | 6115 | 3 |
| 14 | 6461 | 1 |
| 15 | 6824 | 5 |
| 16 | 6854 | 5 |
| 17 | 6878 | 1 |
| 18 | 6902 | 1 |

注："rec_zip"列的数据透视表。
资料来源：Federal Election Commission.

据不变。

在数据菜单中找到"排序"（Data-Sort），你会打开如下对话框，用于选择排序选项：

注：Excel 排序对话框。
资料来源：Federal Election Commission.

请确保你勾选了上述的"数据包含标题"（My data has headers），这样才能在下方选择排序的依据。我们在这里选择按"rec_zip"列顺序从小到大排序（升序）。所有选项设置请见上图。

我们发现所有 4 位数字的邮编都来自新英格兰（New England）或者

新泽西（New Jersey）。而这些邮编实际上都以"0"开头，但是在这里"0"却被去掉了。所以如果我们想对邮编列进行分析的话，需要在这些4位数字的邮编前面补上缺失的0。此外，我们还希望将5位邮编和9位邮编区别开，以便保持同列数据的一致性。

我们接下来将检查数据中那些疑似不正常的值，也就是我们说的"离群值"，或者特别奇怪的数字。这样的奇异值通常出现在含有日期或者数字的列中。

数据的"dis_dat"这一列标明了该笔款项支付的日期。从竞选周期来看，这些款项支付应该都发生在 2011—2012 年期间。

然而如下图所示，结果却显示了一条错误信息：数据中有一项支付发生在 1916 年 1 月 1 日。而其他的则是如我们预计的一样是从 2011 年第一天开始的。我们检查到数据末尾也没有发现问题。

| | Count of dis_dat | |
|---|---|---|
| | dis_dat | Total |
| | 1/1/1916 | 1 |
| | 1/1/2011 | 3 |
| | 1/2/2011 | 1 |
| | 1/4/2011 | 4 |
| | 1/5/2011 | 1 |

注："dis_dat"列检查结果，我们看到其中有一个离群值。1916 年离现在太遥远，显然是错误值。

资料来源：Federal Election Commission.

我们接下来检查支付的金额（dis_amo）。

结果如下图所示，觉得奇怪吗？支付怎么会有负数呢？如果你对 FEC 的数据形式熟悉的话就会知道，这里的负数通常用于表示存在退款的情况，也就是某笔款项的接收者又将钱退回给了竞选团队。当然负号也有可能是输入了错误的结果。

在检查支付金额末尾的时候，我们发现了两笔超过 100 万美元的开支。这个数额和绝大部分开支相比都相差太大了，所以我们在后面会特意看看它的细节信息。

这里继续检查下一列"dis_pur_des"，这列设置了 100 的字符宽度，用于竞选团队自己填写开支的原因。可以预见由于数据是非封闭性的，我们会在这一列找到很多不同的值，以及表示同一意义的重叠值。

| | Count of dis_amo | |
|---|---|---|
| 3 | | |
| 4 | dis_amo | Total |
| 5 | -2400 | 1 |
| 6 | -1503 | 1 |
| 7 | -500 | 2 |
| 8 | -200 | 2 |
| 9 | -169 | 1 |
| 10 | -150 | 1 |
| 11 | -149.17 | 1 |
| 12 | -100 | 1 |
| 13 | -79 | 1 |
| 14 | -50 | 1 |
| 15 | -35 | 1 |
| 16 | -10 | 1 |
| 17 | -1.13 | 1 |
| 18 | -1 | 1 |
| 19 | 0.01 | 2 |

注："Dis_amo"列数据完整性校验。其中的负数在FEC的报告中通常用于表明退款。
资料来源：Federal Election Commission。

| 77 | BALLOT ACCESS FEE | 1 |
|---|---|---|
| 78 | BANK CHARGE | 3 |
| 79 | BANK CHARGES | 9 |
| 80 | BANK FEE | 144 |
| 81 | BANK FEES | 3 |
| 82 | BANK SEE CHARGE | 1 |
| 83 | BANK SERVICE CHARGE | 1 |
| 84 | BANK SERVICE CHARGES | 2 |
| 85 | BANK SERVICE CHARGES, MEALS (SEE BELOW I | 1 |
| 86 | BANK SERVICE FEE | 14 |
| 87 | BANKING FEE | 2 |
| 88 | BANNER | 1 |
| 89 | BANNERS | 2 |
| 90 | BATCHING/CAGING | 1 |
| 91 | BEVERAGE - FUNDRAISER | 1 |
| 92 | BEVERAGE & WAIT PERSONS FOR FUNDRAISER | 1 |

注："dis_pur_des"列数据完整性校验。以上结果表明了本列填写缺乏统一标准。
资料来源：Federal Election Commission。

像上图这样，我们发现同样一项银行费用的支出，不同的竞选团队有不同的写法。像这样的数据在使用前都需要进行大量的清洗工作。

下列检查的是"mem_cod"，这列的重要意义在于标注那些已经在信用卡支付中被计算过的支付项目（下图中的"X"）。如果我们要对支出费用进行计算，就要避免重复计算这部分支出。

| 3 | Count of mem_cod | |
|---|---|---|
| 4 | mem_cod | Total |
| 5 | X | 718 |
| 6 | (blank) | |
| 7 | Grand Total | 718 |

注："mem_cod"列数据完整性校验。
资料来源：Federal Election Commission.

上图这样的透视表告诉我们，共有718项支出已经在计算信用卡支付的时候被列入了。此外，我们还检查了用于存储上述信息更多细节的"mem_tex"列，结果如下图所示：

| 3 | Count of mem_tex | |
|---|---|---|
| 4 | mem_tex | Total |
| 5 | * IN-KIND RECEIVED | 16 |
| 6 | [MEMO ITEM] | 582 |
| 7 | [MEMO ITEM] SUBITEMIZATION OF AMERICAN EXPRESS(02/16/11) | 4 |
| 8 | [MEMO ITEM] SUBITEMIZATION OF CARD SERVICE CENTER(02/20/12) | 5 |
| 9 | [MEMO ITEM] SUBITEMIZATION OF CARD SERVICE CENTER(03/22/12) | 8 |
| 10 | [MEMO ITEM] SUBITEMIZATION OF CARD SERVICE CENTER(04/18/12) | 7 |
| 11 | [MEMO ITEM] SUBITEMIZATION OF CARD SERVICE CENTER(05/18/12) | 6 |
| 12 | [MEMO ITEM] SUBITEMIZATION OF FASKEN MANAGEMENT LLC(12/29/1 | 1 |
| 13 | [MEMO ITEM] SUBITEMIZATION OF VIRGINIA BELL(01/29/11) | 3 |
| 14 | ACCOUNTING SERVICES | 5 |
| 15 | BANK CHARGES | 1 |
| 16 | CONTRIBUTION | 1 |
| 17 | FOOD/BEVERAGE | 1 |

注："mem_tex"列数据完整性校验结果。
资料来源：Federal Election Commission.

共有582项属于"[MEMO ITEM]"，而它们所代表的含义还需要我们进一步研究。

接下来的"cat_cod"显示的是开支原因，原因已经被编成了12个类别，所以我们在这里看到的应该是001～012之间的数字。与上面的邮编列一样的是，这里Excel自动去掉了前面的0，不过这对我们的理解并无太大影响。在显示的值中，0和17都不属于前面介绍的范围。此外还出现了

"ENT"和"IND"两项，也是元数据中没有列出的。而本来应该属于该范围的005和008都没有，所以12个类别中实际出现的只有10个。

| cat_cod | Total |
|---|---|
| 0 | 12 |
| 1 | 975 |
| 2 | 293 |
| 3 | 59 |
| 4 | 209 |
| 6 | 46 |
| 7 | 103 |
| 9 | 27 |
| 10 | 208 |
| 11 | 8 |
| 12 | 2 |
| 17 | 8 |
| ENT | 59 |
| IND | 60 |
| (blank) | |
| Grand Total | 2069 |

注："cat_cod"列数据完整性校验结果。
资料来源：Federal Election Commission.

下一列"cat_des"提供了对每项支出类别的具体描述：

| cat_des | Total |
|---|---|
| Administrative/Salary/Overhead Expenses | 975 |
| Advertising Expenses | 209 |
| Campaign Event Expenses | 103 |
| Campaign Materials | 46 |
| Donations | 2 |
| Loan Repayments | 27 |
| Political Contributions | 8 |
| Refunds of Contributions | 208 |
| Solicitation and Fundraising Expenses | 59 |
| Travel Expenses | 293 |
| (blank) | |
| Grand Total | 1930 |

注："cat_des"列数据完整性校验结果。
资料来源：Federal Election Commission.

我们看到共有 10 类描述，与之前的检查结果一致。

我们也同样可以将上述两列检查结果放在同一张透视表中，这样结果更清楚。

| cat_cod | cat_des | Total |
|---|---|---|
| ⊟0 | (blank) | 12 |
| 0 Total | | 12 |
| ⊟1 | Administrative/Salary/Overhead Expenses | 975 |
| 1 Total | | 975 |
| ⊟2 | Travel Expenses | 293 |
| 2 Total | | 293 |
| ⊟3 | Solicitation and Fundraising Expenses | 59 |
| 3 Total | | 59 |
| ⊟4 | Advertising Expenses | 209 |
| 4 Total | | 209 |
| ⊟6 | Campaign Materials | 46 |
| 6 Total | | 46 |
| ⊟7 | Campaign Event Expenses | 103 |
| 7 Total | | 103 |
| ⊟9 | Loan Repayments | 27 |
| 9 Total | | 27 |
| ⊟10 | Refunds of Contributions | 208 |

注："cat_cod"和"cat_des"联合检查的结果，将两列放在一起有助于我们对数据的完整理解。

资料来源：Federal Election Commission.

接下来检查的是"tra_id"这一列，这里提供的是事项编号的信息。我们可以猜测所有号码应该都是不一样的。为了检验这个假设，我们同样创建数据透视表，并从大到小排列这些号码的计数。

这里居然发现了有的号码出现了不止一次，这是个值得向 FEC 询问的问题。

最后我们检查"bac_ref_id"这一列，它是用来标明一项业务是否属于信用卡支出的一部分的。这列的检查结果表明，数据中有 95 项记录属于这种情况。

进行数据完整性校验是一个大工程。在检查的过程中，我们更充分地了解了数据。在上述案例中，我们就通过检查发现了款项接收方地址和姓名信息中的大量错误。我们也发现了款项支付中存在负数，并猜测可能是存

| 3 | Count of tra_id | |
|---|---|---|
| 4 | tra_id | Total |
| 5 | SB0427100212703 | 2 |
| 6 | SB05101005126 | 2 |
| 7 | SB0427100212711 | 2 |
| 8 | SB0427100212673 | 2 |
| 9 | SB0427100212699 | 2 |
| 10 | SB0427100212674 | 2 |
| 11 | SB0427100212707 | 2 |
| 12 | SB0427100212675 | 2 |
| 13 | SB051010051212 | 2 |
| 14 | SB0427100212676 | 2 |
| 15 | SB0427100212697 | 2 |
| 16 | SB0427100212677 | 2 |
| 17 | SB0427100212701 | 2 |

注："tra_id"列数据完整性校验结果。
资料来源：Federal Election Commission.

| 3 | Count of bac_ref_id | |
|---|---|---|
| 4 | bac_ref_id | Total |
| 5 | SB17.12598 | 18 |
| 6 | SB17.14042 | 8 |
| 7 | SB17.14076 | 2 |
| 8 | SB17.14114 | 8 |
| 9 | SB17.14717 | 1 |
| 10 | SB17.14735 | 1 |
| 11 | SB17.14741 | 45 |
| 12 | SB17.15201 | 5 |
| 13 | SB17.15235 | 1 |
| 14 | SB17.15241 | 5 |
| 15 | SB17.15496 | 1 |
| 16 | (blank) | |
| 17 | Grand Total | 95 |

注："bac_ref_id"列数据完整性校验结果。
资料来源：Federal Election Commission.

在退款行为。

作为要使用数据来提取信息甚至创造知识的学生或者专家，理解数据的长处和缺点是非常重要的。

接下来的一章，我们将学习如何清洗数据，因为干净的数据是进行分析和可视化的重要基础。

## 个人练习

从 FEC 数据门户下载 2014 年你所在州的参议员竞选人开支文件（地址：http://www.fec.gov/data/CandidateDisbursement.do），并进行数据完整性校验。记录下你在检查中发现的问题，并说明这些问题会如何影响你接下来的分析。

# 第 7 章　让数据变为可用形态

上一章中我们学习了数据完整性校验的相关知识。在这一章中我们将学习清除一些常见的数据污染的方法。此外，我们还会学习一些改变数据形态的技巧，以便为我们接下来的分析和可视化做好准备。

我们依然会使用 Excel 作为清洗数据的主要工具，除此以外，本章还会使用 OpenRefine 和 PDF 转换工具。

Excel 和其他电子表格工具都内置了数据清洗功能。例如，我们可以使用 Excel 的**文本分列**（Text to Columns）功能，将一列中的数据分隔成多列。这个功能对处理含有全名的列十分有用。例如"Doe，Jane"这个名字，我们可以用上述功能将其姓氏和名字分成不同的两列。此外 Excel 还有撤销重复列的功能，它可以删除含有重复数据的列。此外，Excel 也有公式选项，可以让我们按一定的规则处理数据。这些功能在某些情况下非常有用，例如当我们的日期数据以文本形式（如 20150101 代表 2015 年 1 月 1 日）存储的时候。

支持 Windows、Mac 和 Linux 等多平台的 OpenRefine 是一款来自谷歌的开源软件，它可以帮助我们快速校验和清洗数据。据它的开发者介绍，这是一款处理污染数据的强有力工具（http：//openrefine.org）。

Cometdocs 和 Zamzar 是两款在线转换工具，我们可以通过使用这些工具，从 PDF 文件中提取出 Excel 表格。

此外还有一些更专业的工具可用于数据清洗，本书仅简单介绍，不再详述。更专业的数据库用户会使用像 Access 或者 MySQL 这样的数据库管理软件，利用其中的 string 功能处理数据。这个功能的本质是插入 **SQL**（Structured Query Language），使得软件可以根据代码执行操作。例如精通 SQL 的人可以通过写入语句，改变日期的格式，并将新的结果单独成列。而对编程更熟悉的用户会使用 **Python**、**Ruby**、**PHP** 或者 **Perl** 等程序语言来帮助自己处理数据。相对数据库软件和电子表格，编程语言能够更快速地处理更大量的数据。此外，对于工程级的数据管理需求，有专业公司能提供服务和软件支持。

如果读者对于专业的数据清洗有进一步兴趣，可以阅读《不良数据处理手册》（*Bad Data Handbook*）（McCallum，2012）或者《数据清洗实践》（*Best Practices in Data Cleaning*）（Osborne，2013）两本书，它们更为专业地介绍了用作科研的原始数据的清洗。

不过利用 Excel、PDF 转换工具和 OpenRefine，我们已经能够处理大部分数据清洗工作了。接下来我们将介绍一些常用的数据清洗操作。

## 将数据分列

政府机构发布的数据经常在一列中放置多项内容，这使得我们无法对单项内容进行分析。在第 5 章我们曾经分析过密苏里州伦理委员会的竞选捐款数据。我们当时提到了这些数据的问题：不同的捐款项目被放在了同一列中。这是一种典型的数据污染。数据清洗高手总是能够想办法将这些数据分成不同的列，不过在这个案例中不太容易。还好如我们前面所介绍的，数据发布者已经修正了这个问题，使得数据结构更加清晰了。

大部分时候我们面临的分列操作没有这么复杂，比如关于奥斯汀市凶犬报告记录的电子表格。该市的动物服务办公室（Animal Services Office）有一份供市民报告凶犬信息的表格（AustinTexas.gov，n. d.）。我们已经对原始数据做了一些处理，以用作下面的练习，该文件名为"Austin_Declared_Dangerous_Dogs. xlsx"，共 40 行，包含一行标题，其结构如下图所示（别忘了在数据笔记本上记录）。

该表共有 4 列，包括地址、邮编、凶犬描述和发现凶犬的位置。其中凶犬的位置还包含了经纬度信息，你可以据此信息制作数据地图。但是在凶犬描述中，我们发现，不同的信息混在了一起，这些信息包括狗的名

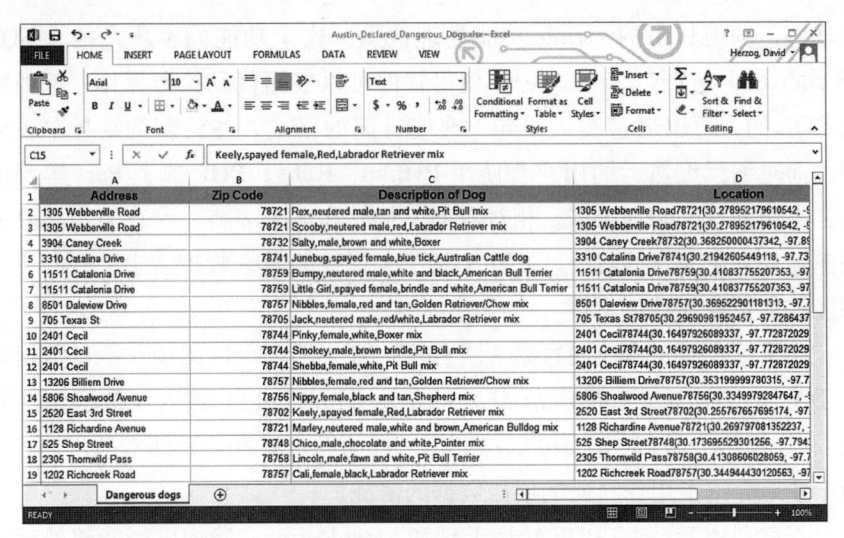

注：奥斯汀市凶犬信息，请注意凶犬描述有 4 种不同的数据，由逗号分隔。
资料来源：Retrieved from Data. austintexas. gov.

字、性别、颜色和品种。但是每一项都用逗号隔开了，这对我们接下来的操作非常重要。

依然记得遵循安全计算法则，然后我们在数据的副本上继续操作。

请注意，使用文本分列功能会重写该列数据（上图 C 列）。我们希望能够保留原始数据以供参考，所以将该列复制粘贴到旁边的 D 列中。此外我们知道这列数据有 4 种不同的信息，所以分列后会形成 4 列数据，由此我们需要同时保持 C 列的右边 4 列空白（D~G）。

右键点击 C 列，选择"复制"（Copy），再在 D 列点击"粘贴"（Paste）。结果如下图所示。

接下来就可以让 Excel 展现自己的魔力了。点击"数据"（Data）菜单，找到"文本分列"（Text to Columns）按钮。Excel 会出现一系列对话框。我们需要在以下 3 个步骤中设置分列规则。

第一步，设置文件类型为"分隔符号"（Delimited）。点击"下一步"（Next），你会看到更多的选项。第二步，我们的分隔符号是逗号（Comma），所以需要在对话框左侧选中该选项。此外这个数据中不存在文本识别符号，所以我们在这里选择"无"（None）。然后我们就可以在下方的数据预览中看到分列的情况了。

# 第7章 让数据变为可用形态

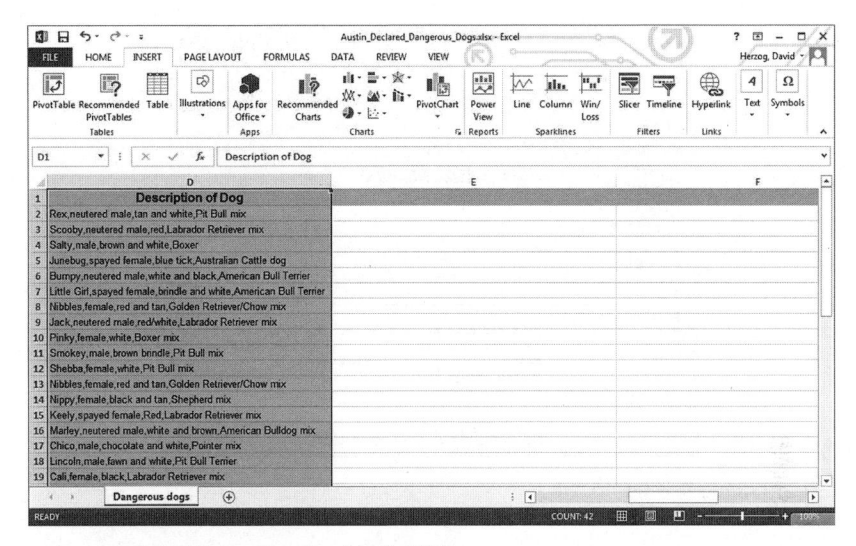

注：凶犬描述列信息，用于下一步的分列操作。
资料来源：Retrieved from Data.austintexas.gov.

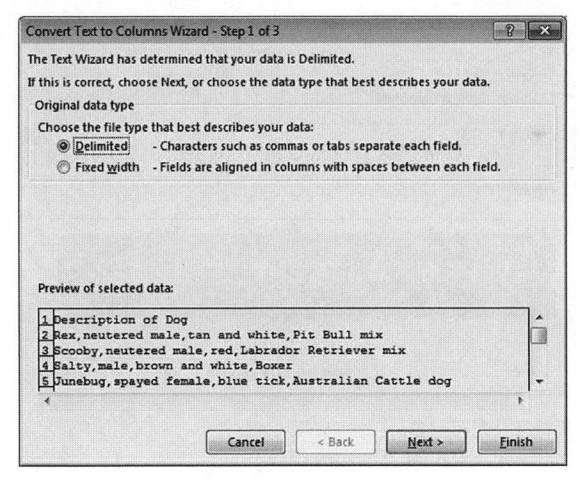

注：使用分隔符号分列第一步：选择数据类型为分隔符号。
资料来源：Microsoft Excel for Windows 2013.

点击"下一步"（Next）后，我们将在第三个对话框中选择新建列的数据类型。第三步，这里默认的是"常规"（General），我们将其修改为"文本"（Text）。点击"完成"（Finish），Excel 就会完成分列操作了。此时如果看到一个提示该操作会重置数据的提示，点击"确定"（OK）即可

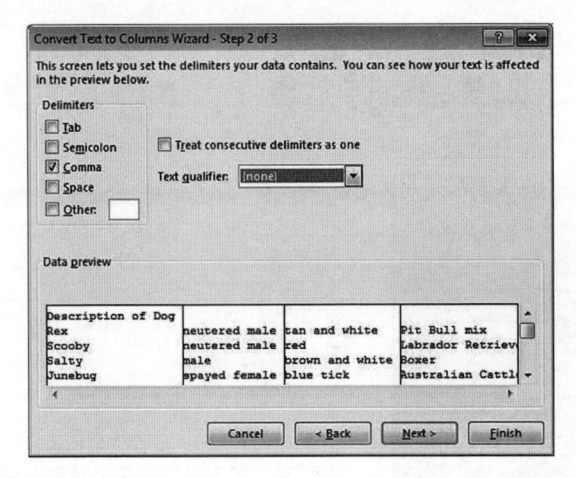

注：使用分隔符号分列第二步。
资料来源：Microsoft Excel for Windows 2013.

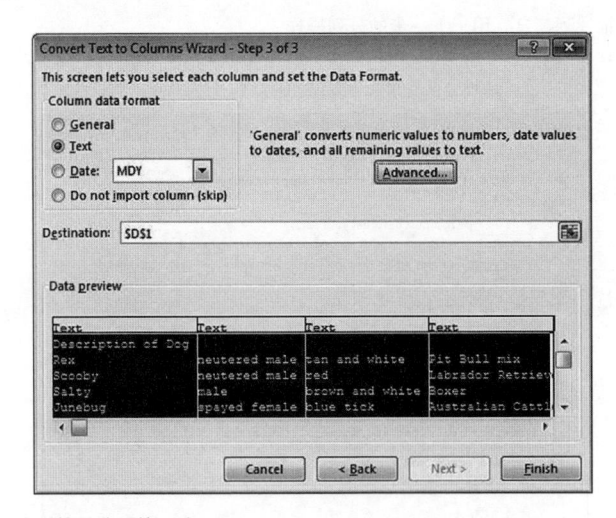

注：使用分隔符号分列第三步。
资料来源：Microsoft Excel for Windows 2013.

（这也是我们需要保留原始数据的原因）。

下图是我们分列的最终结果，可以看到如下信息：D 列是凶犬名字；E 列是凶犬性别，以及是否做了绝育手术；F 列是凶犬颜色；G 列是凶犬品种。上述信息已经单独成列，这意味着我们可以对它们分别进行分析了。例如我们可以为 G 列制作数据透视表，查看一下最常见的凶犬品种是

注：将凶犬描述信息分列后的结果。
资料来源：Retrieved from Data. austintexas. gov.

哪些。接下来将这个分列后的数据标题改为我们熟悉的名称（D列是名字、E列是性别、F列是颜色、G列是品种），就可以暂时保存退出了。

视数据结构特点，有时候分列操作不是那么容易。我们再介绍另外一个案例。请从本书网站下载"fuel_economy2013. xlsx"这个文件。在备份原始文件后，打开复件。这个文件来自美国能源与环境保护部（U.S. Department of Energy and the Environmental Protection Agency），它列出了在美国销售的车辆的油耗信息。该数据含标题在内共1 166行。我们定位到数据的AC列，该列是对车辆驾驶系统信息的描述。例如数据第一行就告诉我们阿斯顿马丁V8 Vantage这款车是"两轮驱动，后驱"。所以这里其实包含两部分信息：车的驱动系统是两轮驱动，驱动轮是后轮。接下来我们将使用逗号和空格来将本列信息分为两列。

在本列右侧插入两列空白列，一列用于显示两轮/四轮驱动，另一列用于标识前轮/后轮驱动。将AC列数据复制到旁边空白的AD列，选中该列进行分列操作。

如同上面介绍的案例一样，我们在第一步选择类型为"分隔符号"（Delimited），点击"下一步"（Next）。

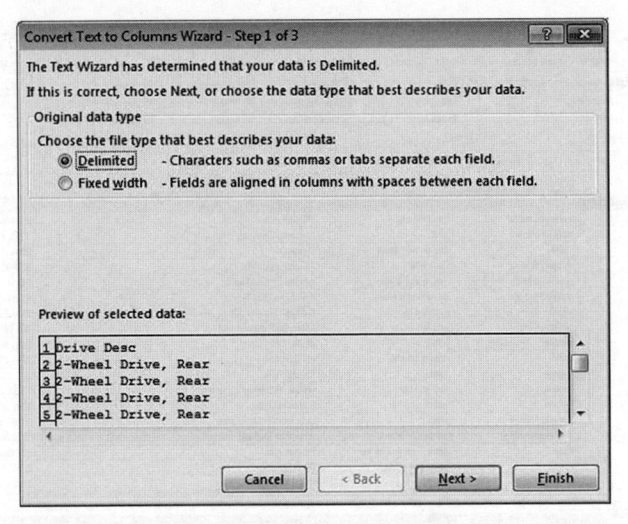

注：使用分隔符号分列第一步：选择数据类型为分隔符号。
资料来源：Microsoft Excel for Windows 2013.

在第二步中，我们选择的分隔符号是逗号，文本识别符号为"无"（None）。然后在下方的数据预览中查看分列的情况。此时你会发现分成的两列各行都含有一个空格，因为 Excel 将之也视为数据内容的一部分了。我们将在稍后处理这个问题，此处继续点击"下一步"（Next）。

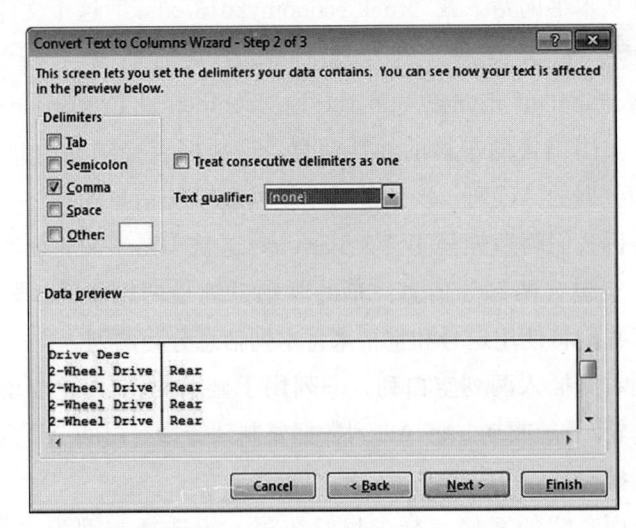

注：使用分隔符号分列第二步。
资料来源：Microsoft Excel for Windows 2013.

第三步操作与之前类似，将数据格式选为"文本"（Text）即可。这一步的分列操作就完成了。

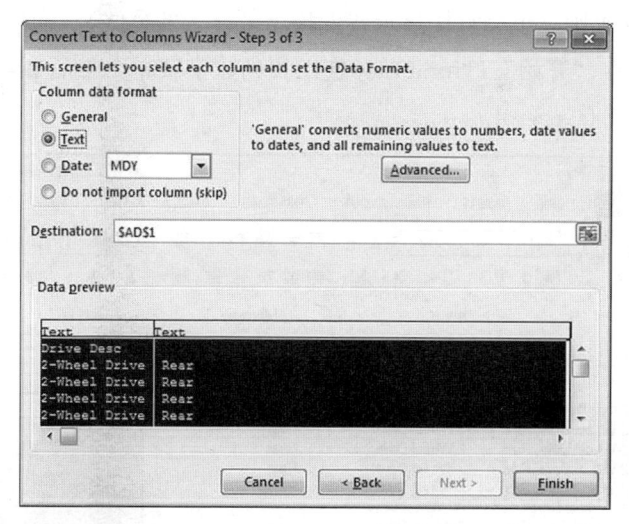

注：使用分隔符号分列第三步。
资料来源：Microsoft Excel for Windows 2013.

分列结果如下图所示，我们看到了标明驱动轮数量的 AD 列和表明驱动轮位置（前/后）的 AE 列。

注：此时的分列结果中含有多余的空格。
资料来源：Department of Energy.

接下来我们需要去除前述多余的空格。由于空格是 ASCII 字符的一种，因而会被 Excel 识别为内容的一部分，而我们在分析中并不需要这项内容。在 AE 列中，每个数据的前面都有一个多余的空格，然后才是代表我们所需信息的"前轮"或者"后轮"。这里可以使用 Excel 的 TRIM 功能来去掉空格。TRIM 功能专门用于去掉数据前后包含的和文本中多余的空格。

我们在 AE 列右边插入空白列，记得将数据类型设置为"常规"（General）（否则这里会直接显示我们接下来键入的公式）。操作方式如下：选中该列，在"开始"（Home）标签中找到数字菜单，然后在下拉列表中选择"常规"（General）。

注：在原表格中新生成了一列 AF。
资料来源：Department of Energy.

从 AF 列第 2 行开始（单元格 AF2），输入公式"=TRIM（AE2）"。它的意思是修剪 AE2 单元格中的空格。点击回车后你会看见下图所示的结

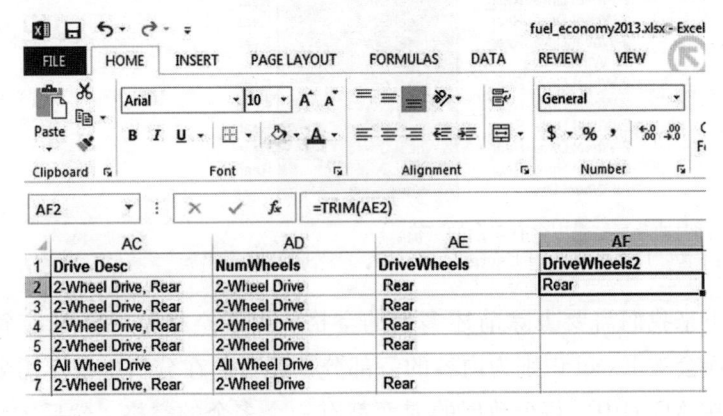

注：使用 TRIM 函数生成的结果。
资料来源：Department of Energy.

果。双击该单元格右下角，对 AE 列中的每一个单元格进行同样的操作。我们就得到了修剪完成的驱动轮信息列。

以上是两个在 Excel 中分列操作的例子，当然有时候我们也需要将不同的列合并起来。下面我们就要介绍这种用于合并列的连接功能。

## 连接不同列数据

在这一部分，你将学习用**连接**（Concatenation）功能将选举日期数据转变为正确的格式。请在本书网站上下载"voterturnout.xlsx"这个文件，它是一份关于 2010 年 11 月 2 日密苏里州布恩县选区普选的投票人数数据。表格按照选区、投票人数、注册人数和日期分成了若干列。其中，日期都被记录成了"20101102"这样的格式，而我们清洗的目标则是将其转变为类似"11/2/2010"的格式[①]。

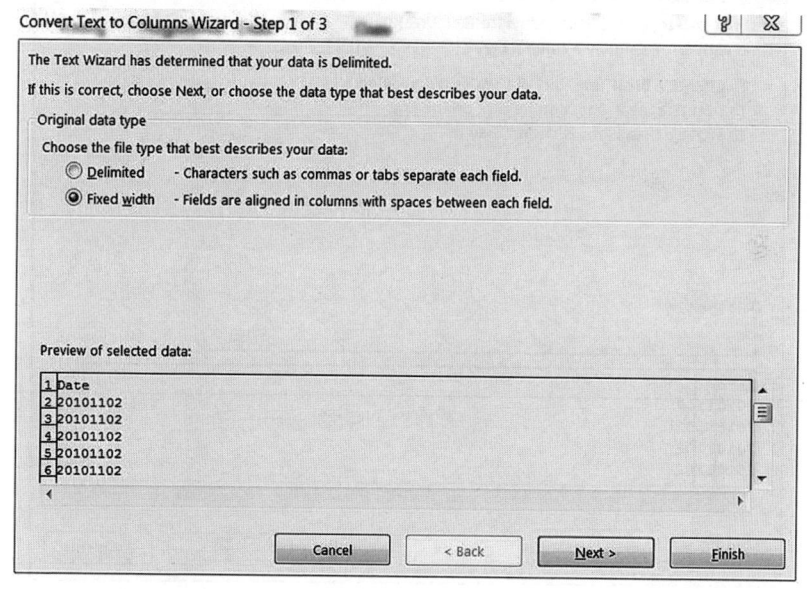

注：使用固定宽度分列第一步。
资料来源：Microsoft Excel for Windows 2013.

---

① 美国书写日期的习惯是：月/日/年。——译者注

我们将使用"文本分列"（Text to Columns）功能将日期信息分成不同的列，再将这些列合并起来。请按照安全计算法则，先将文件中我们需要操作的 D 列复制一份到旁边空白的 E 列，选中 E 列，并点击分列。你将看到熟悉的分列选项对话框。然而这一次我们要处理的数据中，并未含有分隔符号。但是请注意日期数据的特点，每一个日期都由年、月、日组成，且位置固定，所以我们在这里选择的是"固定宽度"（Fixed width）。

在第二步，我们需要选择分隔的位置。你可以建立并拖动分隔线来确定分隔点，即使使用了错误的分隔点也不必担心，你仍然可以进行修改。在这个案例中，我们选择在第 4 和第 6 的位置进行分隔，如下图所示：

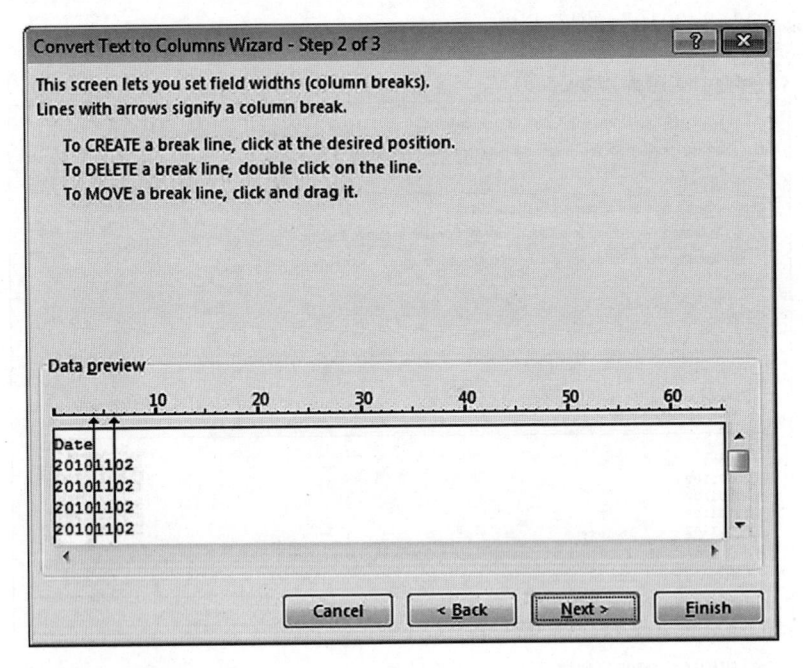

注：使用固定宽度分列第二步。
资料来源：Microsoft Excel for Windows 2013.

点击"下一步"（Next），并在第三步中选择数据格式为"文本"（Text），点击"完成"（Finish）。

第7章 让数据变为可用形态

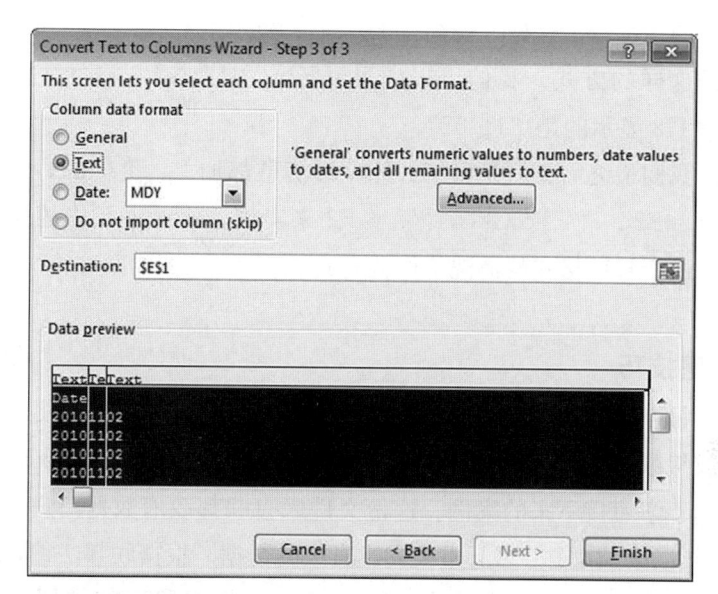

注：使用固定宽度分列第三步。
资料来源：Microsoft Excel for Windows 2013.

成功了！我们已经将上述日期数据分成了年、月、日三列（在文件中分别是 E、F 和 G 列）。按上述名字命名这些列，并另存这份新的文件。

注：通过固定宽度分列后的数据。
资料来源：Boone County, Missouri, Clerk.

接下来我们将旁边的空白列 H 命名为"Date2"，通过连接符号（&）将前几列信息连接后，新的日期数据将存放在这一列。

在单元格 H2 中输入=F2&"/"，这个计算公式的意思是选择 F2 的内容并在后面加上斜杠（/）。请注意这里的斜杠需要用双引号标识，以表示这是文本的一部分。这样，我们在 H2 中会看到"11/"。

遵循这样的方式，我们可以通过＝F2&"/"&G2 将月、日放到一起，此时 H2 显示的是"11/02"。

当然我们最终需要的是将年、月、日信息都加上，类似的，这个操作可以通过＝F2&"/"&G2&"/"&E2 来实现。将对单元格的操作复制到整列，改变日期格式的清洗工作就完成了。

### 日期处理技巧

对于日期的处理，Excel 还提供了一些其他功能，可以方便地生成单独的月或年数据。请在我们的网站下载"disaster_declaration.xlsx"这份文件，用于学习接下来的案例。这份文件来自联邦政府数据门户，它记载了 1953 年以来的 4 100 多起重大灾难事故的数据。根据联邦法律，州长可以在重大灾难事故时发布公告，以寻求联邦政府层面的支援（Federal Emergency Management Agency，n. d.）。我们在上述文件中发现，G 列专门记载着公告日期，不过这个日期数据中，年和月的信息并未单独列出，如果我们希望单独在这两个维度上进行分析的话，就需要自己加工数据了。

Excel 提供了"YEAR"和"MONTH"两个函数帮助用户提取日期数据中的信息。此外，我们还会用到另一个函数（TEXT）来创建日期的星期信息。

在原文件的 G 列和 H 列之间插入三个空白列，用于存放年、月和星期数据，依次对每一列进行重命名，数据格式选择为"常规"（General）。

在 H4 单元格中，输入＝Year（G4），你会看到生成的"1953"。复制这项操作到整列。

接下来在 I4 单元格中，输入＝Month（G4），你会看到生成的"5"。复制这项操作到整列。

同样在 J4 单元格中，输入＝TEXT（G4，"dddd"），你会看到生成的"星期日"（Sunday），然后复制这项操作到整列。这里的 TEXT 函数，可以将原文件中 G4 列的数据返回为文本。其中"dddd"的意思是生成星期全称，如果是"ddd"则会生成缩写。

完成工作后,别忘了另存这份文件再退出。

注:从联邦应急管理局灾难报告数据中提取年、月、日信息。
资料来源:Federal Emergency Management Agency.

## 使用 OpenRefine 有效地清洗数据

OpenRefine(Refine)是一款免费、开源的数据清洗工具(Windows、Mac 和 Linux 操作系统的读者都可以从以下地址下载该软件:http://github.com/OpenRefine/OpenRefine/wiki/Installation-Instructions)。我们将使用 OpenRefine 来进行数据的标准化处理,这是一种常见的、颇费工夫的数据清洗工作。我们曾经在第 5 章谈到,数据输入端的把关不严会导致数据错乱。我们有一个案例是来自密苏里州伦理委员会的竞选捐款数据文件(在本书网站上可下载,文件名 "mo12contribs.xlsx.")。该文件共 19 867 行(包含一行标题),每一行代表了一项来自个人、公司或者政治团体的捐款。根据前面的经验,我们甚至可以猜测其中代表捐款者城市的 J 列,很有可能存在大量输入错误。

我们运行 OpenRefine,在 Windows 版本中它会启动一个下图这样的命令符输入窗口,如果有相关经验的话,你会发现它跟其他编程环境非常类似。程序会在你电脑的默认浏览器中打开(我这里是谷歌浏览器),请注意此时的地址栏是 http：//127.0.0.1：3333。这代表浏览器在本地模式下工作，而并非通过互联网。

注：OpenRefine 命令栏窗口，这是 OpenRefine 在 Windows 系统中的启动界面。
资料来源：OpenRefine。

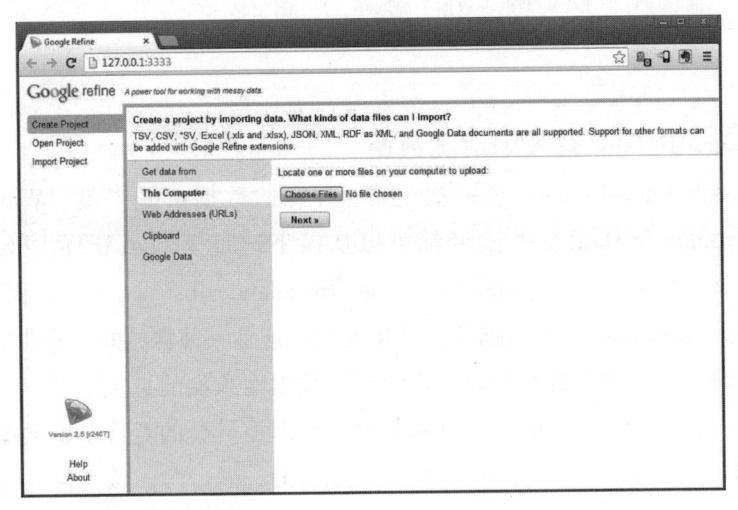

注：OpenRefine 的工作窗口。
资料来源：OpenRefine。

我们新建一个项目用于清洗数据。点击界面中的"Create Project"→"Get data from"→"This Computer"①，找到我们的数据文件。点击"下

---

① 为便于读者理解 OpenRefine 的英文菜单，此处保留了原文。——译者注

一步"（Next），OpenRefine 将装载文件。

我们将项目名改为"竞选捐款"（Campaign contributions），并勾选界面下方的"to parse next line as column header"，这是为了标注文件的第一行是标题。此时在界面中我们已经可以看到数据预览了。

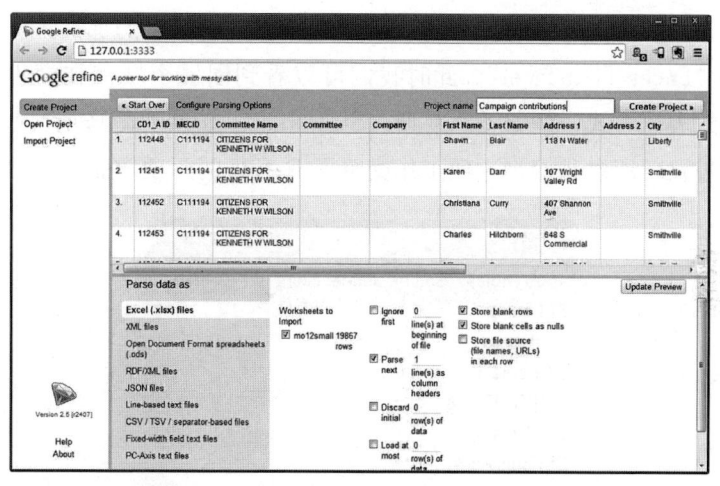

注：OpenRefine 的数据预览界面。
资料来源：OpenRefine.

完成以上设置后点击"Create project"，软件会加载所有数据。根据

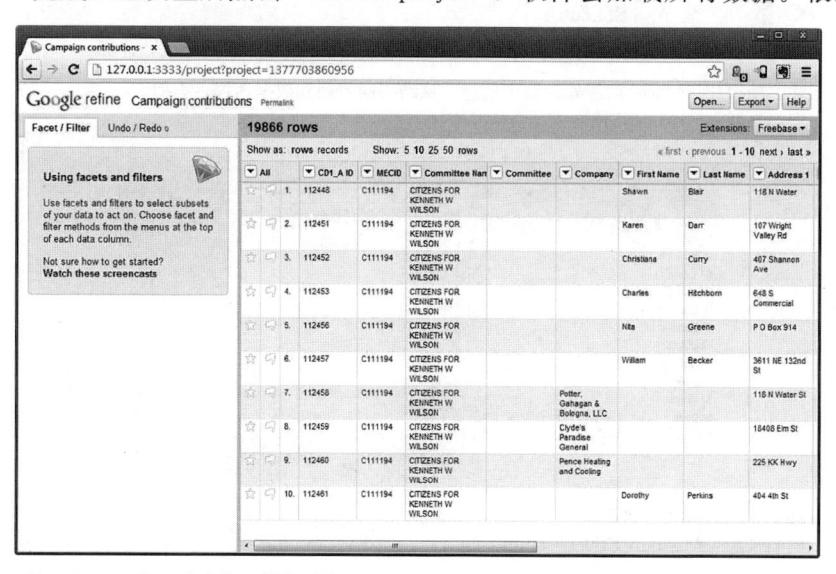

注：OpenRefine 成功载入数据后的界面。
资料来源：Missouri Ethics Commission.

默认设置，只有前 10 行会显示在界面中，不过你可以自行更改显示的行数。通过 Refine 清洗数据通常有两个步骤：先是找到数据中的问题，接下来是想办法修正它们。寻找数据问题最常见的方法是使用"Facets"功能，这一功能类似于电子表格中的数据透视表。

首先我们点击列中的向下箭头，选中代表城市信息的那一列，在菜单中选择"Facet-Text facet"。此时我们可以看到同一个城市在文件中有很多不同的表达方式，例如圣路易斯（St. Louis）。如果手动修复这些拼写显然耗时过长，所以我们将这项工作交给了 Refine 的一项功能。

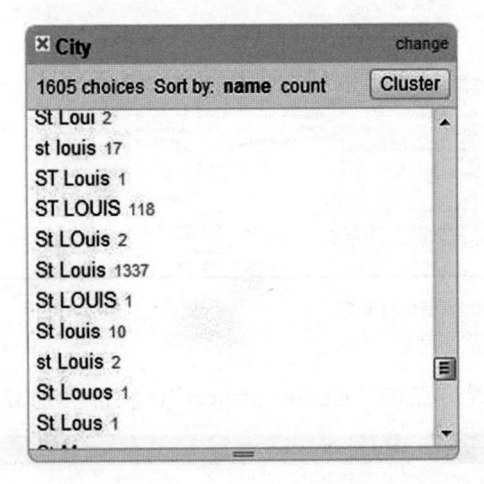

注：使用 Text facet 功能处理城市信息，该结果的界面和数据透视表类似。
资料来源：Missouri Ethics Commission.

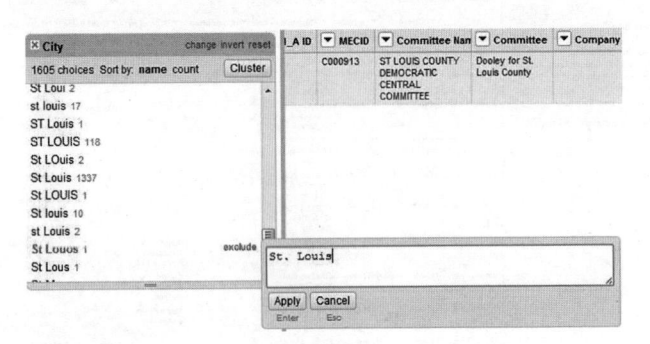

注：手动处理拼写错误。
资料来源：Missouri Ethics Commission.

这里需要用到的是**聚类**（Clustering）功能，它的原理是使用算法来识别相似的文本值。点击上图中的"Cluster"按钮，Refine 向我们提供了两种聚类方式："key collision"和"nearest neighbor"。Refine 默认采用的是"key collision"聚类法，两种方式对应的算法是不同的。关于算法的进一步解释请参见开发者页面：http：//github.com/OpenRefine/OpenRefine/wiki/Clustering-In-Depth。

选择"key collision"聚类法后，Refine 会显示如何将不同的城市名写法聚在一起。例如圣路易斯，Refine 从 2 457 行数据中找到了 13 个不同的值，点击"Merge?"，可以将这些值改写为统一的新值。这里我们需要将所有不同的拼写统一为正确的：St. Louis。

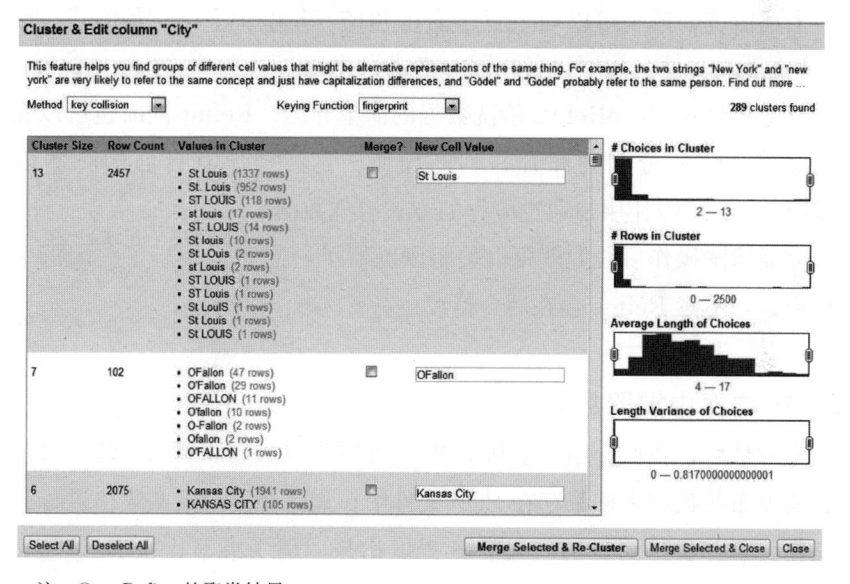

注：OpenRefine 的聚类结果。
资料来源：Missouri Ethics Commission.

选中"Merge?"，点击"Re-Cluster"，Refine 就会完成上述**标准化**（standardized）操作了。像奥法伦（O'Fallon）、堪萨斯（Kansas City）、利斯萨米特（Lee's Summit）等城市我们也可以进行同样的操作。如果我们想要利用这些数据进行分析或可视化，那么第一步就必须完成上述的数据标准化。只有这样做，才能保证后续操作的准确性。当然这里我们可以

| Cluster Size | Row Count | Values in Cluster | Merge? | New Cell Value |
|---|---|---|---|---|
| 13 | 2457 | St Louis (1337 rows)<br>St. Louis (952 rows)<br>ST LOUIS (118 rows)<br>st louis (17 rows)<br>ST. LOUIS (14 rows)<br>St louis (10 rows)<br>St LOuis (2 rows)<br>st Louis (2 rows)<br>ST LOUIS (1 rows)<br>St Louis (1 rows)<br>St LouIS (1 rows)<br>St Louis (1 rows)<br>St LOUIS (1 rows) | ✓ | St.Louis |

注：将不同的变量改写为统一的值。
资料来源：Missouri Ethics Commission.

暂时关闭聚类窗口了。

上述清洗的成果可以通过点击右上角的"Export"—"Excel"，导出 Excel 文件，文件名与项目名相同，格式为".xls"。

以上只是对 OpenRefine 清洗数据的简单介绍。Refine 同时也可以完成我们之前介绍的分割列和合并列的操作。它甚至还有自己的脚本语言"GREL"，它可以让用户通过编程的方式清洗数据。

完成清洗操作后我们就可以关闭浏览器了，同时也别忘了关闭那个命令栏窗口，不然 Refine 会在后台持续运行。

## 从 PDF 文件中提取数据

本章最后，我们介绍一下从 PDF 文件中提取数据表格的方法。很多政府机构发布的数据表格都存在 PDF 文件中。如果想要对这些表格进行进一步操作，第一步需要做的就是将其提取出来。请下载"fy2012_US_gov_net_cost.pdf."这个文件。该文件只有 1 页，是联邦机构网络运行开支的总结，文件是财政部（Department of the Treasury）2012 财年报告的一部分。如果直接复制数据再粘贴到 Excel 中，会丢失列的布局。所以我们需要使用专门的转换工具。本章开头提到的 Cometdocs（www.cometdocs.com）和 Zamzar（www.zamzar.com）两款都还不错并各有所长，建议根据情况使用。请注意，如果 PDF 文件中的数据是扫描的图片，那么对此两款软件都无能为力。这种情况下，我们需要使用带有"OCR"（图片中的文字识别）功能的软件。

利用 Cometdocs 转换文件很简单，先打开其网站，上传原始的 PDF 文件。在该界面中将上传的 PDF 文件拖到"转换"（Convert）按钮上，选择"导出 Excel 文件"（xls）。接下来你需要输入自己的邮件地址，Cometdocs 会将下载地址发到你的邮箱中。

我们用前述的文件进行了转换，发现效果非常不错。唯一的瑕疵是有的机构名称被分割成了两个部分，例如卫生和公众服务部（Health and Human Services）。还好这些错误非常少，我们可以手动修正。

对于任何与数据打交道的人来说，数据清洗都是必不可少的步骤。本章介绍了一些通过 Excel、OpenRefine 和 PDF 在线转换工具进行数据清洗的方法。

在此基础上，我们将正式进入分析数据的部分。

| | (Gain)/Loss from | | | | |
|---|---|---|---|---|---|
| | (In billions of dollars) | Gross Cost | Earned Revenue | Subtotal | Changes in Assumptions | Net Cost |
| 13 | Department of Health and Human Services | 924.0 | 67.8 | 856.2 | 0.3 | 856.5 |
| 15 | Social Security Administration | 825.4 | 0.3 | 825.1 | - | 825.1 |
| 16 | Department of Defense | 784.7 | 56.0 | 728.7 | 70.4 | 799.1 |
| 17 | Department of Veterans Affairs | 213.6 | 4.1 | 209.5 | 149.3 | 358.8 |
| 19 | Interest on Treasury Securities Held by the Public | 245.4 | - | 245.4 | - | 245.4 |
| 20 | Department of Agriculture | 161.0 | 12.0 | 149.0 | - | 149.0 |
| 21 | Office of Personnel Management | 48.2 | 19.1 | 29.1 | 98.9 | 128.0 |
| 22 | Department of Labor | 107.3 | - | 107.3 | - | 107.3 |
| 23 | Department of Transportation | 79.0 | 0.8 | 78.2 | - | 78.2 |
| 25 | Department of Housing and Urban Development | 74.5 | 1.5 | 73.0 | - | 73.0 |
| 26 | Department of Energy | 60.8 | 4.3 | 56.5 | - | 56.5 |
| 27 | Department of Homeland Security | 58.2 | 9.9 | 48.3 | 0.4 | 48.7 |
| 28 | Department of Education | 62.7 | 20.0 | 42.7 | - | 42.7 |
| 29 | Department of Justice | 38.9 | 1.3 | 37.6 | - | 37.6 |

注：通过 Cometdocs 从 PDF 文件中提取出来的 Excel 文件。
资料来源：Department of the Treasury.

## 个人练习

使用 OpenRefine 清洗上述的竞选捐款数据文件，清理至少 10 个城市的不同拼写。尝试使用 OpenRefine 中不同的聚类算法，判断哪个算法聚类效果最好，并解释其原因。

# 第4部分
# 分析数据

第一部分

分析检测

# 第 8 章　数字概括与对比

到目前为止，我们已经学习了如何识别、获取、评估和清洗数据。以上这些都很重要，为我们接下来的数据分析，以及基于数据分析进行决策或者提炼知识做了准备。本章介绍的概念有助于培养我们分析数据的最佳操作技能。第 9 章和第 10 章将会说明如何使用 Excel 或是其他电子数据表程序，利用公式和数据透视表来生成有价值的信息。

当我们处理数据的时候，通常进行的是**归纳统计**（summary statistics），例如计数、求和、平均。这些统计数字能够简要说明我们处理的数据的特点，并且都不难获得，还能告诉我们很多关于数据的信息。

本书不会涉及更高级的**推断统计**（inferential statistics）知识，那些知识更多的是在研究人员已经从样本中获得了数据，并希望由此推断总体的情况下使用的。例如，研究人员会根据 1 000 名可能进行投票的投票者的情况，推断总统选举的结果。有关推断统计的概述，我推荐阅读《用统计学看世界》（*Seeing Through Statistics*）一书（Utts，2014），或者 IBM 的《用 SPSS 进行数据分析》（*SPSS Statistics Guide to Data Analysis*）（Norusis，2011）。两本书都容易理解并提供了大量的实际操作练习。

在处理数据的时候，我们通常需要对数字进行比较，因为原始数据本身往往意义不大。当我们将这些数字和其他数字，或者和已知的基准进行比较的时候，意义就产生了。我们将通过美国政府在 2012 财年用于国防项目的经费开支数据来学习这些概念（Financial Management Service，2013）。

包括国土安全在内，2012 财年联邦政府在国防项目上的经费开支超过

6 804亿美元。这听起来似乎是一个很大的数字，对吗？然而当你将其与上一年度的数据相比，这个数字也许就没有那么夸张了，因为美国政府在2011财年的国防开支超过了7 082亿美元。将数字相减，我们就能发现实际上国防经费减少了大约278亿美元。计算百分比的话，降幅为3.9%。对于国防来说，这一变化的重要性如何？通过比较同一统计项目在不同时期的数字，我们能够获得很多有趣而有意义的信息。

当然，我们还可以将美国的国防开支与其他项目开支进行比较。将美国2012财年的国防开支与社会保障计划（Social Security）（用于保障退休人员、伤残工人收入的联邦计划）的开支相比，结果又如何呢？在2012财年，联邦政府在社保上的开支超过7 732亿美元，比前述提到的国防开支多13.6%，约928亿美元。

社保和国防开支在联邦政府的总开支中分别又处于什么样的地位呢？我们计算一下两者在2012财年联邦政府3.5万亿的总开支中所占的比例，社保开支约占21.9%，略多于五分之一，而国防开支约19.2%，略低于五分之一。

## 简单概括统计

我们将从最简单的概括统计（summary statistics）——从数据中获得数字开始学习。概括统计能让我们对数据有更多的认识，因此它对于我们认识数据来说是非常重要的。当然，就像我们即将看到的那样，概括统计有时也会引起误解。

计数（count）是用于统计每个变量出现次数的统计量。它能帮助我们回答那些以"×××出现了多少次"为开头的问题。在电子表格中存储的数字、文本和日期都可以被计数。

求和（sum）会告诉我们变量加总后的结果。例如，和我们的选民出动率表格文件所显示的一样，我们可以通过求和获得登记投票的总人数。求和能够回答"×××一共有多少"这样的问题，但也只能对数字进行求和运算。

统计学家将能够反映数据**集中趋势**（central tendency），或在一系列数字中最具代表性的那个数字称为（广义上的）"平均值"（average）。同样，只有数字才能进行平均运算。

由于我们可以使用三个量来表示平均值：平均数、中位数和众数。这使得平均值的运用很复杂。首先是**平均数（算术平均值）**（mean），它的计算方式是将所有数字加总再除以数字的个数。平均数大概是你在小学就已经学过的第一个"平均值"，例如我们有 1、2、3 三个数字，我们先将它们加起来再除以数字个数 3 个，就得到了它们的平均值 2。

**中位数**（median）是将一系列数字按从小到大的顺序排列后，居于中间的那个数字。同样是 1、2、3 三个数字，它们的中位数就是 2。如果我们的数据集含有偶数个数字，电子表格程序的计算方法是取中间两位数字的平均值。例如我们现在有 1、3、5、7 四个数字，中位数就是（3+5）/2=4。所以，初学中位数这个概念的时候你可能会有点困惑，因为中位数可能根本没有出现在数据集中。

一个数据集中的离群值或者极端值都会对平均数产生较大影响。在这样的情况下，中位数更能精确地反映集中趋势。像收入或者房屋出售价格这样上不封顶的数据集，特别容易出现离群值。美国职业棒球大联盟的球员薪水数据是一个很好的案例。洛杉矶道奇队的明星球员扎克·格伦克（Zack Greinke），拥有超过一千万美金的最高年薪，这个数字会使得整个统计的平均数远远超过其中位数。

**众数**（mode）是一个数据集中出现次数最多的那个数。例如在 1、2、2、5、7、12 这六个数字组成的数据集中，众数就是 2。在这个例子中我们会发现，与众数相比，平均数（4.8）和中位数（3.5）所反映的数据的集中趋势更具代表性。实际上，与众数相比，我们在概括统计中更常用的是中位数和平均数。

此外还有两个概括统计量能够帮助我们判定表格数据值（数字或日期数据）的范围。一个是最小值（minimum），它是指一个数据集中最小的一个数（日期数据中则是最早日期）；与之对应的最大值（maximum）则是指数据集中最大的一个数（日期数据中则是最近日期）。

### 和什么进行对比？

在进行数据分析的时候，我们面临的一大难题在于如何使自己的分析结果具有意义。当我们得到一个原始数据时，它的意义是在与其他数据的关系中体现的。这促使我们不断地去询问：我的数据能够和什么进行对比？幸运的是，我们有很多分析比较的工具，利用电子表格，我们也可以很容易地得到它们。它们是数量变化或原始数据变化、百分比变化、个体占总体的百分比、比例和比率。我们依然将采用本章介绍中提到的联邦政府开支数据来具体地解释它们。

上述报告的 PDF 版本可以在以下地址下载：https：//www.fiscal.treasury.gov/fsreports/rpt/combStmt/cs2012/outlay.pdf。从报告中可以看出 2012 财年联邦政府在能源相关项目上的开支超过了 147 亿美元。这听起来是一笔巨款，单就这一笔款项就已经超出了大部分人的一生积蓄了。

然而我们仍然不知道这个数字的意义何在，因为我们还没有把它放在具体的背景中讨论。所以接下来我们将这个 2012 年的数字与 2011 年的数字进行对比，2011 年的同一款项支出是 120 亿美元。我们计算出这一值的**数量变化**（amount change）或**原始数据变化**（raw change）约 27 亿美元。

27 亿美元的增长对于美国政府的能源开支来说似乎是一个不小的增长。将它与 2011 年的起点对比，就得到了**百分比变化**（percent change），这会进一步显示出这个增长的意义。百分比变化等于数量变化除以起点数据，在这里也就是用增幅 27 亿除以起点 120 亿，结果就是该项目支出年增长率约为 22.2%。

想要再进一步了解这个增长率的意义，我们还可以计算出该年所有类别开支的百分比变化，并比较这些值。

我们重新回到 2012 财年 147 亿美元的相关能源支出上。这个数字与该年度美国政府所有开支的比值，就是下一个需要介绍的概念——**个体占总体的百分比**（percent of total）。它的计算方法是用个体数量（此处是 147 亿美元）除以总体数量（此处是 35 300 亿美元）。计算结果显示，这个支出仅占该年总体开支的 0.4%。不要忘了我们前面介绍的国防开支可是占了 19.2% 的比重。这就是对比产生的意义。

**比例**（ratios）能通过展示不同数字间的比例，来帮助我们理解数字之间的关系。它的计算方法是将一个数字除以另一个我们希望比较的数字。例如美国上市公司 CEO 和工人的薪酬平均比例是 204∶1（Smith, 2013）。这就表示这些公司的工人每赚 1 美元，CEO 就可以得到 204 美元。在教育领域，我们经常听到师生比例这一说法，这个比例的值能帮助我们判断学生规模是否适度。而在上述联邦开支数据中，我们也可以通过比较国防和能源项目开支，得到国防-能源开支比例。用国防开支的 6 804 亿美元除以能源开支的 147 亿美元，我们计算出这一比例为 46∶1。也就是说政府每开支 1 美元用于能源项目，就会开支 46 美元用于国防项目。

最后需要介绍的是**比率**（rates），它能帮助我们更客观地比较基于不同总体得出的数字。《纽约时报》曾经用十年人口普查的数据，计算了不同地区每千户同性夫妇的比率。并由此发现，像特拉华州的里霍博斯比奇和加利福尼亚州的棕榈泉这样的小城市，已经取代了旧金山和西好莱坞等大城市，成为同性伴侣最青睐的居住地。

在计算比率的时候，我们通常先计算出一个"人均"或是"每人"这样的数字，然后将其乘以一个标准数字从而使我们的结果标准化。

上述《纽约时报》的案例就是将同性夫妇的数量与该地区的家庭总户数进行了比率计算，计算方式是用同性夫妇的数量来除以该地区的家庭总户数。

在上述计算基础上，该报道确定了"每千户中的同性家庭数量"作为不同总体比较的统一标准。因为"每一个"中的"×××"这一数字通常都非常小，在实际生活中也没有意义，所以我们通常会选择乘以一定倍数将之放大。数据源通常就已经提供了这个倍数，不需要自己额外设置。例如，在 FBI 的统一犯罪报告（Uniform Crime Reporting System）中，犯罪率就通常使用"每十万人"作为单位，而这一单位也被医疗和卫生统计部门使用。

## 基准点

另一种对数字进行比较的方法是与现有**基准点**（benchmarks）进行比

较。基准点有内部基准点和外部基准点之分。所谓的内部基准点是数据内部已经包含的数字。例如2012年的国防开支，其对于能源开支来说就是一个内部基准点，因为我们比较的是同一年份的两个数据。百分比变化则可被视为一个外部基准点，因为它是通过比较不同年份的数据得到的。政府或者非政府组织发布的带有数据的报告，可以充当基准点工具。这些报告通常会包含概括统计或者其他数据，我们可以将它们与我们自己的数据进行比较。

119 现在我们已经知道了如何用概括统计和数字对比来获取数据中的有用信息。接下来的两章我们将学习如何使用Excel来实现这些统计步骤。

## 个人练习

请从本书网站上下载名为"2011UScrime.xls"的文件。打开并检查文件，本文件包含了全美各市向FBI报告的犯罪和人口信息。请进行三组数字的比较，并简述你从这些比较中获得的信息。

# 第 9 章 计算汇总统计和数字对比

现在你应该大致知道，概括统计与数字对比可以帮助你找寻数据中的意义，那么现在我们该用 Excel 来运行这些计算了。在本章中，我们将使用从书中网站上下载的有助于我们分析的"city_crime.xlsx"文件来进行学习。在下一章中，我们还将学习如何使用 Excel 对数据进行排序、过滤、分组以及归纳。

打开上述文件，仔细看一下，你会发现数据中显示了 31 个在 2012 年拥有超过 50 万人口数量的美国城市，以及它们在 2011 年、2012 年两年内的人口信息、暴力犯罪和财物犯罪情况。其中，芝加哥市和图森市因为犯罪数据不完整而不在文件中。

| | A | B | C | D | E | F | G | H |
|---|---|---|---|---|---|---|---|---|
| 1 | State | City | Population 2011 | Violent crime 2011 | Property crime 2011 | Population 2012 | Violent crime 2012 | Property crime 2012 |
| 2 | NEW YORK | New York | 8,211,875 | 51,209 | 140,457 | 8,289,415 | 52,993 | 142,760 |
| 3 | CALIFORNIA | Los Angeles | 3,837,207 | 20,045 | 86,330 | 3,855,122 | 18,547 | 87,478 |
| 4 | TEXAS | Houston | 2,143,628 | 20,892 | 108,336 | 2,177,273 | 21,610 | 107,678 |
| 5 | PENNSYLVANIA | Philadelphia | 1,530,873 | 18,268 | 59,617 | 1,538,957 | 17,853 | 56,997 |
| 6 | ARIZONA | Phoenix | 1,466,097 | 8,089 | 64,479 | 1,485,509 | 9,458 | 60,777 |
| 7 | NEVADA | Las Vegas Metropolitan Police Department | 1,458,474 | 10,813 | 41,426 | 1,479,393 | 11,598 | 46,427 |
| 8 | TEXAS | San Antonio | 1,355,339 | 7,038 | 80,868 | 1,380,123 | 6,943 | 82,668 |
| 9 | CALIFORNIA | San Diego | 1,316,919 | 5,104 | 29,709 | 1,338,477 | 5,529 | 31,700 |
| 10 | TEXAS | Dallas | 1,223,021 | 8,330 | 61,859 | 1,241,549 | 8,380 | 54,300 |
| 11 | CALIFORNIA | San Jose | 957,062 | 3,206 | 21,972 | 976,459 | 3,547 | 28,463 |
| 12 | FLORIDA | Jacksonville | 834,429 | 5,182 | 36,113 | 840,660 | 5,189 | 34,674 |
| 13 | INDIANA | Indianapolis | 833,024 | 9,170 | 46,967 | 838,650 | 9,942 | 46,898 |
| 14 | TEXAS | Austin | 807,022 | 3,471 | 42,250 | 832,901 | 3,405 | 43,472 |
| 15 | CALIFORNIA | San Francisco | 814,701 | 5,374 | 32,886 | 820,363 | 5,777 | 38,898 |
| 16 | NORTH CAROLINA | Charlotte-Mecklenburg | 789,478 | 4,787 | 32,008 | 808,504 | 5,238 | 32,587 |

注：在 Excel 中打开的联邦调查局《统一刑事案例汇编》。
资料来源：Federal Bureau of Investigation.

我们从"http://www.fbi.gov/about-us/cjis/ucr/ucr-publications#Crime"上下载年度官方的《美国犯罪情况报告》，分别使用了 2011 年和 2012 年联

邦调查局的《统一刑事案例汇编》制作出了这一 Excel 文件。联邦调查局所提供的犯罪数据主要包括八种犯罪类型：谋杀或非过失杀人、强奸、抢劫、加重攻击几类罪行被归为"暴力犯罪"；入室盗窃、扒窃、机动车偷窃以及纵火被归为"财物犯罪"。

借助在第 8 章学到的内容，我们将尝试使用这一 Excel 文件来寻找一些有价值的信息。

## 按年份汇总的犯罪数据

第一步，我们先计算一下每年各个城市的犯罪总数。在 Excel 的 I1 单元格中，我们输入"Total crime 2011"作为列标题，表示 2011 年的犯罪总数，然后敲下回车键。同理，在单元格 J1 输入"Total crime 2012"，作为列标题。

在 I2 单元格中，我们通过"＝E2＋D2"这个公式来计算纽约市在 2011 年的犯罪总数。在 Excel 中，所有的公式都以"＝"开始且应尽可能多地使用**单元格引用**（cell references）。上面的公式相当于告诉 Excel 把单元格 D2 内的数字（纽约市 2011 年暴力犯罪数）与 E2 的数字（纽约市 2011 年财产犯罪数）加起来。没错的话，你得到的结果应该是 191 666〔请注意：我们同样可以在 Excel 中运算减（－）、乘（＊）和除（/）〕。

将鼠标光标移动至 I2 单元格，然后双击单元格的右下角，我们就可以将 2011 年的犯罪总数计算公式复制到其他任何城市上〔你也可以在光标变成黑色十字时点住并向下拖动填充柄，拖动到 I32 弗雷斯诺市（Fresno）那个单元格后松手〕。虽然每个单元格显示的是对应城市在 2011 年的犯罪总数，但实际上在单元格内真正填写并储存的是一个公式。我们可以这样检查一下，看看单元格内到底是什么，比如说，点击洛杉矶市（Los Angeles）的 I3 单元格，Excel 的公式编辑栏会显示"＝D3＋E3"，这便是这个单元格真正储存的内容。需要注意的是，Excel 足够聪明，它会根据公式所在的单元格位置，自动修改引用单元格的指向，在本例中是自动加 1。

现在用 J2 单元格中的公式来计算 2012 年纽约市的犯罪总数（195 753）："＝G2＋H2"。其他任何城市都可以复制这一做法。

第 9 章　计算汇总统计和数字对比

| | B | C | D | E | F | G | H | I | J |
|---|---|---|---|---|---|---|---|---|---|
| | | | | | | | | I3 =D3+E3 | |
| 1 | City | Population 2011 | Violent crime 2011 | Property crime 2011 | Population 2012 | Violent crime 2012 | Property crime 2012 | Total crime 2011 | Total crime 2012 |
| 2 | New York | 8,211,875 | 51,209 | 140,457 | 8,289,415 | 52,993 | 142,760 | 191,666 | |
| 3 | Los Angeles | 3,837,207 | 20,045 | 86,330 | 3,855,122 | 18,547 | 87,478 | 106,375 | |
| 4 | Houston | 2,143,628 | 20,892 | 108,336 | 2,177,273 | 21,610 | 107,678 | 129,228 | |
| 5 | Philadelphia | 1,530,873 | 18,268 | 59,617 | 1,538,957 | 17,853 | 56,997 | 77,885 | |
| 6 | Phoenix | 1,466,097 | 8,089 | 64,479 | 1,485,509 | 9,458 | 60,777 | 72,568 | |
| 7 | Las Vegas Metropolitan Police Department | 1,458,474 | 10,813 | 41,426 | 1,479,399 | 11,598 | 46,427 | 52,239 | |
| 8 | San Antonio | 1,355,339 | 7,038 | 80,868 | 1,380,123 | 6,943 | 82,668 | 87,906 | |
| 9 | San Diego | 1,316,919 | 5,104 | 29,709 | 1,338,477 | 5,529 | 31,700 | 34,813 | |
| 10 | Dallas | 1,223,021 | 8,330 | 61,859 | 1,241,549 | 8,380 | 54,300 | 70,189 | |

注：计算各个城市的犯罪总数。
资料来源：Federal Bureau of Investigation.

学会将文件另存为副本，并给文件重新命名。

## 最小值和最大值

如果我们能知道表格中 8 列数字各自的范围会很有帮助。为了做到这点，我们先将表格翻到最底部的单元格 B34，然后输入"Minimum"作为最小值的标记。在 B34 单元格下面的 B35 单元格，输入"Maximum"作为最大值的标记。要计算 2011 年人口最少的城市，我们需要在 C34 单元格输入这个公式："＝MIN（C2：C32）"。这个公式将命令 Excel 计算出从 C2 到 C32 这一列单元格数字中的最小值（500 480）。拖动该单元格右下角的填充柄，可以把该公式复制到其他单元格上。

要知道每列数字的最大值，需要在单元格 C35 中输入公式 "＝MAX（C2：C32）"，然后向右填充。经过这两步，我们将会看到类似于 "2011 年暴力犯罪事件的范围——2 858 起～51 209 起"之类的有趣的数据。

## 数量变化

如果我们要对这些数据的历年趋势进行分析，我们就要知道这些城市每年犯罪事件各自的数量变化情况。我们将要计算以下变化量：在单元格 K1 中输入"VC change"表示暴力犯罪数量的变化情况；L1 中输入"PC change"表示财产犯罪数量的变化情况；M1 中输入"Total crime change"表示总体数量的变化情况。

现在我们就可以计算变化量了。我们先计算单元格 K2 中暴力犯罪数量的变化情况：输入"＝G2－D2"，即用纽约市 2012 年的暴力犯罪数量减去 2011 年的暴力犯罪数量。经过计算，我们会发现犯罪数量增加了 1 784 起。将这些公式向下填充，会得到各个城市犯罪数量的变化情况。我们会发现，像洛杉矶等城市，通报的暴力犯罪数量是减少的。

要弄清单元格 L2 中财产犯罪数量的变化情况，需要在单元格中输入"＝H2－E2"，然后对其他单元格进行填充。类似的，我们可以在单元格 M2 中输入"＝J2－I2"，然后拖动填充，这样就可以得到各个城市犯罪数量的变化情况。

如果没问题的话，你的 Excel 应该是以下这个样子的：

| | A | B | I | J | K | L | M |
|---|---|---|---|---|---|---|---|
| 1 | State | City | Total crime 2011 | Total crime 2012 | VC change | PC change | Total crime change |
| 2 | NEW YORK | New York | 191,666 | 195,753 | 1,784 | 2,303 | 4,087 |
| 3 | CALIFORNIA | Los Angeles | 106,375 | 106,025 | -1,498 | 1,148 | -350 |
| 4 | TEXAS | Houston | 129,228 | 129,288 | 718 | -658 | 60 |
| 5 | PENNSYLVANIA | Philadelphia | 77,885 | 74,850 | -415 | -2,620 | -3,035 |
| 6 | ARIZONA | Phoenix | 72,568 | 70,235 | 1,369 | -3,702 | -2,333 |
| 7 | NEVADA | Las Vegas Metropolitan Police Department | 52,239 | 58,025 | 785 | 5,001 | 5,786 |
| 8 | TEXAS | San Antonio | 87,906 | 89,611 | -95 | 1,800 | 1,705 |
| 9 | CALIFORNIA | San Diego | 34,813 | 37,229 | 425 | 1,991 | 2,416 |
| 10 | TEXAS | Dallas | 70,189 | 62,680 | 50 | -7,559 | -7,509 |

注：通过 Excel 中的计算呈现数量变化。
资料来源：Federal Bureau of Investigation.

## 百分比变化

强化一下上一章提到的内容，由于我们缺少可参照的情境，所以（原始）数据的变化不能说明太多东西。因此，我们向来都需要把（原始）数据与来源数据进行比较，得到百分比的变化量。本例中，我们使用 Excel 中的 N、O、P 三列来进行计算：在这三列的第一行分别输入"VC％change""PC％change"和"Total crime％change"作为列标题，各代表暴力犯罪、财产犯罪和总犯罪情况的百分比计算值。

在每一列里，我们都需要使用除法来将变化情况与 2011 年的起点值进行对比。要计算暴力犯罪的百分比变化情况，就在单元格 N2 中输入"＝K2/D2"，这个公式是暴力犯罪变化数量除以 2011 年的暴力犯罪数量总数。Excel 将返回一个小数：0.348 4。我们看到，Excel 显示的百分比以 1 为单位,这是因为这一栏的格式被定义成了"常规"(General),而不是"百分比"(Percentage)。那么,我们就要把这一列的数据格式更改为"百分比",这样我们就能看到增长率实际上不足 3.5%。

在单元格 O2 中,输入"=L2/E2"这个公式来计算财产犯罪的变化百分比。这个公式同样会将对应的数字与 2011 年的数字做除法。在单元格 P2 中,输入"=M2/I2"将犯罪数量的总体变化与 2011 年对应的数字相除。相应地将这些公式填充到 O、P 两列。

由于 Excel 一般会把这些数字全部显示成小数,我们很难分辨这些数字的大小。我们需要更改单元格的数据格式,以便它们能显示成百分比数字。我们选中 N 到 P 这三栏,右键单击顶部的任意字母,从弹出的菜单中选择"设置单元格格式"(Format Cells)。

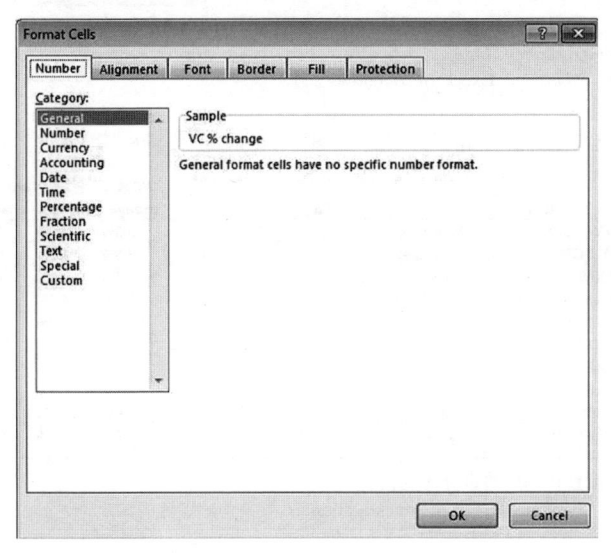

注:百分比变化栏的数据格式当前是"常规"。
资料来源:Microsoft Excel for Windows 2013.

在"数字"(Number)选项卡下,将"分类"(Category)选择为"百分比"(Percentage)。将小数位数(Decimal places)设置为"1",然后单击"确定"(OK),保存更改。

设置正确后,数据会显示为我们希望看到的百分比形式。别忘了保存。

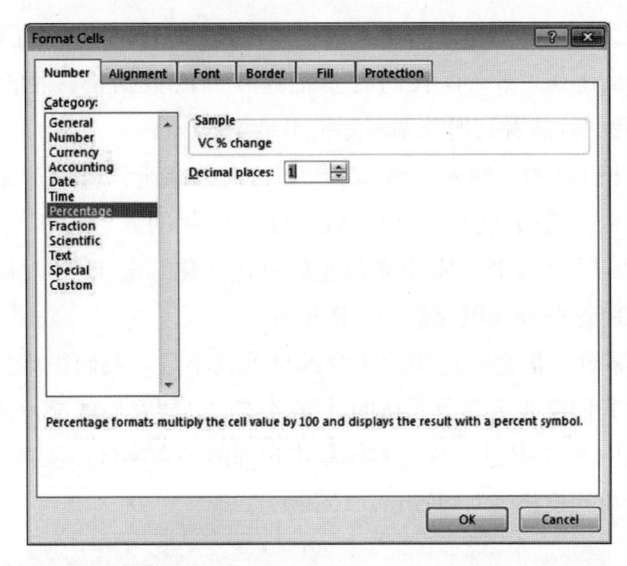

注：设置百分比列小数位数为 1 位。
资料来源：Microsoft Excel for Windows 2013.

| | A | B | N | O | P |
|---|---|---|---|---|---|
| 1 | State | City | VC % change | PC % change | Total crime % change |
| 2 | NEW YORK | New York | 3.5% | 1.6% | 2.1% |
| 3 | CALIFORNIA | Los Angeles | -7.5% | 1.3% | -0.3% |
| 4 | TEXAS | Houston | 3.4% | -0.6% | 0.0% |
| 5 | PENNSYLVANIA | Philadelphia | -2.3% | -4.4% | -3.9% |
| 6 | ARIZONA | Phoenix | 16.9% | -5.7% | -3.2% |
| 7 | NEVADA | Las Vegas Metropolitan Police Department | 7.3% | 12.1% | 11.1% |
| 8 | TEXAS | San Antonio | -1.3% | 2.2% | 1.9% |
| 9 | CALIFORNIA | San Diego | 8.3% | 6.7% | 6.9% |
| 10 | TEXAS | Dallas | 0.6% | -12.2% | -10.7% |
| 11 | CALIFORNIA | San Jose | 10.6% | 29.5% | 27.1% |

注：格式设置正确后的百分比变化。
资料来源：Federal Bureau of Investigation.

## 126 运行比率计算

现在我们准备通过计算犯罪率来生成一些更有意义的数据。比率可以帮助我们对拥有不同人口数量的地区进行更加公平的对比，比如纽约市（超过 820 万人）和弗雷斯诺市（稍多于 50 万人）。

计算犯罪率的过程有两步。首先，我们计算个人比率；然后，再计算一群人的比率。这里我们将会使用 FBI 的标准，即以 10 万人为 1 个单位。

我们应该计算每个年份的数据，但是由于2012的数据是我们的文件中最近期的，出于此考虑，我们将主要关注2012年。在Q~V这几列的第一行分别输入这些标题："2012个人暴力犯罪"（2012 VC per cap）、"2012个人财产犯罪"（2012 PC per cap）、"2012个人总体犯罪"（2012 Total crime per cap）、"2012每十万人中暴力犯罪"（2012 VC per 100k）、"2012每十万人中财产犯罪"（2012 PC per 100k）和"2012每十万人中总体犯罪"（2012 Total crime per 100k）。

在Q2单元格，我们把2012年的暴力犯罪数量与同年的人口数量进行比较。这一单元格的计算公式是"＝G2/F2"，运用这一公式并将其复制到其他城市的单元格上，我们将得到纽约的数值是0.006 39，这意味着平均每人连"1"都不到，所以看每人的暴力犯罪数量是没有意义的。这个数值没有任何意义，所以我们将它乘以10万。

在R2单元格中，用"＝H2/F2"公式得出的结果来比较2012年财产犯罪数量与同年的人口数量的关系，再将这一公式复制到其他城市的单元格上。在S2单元格中用公式"＝J2/F2"比较2012年的总体犯罪数量与同年的人口数量，再将这一公式复制到其他城市的单元格上。你的表格看起来应该是以下这样的：

| | A | B | Q | R | S | T | U | V |
|---|---|---|---|---|---|---|---|---|
| 1 | State | City | 2012 VC per cap | 2012 PC per cap | 2012 Total crime per cap | 2012 VC per 100k | 2012 PC per 100k | 2012 Total crime per 100k |
| 2 | NEW YORK | New York | 0.00639 | 0.01722 | 0.02361 | | | |
| 3 | CALIFORNIA | Los Angeles | 0.00481 | 0.02269 | 0.0275 | | | |
| 4 | TEXAS | Houston | 0.00993 | 0.04946 | 0.05938 | | | |
| 5 | PENNSYLVANIA | Philadelphia | 0.0116 | 0.03704 | 0.04864 | | | |
| 6 | ARIZONA | Phoenix | 0.00637 | 0.04091 | 0.04728 | | | |
| 7 | NEVADA | Las Vegas Metropolitan Police Department | 0.00784 | 0.03138 | 0.03922 | | | |
| 8 | TEXAS | San Antonio | 0.00503 | 0.0599 | 0.06493 | | | |
| 9 | CALIFORNIA | San Diego | 0.00413 | 0.02368 | 0.02781 | | | |
| 10 | TEXAS | Dallas | 0.00675 | 0.04374 | 0.05049 | | | |
| 11 | CALIFORNIA | San Jose | 0.00363 | 0.02915 | 0.03278 | | | |
| 12 | FLORIDA | Jacksonville | 0.00617 | 0.04125 | 0.04742 | | | |

注：人均犯罪率。

资料来源：Federal Bureau of Investigation.

现在我们准备计算每10万人的犯罪率。在纽约市的T2单元格里，输入"＝Q2＊100 000"，把个人暴力犯罪率与我们的标准单位相乘，这下好多了。Excel显示每10万人中就有多于639人的暴力犯罪数量。接下来把这个运算方式复制到其他城市的单元格上。

127　　在 U2 单元格中输入公式"＝R2 * 100 000",可以计算每 10 万人的财产犯罪率;在 V2 单元格中输入公式"＝S2 * 100 000",可以计算每 10 万人中的总体犯罪率。可以发现,各个城市每 10 万人的总体犯罪率是它的暴力犯罪率和财产犯罪率的总和。我们得到的结果的小数位数不一致,这是因为我们设置的是"常规"格式。使用"设置单元格格式"选项,把 T~V 列的小数位数改为 1 位小数。保存工作表。此时表格看起来应该是以下这样的:

| | A | B | T | U | V |
|---|---|---|---|---|---|
| 1 | State | City | 2012 VC per 100k | 2012 PC per 100k | 2012 Total crime per 100k |
| 2 | NEW YORK | New York | 639.3 | 1722.2 | 2361.5 |
| 3 | CALIFORNIA | Los Angeles | 481.1 | 2269.1 | 2750.2 |
| 4 | TEXAS | Houston | 992.5 | 4945.5 | 5938.1 |
| 5 | PENNSYLVANIA | Philadelphia | 1160.1 | 3703.6 | 4863.7 |
| 6 | ARIZONA | Phoenix | 636.7 | 4091.3 | 4728.0 |
| 7 | NEVADA | Las Vegas Metropolitan Police Department | 784.0 | 3138.2 | 3922.2 |
| 8 | TEXAS | San Antonio | 503.1 | 5989.9 | 6493.0 |
| 9 | CALIFORNIA | San Diego | 413.1 | 2368.4 | 2781.4 |
| 10 | TEXAS | Dallas | 675.0 | 4373.6 | 5048.5 |
| 11 | CALIFORNIA | San Jose | 363.3 | 2914.9 | 3278.2 |

注:每 10 万人的犯罪率。
资料来源:Federal Bureau of Investigation.

仔细观察各个城市每 10 万人的暴力犯罪率结果,你将发现纽约的暴力犯罪情况在这些城市中也只是处于中游。在下一章节学习如何整理这些结果时,我们将对此进行深入探究(请注意:我们可以用如下公式仅一步就能计算出每 10 万人的犯罪率:＝crime numbers/population * 100 000)。

### 运行比例计算

我们可以运用比例去比较每座城市的财产和暴力犯罪情况。这可以告诉我们一些有趣的信息,比如在哪些城市财产犯罪情况更加普遍。我们需要在 X 列和 W 列中用财产犯罪数量除以暴力犯罪数量。在第一行输入"2011 比例"(2011 ratio)和"2012 比例"(2012 ratio)。

在 W2 单元格,我们将比较 2011 年财产和暴力犯罪的数量,所以输入"＝E2/D2",并且复制到别的城市的单元格上。在 X2 单元格中,我们将通过

"=H2/G2"比较2012年的财产和暴力犯罪的数量。我们再次发现数据格式不正确,修改为显示小数点后1位。

| | A | B | W | X |
|---|---|---|---|---|
| 1 | State | City | 2011 ratio | 2012 ratio |
| 2 | NEW YORK | New York | 2.7 | 2.7 |
| 3 | CALIFORNIA | Los Angeles | 4.3 | 4.7 |
| 4 | TEXAS | Houston | 5.2 | 5.0 |
| 5 | PENNSYLVANIA | Philadelphia | 3.3 | 3.2 |
| 6 | ARIZONA | Phoenix | 8.0 | 6.4 |
| 7 | NEVADA | Las Vegas Metropolitan Police Department | 3.8 | 4.0 |
| 8 | TEXAS | San Antonio | 11.5 | 11.9 |
| 9 | CALIFORNIA | San Diego | 5.8 | 5.7 |
| 10 | TEXAS | Dallas | 7.4 | 6.5 |

注:财产犯罪与暴力犯罪的数量比例。
资料来源:Federal Bureau of Investigation.

2012年,纽约的财产犯罪与暴力犯罪的比例为2.7∶1。在圣安东尼奥(San Antonio),财产犯罪的情况更加普遍,比值接近12。

## 个体占总体的百分比

另一个检验每个城市暴力犯罪的普遍性的方法是比较暴力犯罪与总体犯罪。我们将会计算暴力犯罪数量在总体犯罪数量中所占的比例。

使用"2011%暴力"(2011% violent)和"2012%暴力"(2012% violent)作为Y和Z列的标题。在Y2单元格中,通过公式"=D2/I2",计算2011年暴力犯罪数量在同年的总体犯罪数量中所占的比例。对于2012年,同样,在Z2中输入"=G2/J2",设置显示小数点后1位,将计算公式应用于整列。

| | A | B | W | X | Y | Z |
|---|---|---|---|---|---|---|
| 1 | State | City | 2011 ratio | 2012 ratio | 2011 % violent | 2012 % violent |
| 2 | NEW YORK | New York | 2.7 | 2.7 | 26.7% | 27.1% |
| 3 | CALIFORNIA | Los Angeles | 4.3 | 4.7 | 18.8% | 17.5% |
| 4 | TEXAS | Houston | 5.2 | 5.0 | 16.2% | 16.7% |
| 5 | PENNSYLVANIA | Philadelphia | 3.3 | 3.2 | 23.5% | 23.9% |
| 6 | ARIZONA | Phoenix | 8.0 | 6.4 | 11.1% | 13.5% |
| 7 | NEVADA | Las Vegas Metropolitan Police Department | 3.8 | 4.0 | 20.7% | 20.0% |
| 8 | TEXAS | San Antonio | 11.5 | 11.9 | 8.0% | 7.7% |
| 9 | CALIFORNIA | San Diego | 5.8 | 5.7 | 14.7% | 14.9% |

注:暴力犯罪数量占总体犯罪数量的百分比计算。
资料来源:Federal Bureau of Investigation.

这一计算结果也与我们之前的观察相符：2012 年，纽约暴力犯罪的占比 (27.1%) 高于圣安东尼奥 (7.7%)。

保存并关闭这个文件，我们在下一章中还会用到它。

## 更多汇总技巧

在进入下一章之前，我们在这里再介绍一些用 Excel 汇总数据的技巧。请打开"2013_White_House_Staff.xlsx"这个文件（可从"http://www.whitehouse.gov/21stcenturygov/tools/salaries"这个地址下载）。按法律规定，美国总统的团队薪水需要每年向国会报告。这张表格包含了 460 名工作人员的信息，包括姓名、工作职位和薪水。我们将使用这个数据集进行一些简单的汇总统计工作。

打开文件后定位到文件最后：B463 单元格是"总计支付"（Total pay）；B464 是"平均支付"（Mean pay）；B465 是"薪水中位数"（Median pay）。接下来，对它们进行计算。

在 C463，我们输入计算公式"=SUM（C2：C461）"，它会计算上述单元格中数据的总和。同样，我们分别在 C464 和 C465 输入"=AVERAGE（C2：C461）"和"=MEDIAN（C2：C461）"，数据格式为无小数位的货币格式，你将看到上述结果分别出现在对应的单元格中。

| Total pay | $37,859,780 |
|---|---|
| Mean pay | $82,304 |
| Median pay | $70,000 |

注：进行汇总统计。
资料来源：Federal Bureau of Investigation.

我们由此得知，员工薪水的总数是 3 780 万美元，薪水平均值超过 82 000 美元，而中位数是 70 000 美元。后两者的值非常接近，由此我们推测员工薪水的分布比较平均，没有出现之前提到的棒球运动员薪水案例中的情况。

别忘了使用"另存为"（Save As）来备份我们的文件。

本章我们学习了用 Excel 来进行有意义的比较。而在下一章，我们将学习数据排序，并由此发现数据结构的特点。此外，我们还会学习筛选数据以及用数据透视表来进行分组和汇总。

## 个人练习

从本书网站上下载文件"comparison.xlsx",按三个表格中的指示进行练习。

# 第 10 章 用电子表格管理数据库

目前，我们已经能通过 Excel 对电子表格做一些常规的操作：数学计算和函数分析。单就从数据中获取信息这一目的来说，这些常规功能对我们的帮助已远远超出我们的预期了。我们的下一个目标是学习如何使用 Excel 进行简单的数据库管理。我们可以使用 Excel 对数据进行排序和筛选，这样我们就能发现数据中一些有价值的联系。我们可以使用 Excel 数据透视表功能将数据进行分类，然后对它们进行计算（计数、求和、求平均值）。

**排序**

我们能使用 Excel 对我们的数据进行多种方式的排序。我们可以将数字按从小到大的顺序进行排列，也可以将字母类数据按字母表顺序排列，这便是升序排列。在这种排列顺序下，负数因为其数值小于 0 且小于任意正数，总会被排到最前面。让我们打开表格"city_crime.xlsx"来练习如何排列数据。通过对这些原始数据进行排序，我们能回答以下问题，比如：哪座城市的财产犯罪数量增长最快？2012 年哪座城市的暴力犯罪率最低？2012 年哪座城市拥有最高的财产犯罪数量与暴力犯罪数量的比例？

排序在 Excel 中有时会比较棘手，因为你在排序之前首先需要挑选出哪些数据是需要进行排序的，这些数据应该包括顶部的数据但又要将表格底部的求和函数结果排除在外。如果你没能选中所有的目标数据，Excel 便只能针对选中了的数据进行排列而遗漏掉另外的数据。这是一个比较严重的问题，因为这会导致数据的不匹配［请注意：你可以使用键盘上的"Ctrl-Z"组合键或者"撤销"（Undo）键来撤销之前的错误操作］。

第10章　用电子表格管理数据库

选中需要排序的数据，我们便可以安心地进行计算练习了。在电脑上，我们使用光标选中任一含有数据的单元格，然后按下"Ctrl-Shift-8"就能将所有数据选中了。上下翻滚表格，正如我们所料，最大值和最小值还没有被挑选出来。Mac的使用者可以使用组合键"Command-A"达到上述目的。

接下来我们就可以准备对这些数据进行排序，来看一下2012年暴力犯罪率最低的城市是哪一座了。选中数据，点击"排序"（Sort）键。

注：Excel的排序键。
资料来源：Microsoft Excel for Windows 2013.

这样排序对话框就打开了，在对话框里我们可以对排序进行选择。在第9章，我们在首行为表格创建了标题栏，请确保右上角的"数据包含标题"的选项被勾选了。

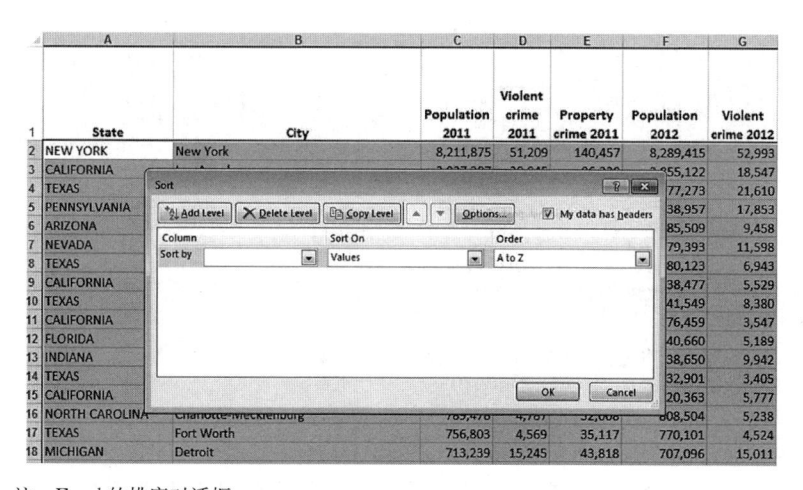

注：Excel的排序对话框。
资料来源：Microsoft Excel for Windows 2013.

在排序对话框中，主要关键词应该是"2012年每10万人中的暴力犯罪人数"（2012 VC per 100k），排序依据选择"数值"（Values），次序选择"升序"（Smallest to Largest），整个对话框的最终结果应如下图所示：

注：按"2012年每10万人中的暴力犯罪人数"列排序。
资料来源：Microsoft Excel for Windows 2013.

点击"确定"（OK）后排序结果便显示出来了。从T列的排序结果可以知道，圣何塞市（San Jose）以每10万人中有363.3人发生暴力犯罪成为暴力犯罪率最低的城市，而奥斯汀市（Austin）则以每10万人中有408.8人发生暴力犯罪成为暴力犯罪率倒数第二低的城市。

| | A | B | T | U |
|---|---|---|---|---|
| 1 | State | City | 2012 VC per 100k | 2012 PC per 100k |
| 2 | CALIFORNIA | San Jose | 363.3 | 2914.9 |
| 3 | TEXAS | Austin | 408.8 | 5219.3 |
| 4 | CALIFORNIA | San Diego | 413.1 | 2368.4 |
| 5 | TEXAS | El Paso | 423.2 | 2429.3 |
| 6 | CALIFORNIA | Los Angeles | 481.1 | 2269.1 |
| 7 | TEXAS | San Antonio | 503.1 | 5989.9 |
| 8 | OREGON | Portland | 517.2 | 5092.3 |
| 9 | CALIFORNIA | Fresno | 543.1 | 5086.3 |
| 10 | TEXAS | Fort Worth | 587.5 | 4222.0 |
| 11 | WASHINGTON | Seattle | 597.6 | 5093.8 |
| 12 | KENTUCKY | Louisville Metro | 598.8 | 4293.9 |

注：按"2012年每10万人中的暴力犯罪人数"列排序结果。
资料来源：Federal Bureau of Investigation.

133　　我们可以对这个表格重新进行排序来找出2012年总体犯罪率最高的城市。如果你的表格不能被选中，再试一次组合按键"Ctrl-Shift-8"，并再次确认右上角的"数据包含标题"的选项被勾选了。

　　在排序对话框中，主要关键词应该是"2012年每10万人中的暴力犯罪总数"（2012 Total crime per 100k），排序依据选择"数值"（Values），次序选择"降序"（Largest to Smallest），点击"确定"（OK）后可以从结果中看到孟菲斯（Memphis）以 8 063.1 的数量高居榜首，而底特律（Detroit）则以 7 915.0 的数量紧随其后。

|   | A | B | V |
|---|---|---|---|
| 1 | State | City | 2012 Total crime per 100k |
| 2 | TENNESSEE | Memphis | 8063.1 |
| 3 | MICHIGAN | Detroit | 7915.0 |
| 4 | OKLAHOMA | Oklahoma City | 6860.9 |
| 5 | INDIANA | Indianapolis | 6777.6 |
| 6 | TEXAS | San Antonio | 6493.0 |
| 7 | WISCONSIN | Milwaukee | 6337.6 |
| 8 | NEW MEXICO | Albuquerque | 6117.0 |
| 9 | MARYLAND | Baltimore | 6065.5 |

注：总犯罪数据降序排列结果。
资料来源：Federal Bureau of Investigation.

我们也能进行多列的排序。接下来我们以"州"（State）为第一关键词，以"城市"（City）为第二关键词进行排序。我们会看到最终的排列结果会以州名为关键词，按照字母表顺序进行排列。如果某个州有多个城市，那么在那个州的排序之下会以城市名为关键词，按照字母表顺序进行排列。

确保你要的数据都被选中之后点击"排序"键。主要关键词应该是"州"（State），排序依据选择"数值"（Values），次序选择"从 A 到 Z"（A to Z），再点击"添加条件"（Add Level）键，这样我们就能以城市名为关键条件进行次要条件排序了。次要关键词应该是"城市"（City），排序依据选择"数值"（Values），次序选择"从 A 到 Z"（A to Z）。

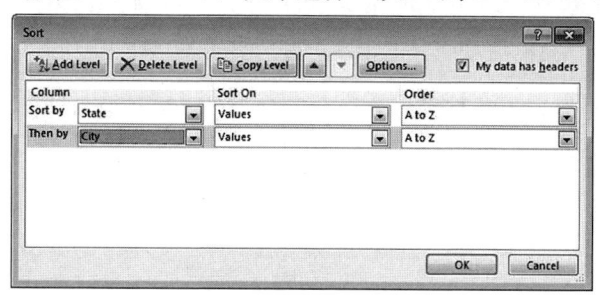

注：根据两列排序。
资料来源：Microsoft Excel for Windows 2013.

这样我们就得到了先以州名后以城市名，按字母表顺序进行排列的排列结果。我们注意到加利福尼亚州有多个城市，城市以字母排序，应该是弗雷斯诺排在最前，圣何塞排在最后。保存文件，这样这份以"州和城市名的顺序"为排列依据的文件就被保存下来了。最后关闭文件。

|   | A | B | C |
|---|---|---|---|
| 1 | State | City | Population 2011 |
| 2 | ARIZONA | Phoenix | 1,466, |
| 3 | CALIFORNIA | Fresno | 500, |
| 4 | CALIFORNIA | Los Angeles | 3,837, |
| 5 | CALIFORNIA | San Diego | 1,316, |
| 6 | CALIFORNIA | San Francisco | 814, |
| 7 | CALIFORNIA | San Jose | 957, |
| 8 | COLORADO | Denver | 610, |

注：根据州和城市名排序。
资料来源：Federal Bureau of Investigation.

## 筛选

另一个被植入 Excel 等电子表格中的重要功能是筛选。这个功能能让我们挑选出只符合某些特定要求的数据。我们以第 9 章提到的文件"2013_White_House_Staff.xlsx"作为练习对象。打开文件，我们可以看到在 B 列列出了联邦雇员的雇佣类型（Status）。名单中绝大部分是"Employee"，但其中有些人是"Detailee"，表明这些人是在"行政管理和预算管理办公室的交换和培训计划"（Office of Management and Budget's Regulatory Exchange and Training Program）之下，临时从联邦的其他机构选派到白宫的。然后我们要筛选出选派到白宫的流动雇员的记录，并只显示薪水在 10 万美元以上的结果。

首先，我们要把光标移到想要进行筛选的数据块中，选中"数据"选项卡，再点击漏斗状的"筛选"（Filter）键。

注：Excel 的筛选键。
资料来源：Microsoft Excel for Windows 2013.

下拉箭头就会出现在数据的每一列菜单上，它就是我们用来筛选数据的控制按钮。

| Name | Status | Salary | Pay Basis | Position Title |
|---|---|---|---|---|
| Aberger, Marie E. | Employee | $42000.00 | Per Annum | PRESS ASSISTANT |
| Abraham, Yohannes A. | Employee | $120000.00 | Per Annum | SPECIAL ASSISTANT TO THE PRESIDENT AND |
| Adler, Caroline E. | Employee | $75000.00 | Per Annum | DEPUTY COMMUNICATIONS DIRECTOR |
| Agnew, David P. | Employee | $153500.00 | Per Annum | DEPUTY ASSISTANT TO THE PRESIDENT AND |
| Aguilar, Rita C. | Employee | $90000.00 | Per Annum | SENIOR CONFIRMATIONS ADVISOR |

注：用于筛选的下拉箭头。
资料来源：The White House.

点击 B 列的下拉箭头并选择下拉列表中的"Detailee"，点击"确定"（OK）后出现的数据项就是那些临时选派到白宫的流动雇员的数据。

| | Name | Status |
|---|---|---|
| 19 | Baker, Lamar W. | Detailee |
| 30 | Berrigan, Elizabeth D. | Detailee |
| 39 | Brandt, Kate E. | Detailee |
| 51 | Calderon, Tovah R. | Detailee |
| 64 | Clark, Melanca D. | Detailee |
| 86 | Dawe, Christopher J. | Detailee |
| 106 | Elliott, Brandace N. | Detailee |
| 111 | Fazili, Sameera | Detailee |
| 114 | Ferrell, Taylor N. | Detailee |
| 119 | Flores, Andrea R. | Detailee |
| 149 | Gunja, Mushtaq Z. | Detailee |
| 186 | Johnson, Guy A. | Detailee |
| 224 | Lee, Marisa R. | Detailee |
| 230 | Leonard, Shelley D. | Detailee |
| 251 | Marquez, Laura R. | Detailee |
| 270 | McQuaid, Nicholas L. | Detailee |

注：根据雇佣状态筛选"Detailee"的数据。
资料来源：The White House.

| 314 | Parker, JaLynda L. | Detailee |
| 318 | Pearlman, Amanda J. | Detailee |

READY  28 OF 460 RECORDS FOUND

注：Excel 显示筛选结果的状态栏。
资料来源：The White House.

根据以下几个特征，说明我们得到的是筛选过的信息：首先，一个小的漏斗图标出现在你的 B1 状态栏上；其次，行号一栏变成了蓝色；再次，不包含在筛选结果内的行的序号消失了；最后，在下方状态栏的右侧有提示信息"28 out of 460 records found"，表示在 460 条记录中有 28 个结果。

现在，我们要继续筛选出流动雇员中薪水在 10 万美元以上的人。点击

"薪水"(Salary)一栏的下拉箭头，再选中"数字筛选"(Number Filters)下级菜单中的"大于或等于"(Greater Than Or Equal To)，会出现一个对话框。在对话框右侧栏中输入100 000（不要加入美元符号或者逗号），并点击"确定"(OK)。

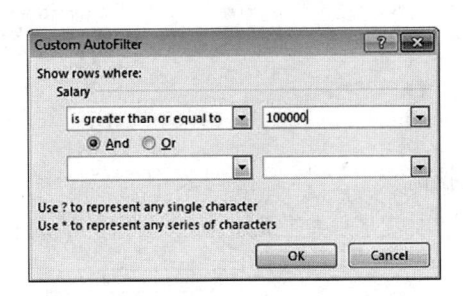

注：根据薪水100 000美元以上且雇佣类型为"detailee"筛选。
资料来源：Microsoft Excel for Windows 2013.

现在Excel显示有22个收入在10万美元以上的流动雇员。

注：筛选结果。
资料来源：The White House.

137　我们还能筛选更多列的数据，甚至还能针对一定范围内的工资数字或文本信息内的部分字段进行筛选操作。

在 Excel 中所有筛选操作的结果都是一个临时视图。如果我们想要创建一个永久副本，就需要复制筛选出的内容并粘贴到一个新的工作表中。

复制筛选内容的操作是，先左键单击选中第一行的序号 1，然后按住左键向下拖行到序号 443 后放开左键，然后在已选中区域中的任意位置单击右键，选择"复制"（Copy）按钮。成功后，你会看到虚线边框环绕在数据块周围。

注：选择"筛选"后的记录。
资料来源：The White House.

创建新工作表，点击在下方的"当前工作表"栏旁的"创建新工作表"按钮即可。然后在新工作表的 A1 区域使用"粘贴"（Paste）功能，就成功创建了筛选结果的永久副本。现在，那些临时选派的流动雇员的数据信息就在我们的新工作表中了，你可以加大部分列的宽度来保证所有的数据直接可见。

储存并且关闭这个新工作表。

注：将筛选结果粘贴到新的表格中。
资料来源：The White House.

## 138 分组和汇总

在第 6 章中，我们使用 Excel 的数据透视表功能进行了一个简单的完整性检验，这让我们更好地理解了每个数据栏中的值的意义。现在，我们可以使用数据透视表来回答数据里诸如"How much"和"How many"的不同类别的问题。例如，我们可以使用数据透视表来确定白宫职员中是流动雇员还是稳定雇员的收入在平均水平之上。

现在我们要利用数据透视表来解决一些关于甲基苯丙胺（俗称冰毒）样本的问题，这些样本来自 2007 年全球的执法机构，并在之后由美国缉毒局测试。在本书网站上下载 Excel 文件"stride_meth.xlsx"，我从 DEA 网站"http：//www.justice.gov/dea/resource-center/stride-data.shtml"上获得了原始电子数据表，并为这个练习作了一些修改。DEA 从它的系统内提取了一部分数据来重新检索出关于"Drug Evidence II"的信息，这是一个用来监控禁毒执法行动趋势（新的毒品成分申请）的信息系统（Drug Enforcement Administration，n. d. a）。DEA 延迟发布了数据，因为它不想对现在的调查造成不利影响（Drug Enforcement Administration，n. d. b）。

打开电子数据表格可以发现包括排头栏在内共有 6 300 行。列包括这些药品被缴获的国家或地区、当地执法机构如何缴获这些药品、药品的名字、从 1 到 100 的含量百分比以及这些药品被缴获的具体日期。我们将利用数据透视表功能来确定交给 DEA 的数据中哪个国家或地区破获毒品交易的数量最多，缴获的毒品最多以及哪里的毒品纯度最高。

向新工作表区插入一个数据透视表，选中"国家/地区"（State/Country）到行字段区域，国家或地区的对应缩写会按字母顺序显示出来。在值域中选择"国家/地区"（State/Country），Excel 就会统计出每一个国家或地区在数据记录中出现的次数。代表阿拉斯加的"AK"出现次数最多，达 19 次。

为了把数量最多的国家或地区排在最上面，选中任意一个有数字的小框，然后右键点击，选择排序菜单下属的降序选项。此时加利福尼亚州（CA）在表单的排头，统计值为 1 385，随后是得克萨斯州（TX），统计值为 580。这两个地区在人口总数上也是第一和第二，所以它们在名单前列非常正常。如果我们要按具体情况来分析的话，我们需要按照各地区的人口数量来计算发生比率。

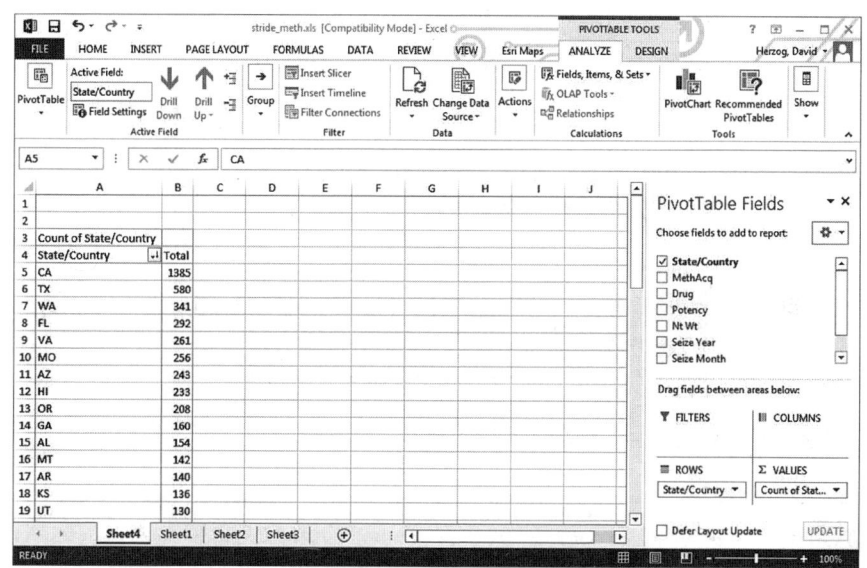

注：用数据透视表给数据分组并归纳。
资料来源：Drug Enforcement Administration.

点击"文件"（File）菜单下属的"另存为"（Save As），另存表格。再返回工作表 1（Sheet 1）来创建第二个数据透视表，选中"国家/地区"（State/Country）到行字段区域，并选中"纯度"（Potency）一栏到值域。Excel 会自动对纯度值求和，但这个值没有什么用处，因为有着更多测试结果的地区可能会有更高的和值。我们需要计算平均值来比较每个国家或地区的毒品的纯度。选择"求和"（Sum）右边的下拉箭头，然后选择"平均值"（Average）选项。

将数值降序排列，从而看到哪个国家或地区有最高的毒品纯度。结果显示，澳大利亚（AS）以 85％ 排名第一，紧接着是马里亚纳群岛的塞班岛（TT），浓度超过了 80％，然后是马萨诸塞以 76％ 排名第三。

为了避免某一次缴获的高纯度毒品拉高纯度统计的平均值，我们需要将毒品缴获次数的计数也列出来。将"State/Territory"的计数结果添加到透视表区域，保存文件。

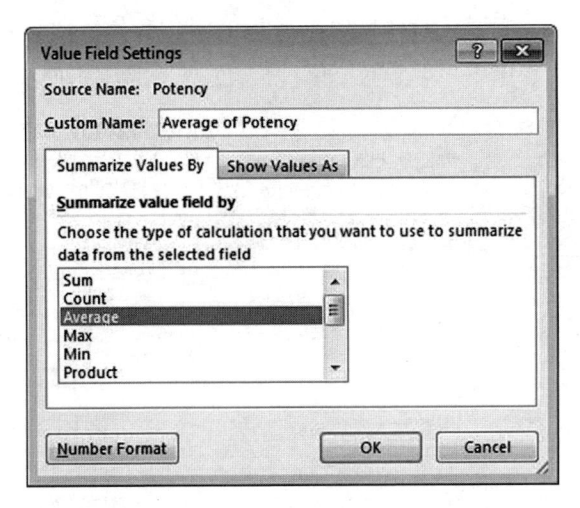

注：值字段设置对话框。
资料来源：Microsoft Excel for Windows 2013.

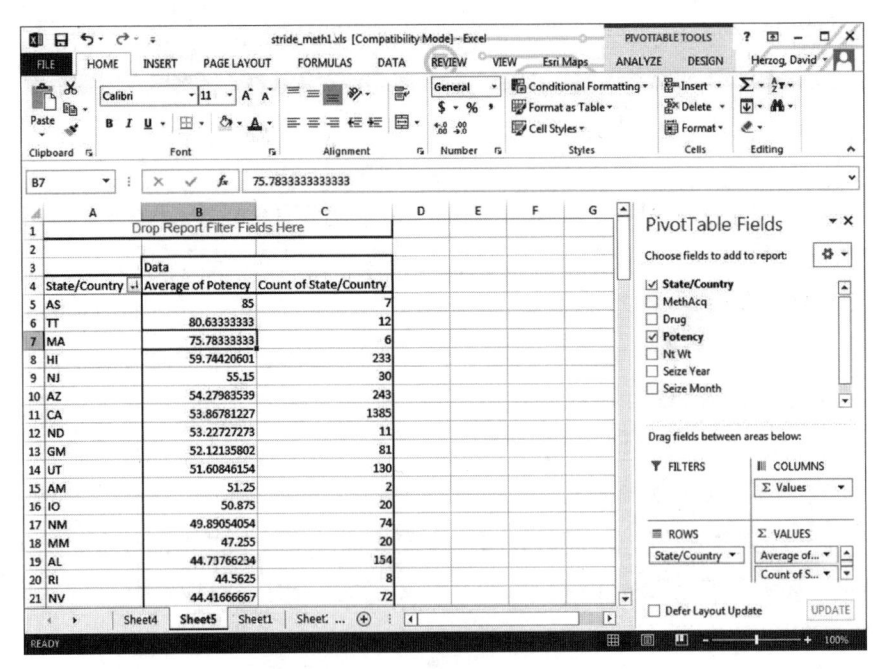

注：不同地区缴获毒品纯度和缴获次数的数据透视表。
资料来源：Drug Enforcement Administration.

最后，我们希望统计哪一个州缴获并上交给美国缉毒局的毒品最多。
回到工作表1，再创建一个数据透视表，将"国家/地区"（State/Country）

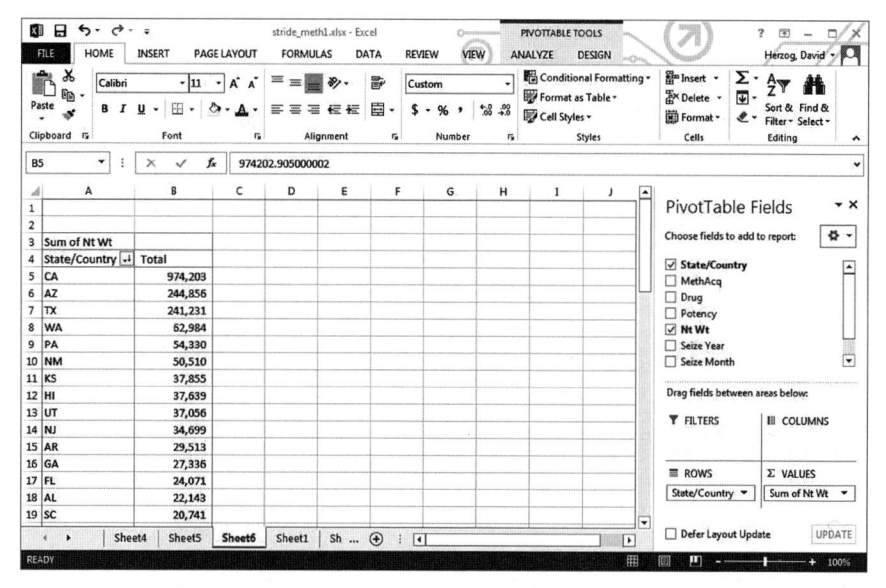

注：不同地区缴获毒品的数量。
资料来源：Drug Enforcement Administration.

放到透视表的行字段，"Nt Wt"放到值域。Excel 会统计每个州缴获毒品的数量。将获得的结果按数量降序排列，我们发现加利福尼亚州（CA）缴获的毒品最多，总计达到 974 203 磅。

结束工作后仍然别忘了保存再关闭文件。

本章我们学习了如何用 Excel 排序、筛选数据，用数据透视表创建数据分组和汇总。有经验的数据工作者会用 Access 和 MySQL 完成这些工作，不过大部分功能我们同样可以用 Excel 实现。

以上就是"分析数据"这部分的内容了。在这一部分中，我们认识到数据的意义是需要将其放在特定的比较环境中才能产生的。在此基础上，我们学习了如何比较不同的数据。此外，我们还学习了如何通过计算呈现数量变化、百分比变化、总体百分比、比例、比率和平均值（平均数、中位数、众数）。

下一部分我们将学习数据可视化。数据可视化能帮助我们理解数据的特点，也能更好地将数据信息传递给其他人。

**个人练习**

　　使用"stride_meth.xlsx"这个文件，筛选数据并使用数据透视表回答加利福尼亚州的下列各项情况：（1）在哪一个月份美国缉毒局缴获毒品的次数最多？（2）在哪一个月份缉毒局缴获毒品的数量最多？（3）在哪一个月份缉毒局缴获毒品的纯度最高？

# 第5部分
# 数据可视化

# 第 11 章 将你的数据可视化

网络工具等技术手段的发展让展示和分享数据变得越来越容易,同时这些技术手段也促进了近年来数据可视化的流行。其实,数据可视化作为一种理解数据模型和传递数据信息的手段由来已久。这部分我们将学习数据可视化的基础知识,并介绍一些数据可视化操作中被实践广泛证明的重要原则,以及如何选取恰当的数据可视化表达方式。此外,这部分我们将分别学习如何用 Excel 和谷歌的在线工具生成图表。在这一章的第一部分,我们先来学习一些关于数据可视化的基础知识。

## 数据可视化的定义

**数据可视化**(visualization),简而言之就是利用数据创建图表。想要可视化一个小的数据集是非常容易的事情。在此基础上,真正的数据科学家通过使用各种手段,能够可视化 TB 级的、非常复杂的数据(也就是"大数据"),例如来自 Twitter 和 Facebook 的社交网络数据。这样的分析能够帮助我们更好地理解灾难、重大新闻事件中的信息流动。

数据可视化能够简要地揭示数据的特点。很多时候分析人员需要将他们的数据可视化,以更好地理解数据特点。因为通常来说,直接观察表格中的数据是很难获得其隐藏的信息的。此外,分析人员为了从不同角度理解数据,或者知悉数据的不同子集的特点,也需要创建相应的可视化图表。这种使用不同图表来理解数据的分析思路被称为"**探索性数据分析**"(exploratory data analysis),它由统计学家约翰·图基提出(Tukey,1977)。专门的统计软件,例如 SPSS、JMP、MATLAB 和 R 语言都有这样的功能。我们主要使用的 Excel 也能实现类似的功能，只是操作可能稍微麻烦一点。

为了向特定的观众传达信息，我们可以使用**信息图**（information graphic），这是一种体现数据可视化美感的表达方式。通常我们使用像 Illustrator 这样专门的图像设计软件来制作信息图，此外，也可以使用 Tableau 这样的交互可视化软件。如何制作漂亮的信息图不是本书讨论的内容，不过我建议在这方面有兴趣的读者阅读艾伯托·凯罗（Alberto Cairo）的《信息图表艺术》（*The Functional Art*）（2013），以及内森·邱（Nathan Yau）的《一切皆可可视化》（*Visualize This*）（2011），或者爱德华·塔夫特（Edward Tufte）的书籍（1983，2006）。

不管是为了自己的相关分析还是向别人传达信息而进行可视化，其本质都是通过图像来强调内容和帮助叙事。

上述凯罗的书籍表达了这样的观点："当人们看到图像、表格和地图时，他们不仅在看，更是在阅读和审视其中的信息。所以对于信息图来说，首要目标不是多么好看，而是能让读者理解，美感是在其后考虑的问题。或者说当信息图传递的信息足够准确易读的时候，美感自然就产生了。"

信息图设计大师塔夫特的核心理念就是"图表揭示数据"（1983，13）。很多设计者也深受他的理念的影响，强调图表传递信息的简约性。塔夫特在 1983 年提出了他判断绘图是否足够优秀的理论，包括以下一些方面：

> 准确展现数据；
> 
> 引发读图者思考图像的内容，而不是绘图方式、图像涉及或者出图的技术等幕后的东西；
> 
> 避免扭曲数据信息；
> 
> 将数字集中在一个小区域；
> 
> 大数据集的信息也要条理清晰地呈现；
> 
> 激发读者将之和不同的数据比较；
> 
> 从不同层面揭示数据细节，从简要的内容到工整的结构；
> 
> 信息图的用途清晰，不管是描述、探索、展示图表还是修饰数据；
> 
> 数据集的统计和变量描述须保持一致（Tufte，1983）。①

---

① Edward R. Tufte，Graphics Press Cheshire，CT. 授权转载。

## 创建图表的指南

以下是一些既适用于个人，又适用于向他人传播的创建可视化的指南。

给图表起一个恰当的标题。用几个简要的词描述你所展示的内容和时间范围（例：2000—2012 各州失业率）。

标注图表中的各项元素。包括横、纵轴各自的意义，说明图表中其他元素的意义。

指明图表信源。标注信源可以提醒你数据的来源。当这幅可视化作品需要给别人看时，也必须标明信源供他人审阅。

给数据足够的上下文语境。例如，仅仅展示 3 年的失业率会掩盖早年间失业率已经在上升的事实。

请看下面这个用 Excel 制作的图表。图表数据来自圣路易斯联邦储备银行（St. Louis Federal Reserve Bank）的 FRED 服务，展示了美国 2000 到 2013 年间的 GDP 变化情况。GDP 是衡量经济增长情况的重要指标，其定义包括"美国范围内，由劳动力制造或财产投资方式产出的货物或者服务"（Bureau of Economic Analysis, 2014）。美国商务部（Department of Commerce）的经济统计局（Department of Commerce）会在每季度发布 GDP 数据。下图很明显地展示了 2007 年起全球金融危机给美国造成了 GDP 的下滑。

请注意下图的标题是"以实际货币为单位的美国 2000—2013 年 GDP 季度变化"[①]。它向读者指明了上述数据是按季度记录的，时间跨度为 2000—2013 年，并以实际货币为单位。使用实际货币可以规避通胀对 GDP 带来的影响。

信源标注在图片下方，读者可以由此知道是经济统计局发布的数据。此外，这里还提供了信源的链接，可以供读者查看。

下图的纵轴标明了其计量单位是百分比变化，范围为±2.5%。

而横轴则是统计日期，每一个标签代表了该季度的第一天（Federal Reserve Bank of St. Louis, n. d.）。下图的时间跨度超过了 10 年，足够向我们展示这些年来 GDP 的变化趋势。

在学习了创建数据可视化的一些通用规则后，我们接下来将学习各类数据适合用哪种图表展示。

---

[①] 实际是每五个月统计一次。——译者注

147

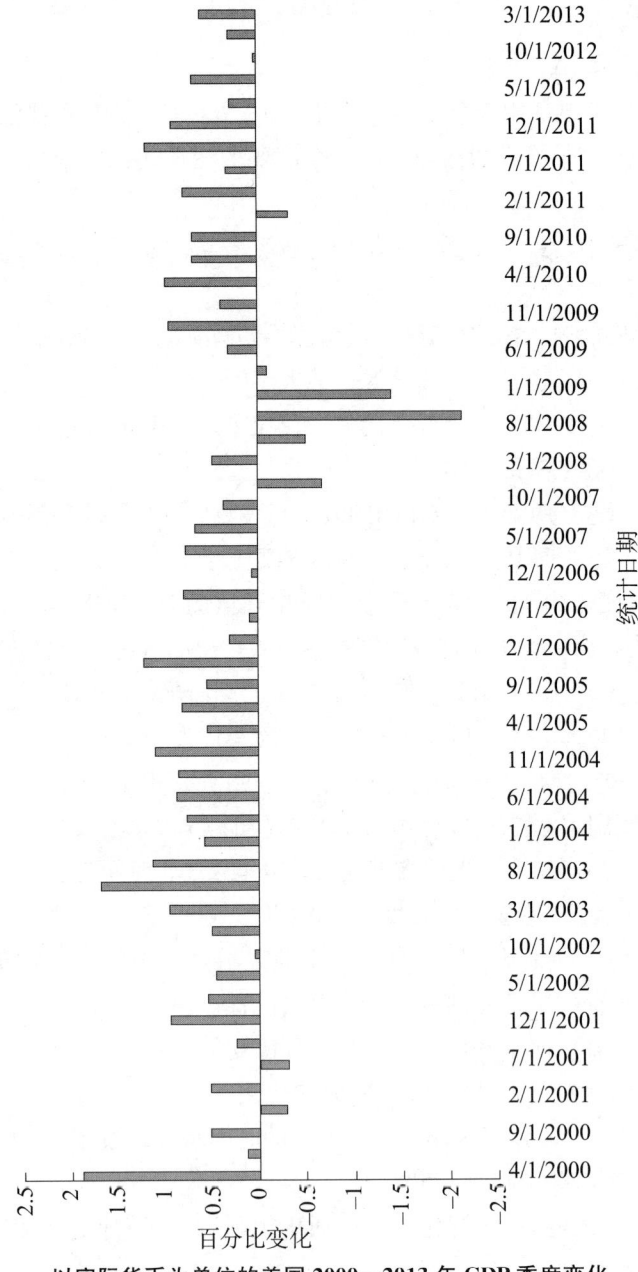

以实际货币为单位的美国 2000—2013 年 GDP 季度变化

注：Excel 柱状图。

资料来源：Department of Commerce，Retrieved from http://research.stlouisfed.org/fred2/graph/? id=GDPC1.

# 第 12 章　选择图表

用图表将数据可视化时，选用正确的图表类型是很重要的一项工作。Excel 软件给了我们十余种选项，包括简单饼状图以及迷你图里的各种样式。因此，一个问题随之而来：我们应该选择哪种图表？换言之，哪种图表是最适合且最利于演示交流的？问题的答案取决于你想要可视化的数据究竟属于何种类型。接下来将向你介绍不同类型的数据应匹配何种图表，以达到最适宜的展示效果。

**用图表将数据可视化**

**饼状图**（pie charts）是最适合用来展现整体的构成比例关系的工具图。这一类图表的演示效果与用电子表格计算总体百分比相当。如果你所使用的分类项限定了数量的话，饼状图能让人们很容易了解每一部分的比例大小。例如，下面这张饼状图来自一篇关于美国消费者金融保护局的报道，这张图显示出该局所收到的投诉将近一半涉及抵押贷款，占比高达48%。关于信用卡的投诉，是该局收到投诉的第二大类别，占到了投诉总量的21%。由助学贷款引发的投诉只占很小的一部分，约3%（Consumer Financial Protection Bureau, n. d. a）。

同样，这张源自一篇联邦支出报道的饼状图告诉了我们许多有关美国政府在2012财年的财政支出信息。大概有三分之二（66%）的财政支出来自社会保障总署、卫生和公众服务部以及国防部。（Financial Management Service, 2013）

饼状图的使用在最近也发现了一些问题，因为这类图表有时很难清楚

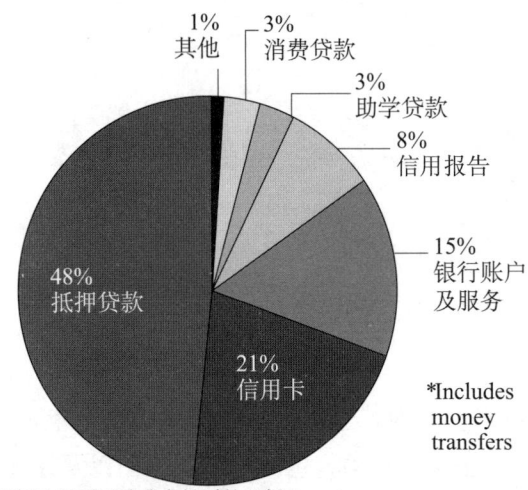

注：饼状图很好地显示了消费者投诉的比例。

资料来源：A snapshot of complaints received. (n. d.). Consumer Financial Protection Bureau. Retrieved July 11, 2013, from http：//www.consumerfinance.gov/reports/a-snapshot-of-complaints-received-3/.

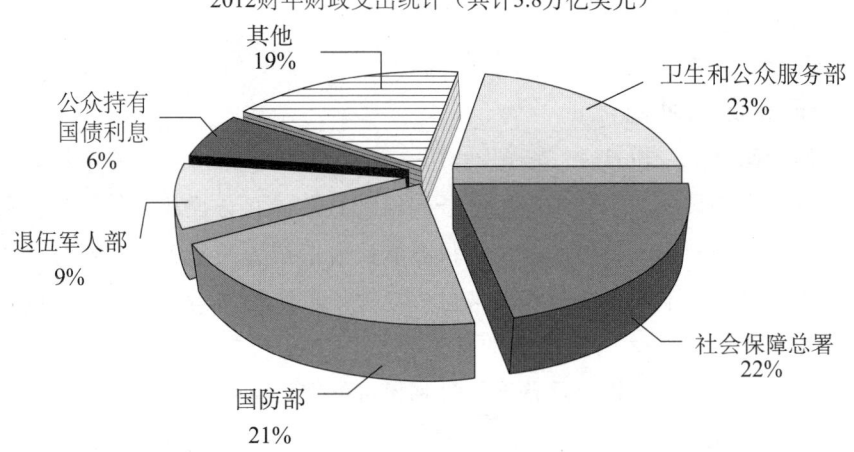

注：3D饼状图。请注意图表前部的国防部数据比后方的卫生和公众服务部数据少2%，但是从视觉上看着更大。

资料来源：Current report：Combined Statement of Receipts, Outlays and Balances. Financial Management Service. (n. d.) Web. Retrieved from http：//www.fiscal.treasury.gov/fsreports/rpt/combStmt/cs2012/outlay.pdf.

明晰地展现数据资料（Hickey，2013）。希基（Hickey）建议说，要尽量避免创建 3D 型的饼状图（如上图所示），因为这种图会产生误导性结果，使得一些饼块看起来比它实际上应呈现的更大。

如果你需要展示不连续的**时间序列数据**（time-series data），**柱状图**（column charts）是一种用于展示时间变化的理想图表。不连续的时间序列数据可用于报道涉及时间间隔的内容。可举的例子包括第 11 章的各季度 GDP 数据的可视化展示、每月失业率的数值以及每 4 年的大学学费成本。

我们同样可以创建堆叠垂直柱状图去展示随着时间变化的占比关系。例如，下面这张可视化图表不仅仅体现出在全日制学位授予机构就读的人数在增长，更反映了接受高等教育的女性人数在不断上升。

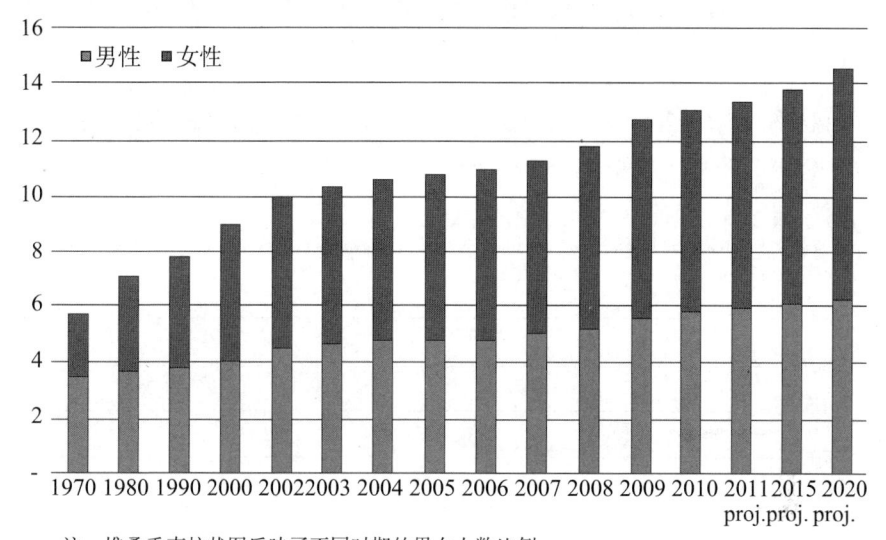

注：堆叠垂直柱状图反映了不同时期的男女人数比例。
资料来源：National Center for Education Statistics，Department of Education，Retrieved from http：//nces. ed. gov/programs/digest/d11/tables/dt1.

簇状柱状图可以将不同的并排类别并列在一起，有助于我们分析、比较各类别随着时间产生的变化。簇状柱状图可以为我们了解数据提供一种不同的角度。下面这张图就很好地反映了女性和男性学生人数差距的扩大。

当我们要展示连续性的时间序列数据时，**折线图**（line charts）是非常不错的选择。连续性的数据通常用于报道持续发生的进程或状况，比如室外温度。因为线状的使用更适合于不间断的现象。下面所举的这张折线图中，仅一条线就表现出了美国国家气象服务中心（National Weather Service）记录的 2013 年 9 月 1 日宾夕法尼亚州匹兹堡市每小时的温度。

假如我们为了增加一些背景内容或者相关的对比情况而要使用多种数据

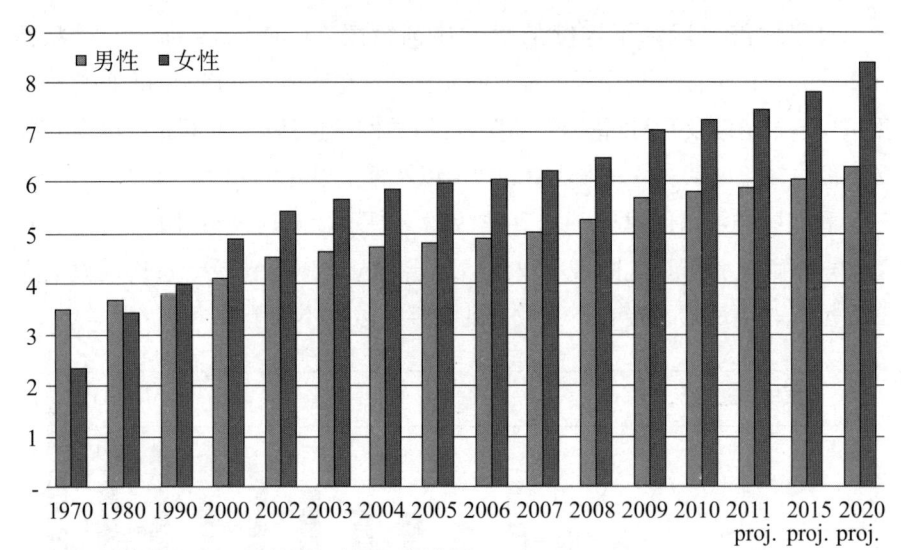

注：簇状柱状图可以比较同一时期的不同数据。
资料来源：National Center for Education Statistics, Department of Education, Retrieved from http://nces.ed.gov/programs/digest/d11/tables/dt1.

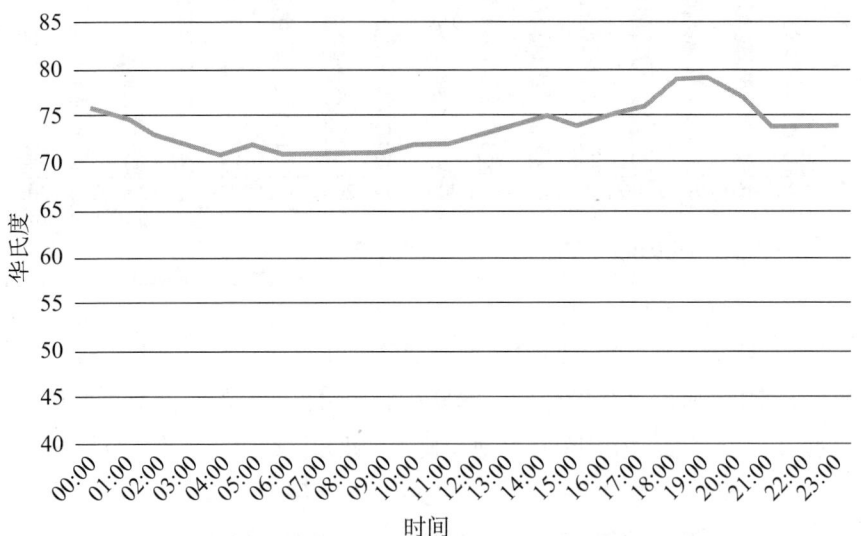

注：表现温度读数等时间序列数据变化的折线图。
资料来源：National Weather Service, Retrieved from http://www.erh.noaa.gov/pbz/hourlyclimate.htm.

元素时，我们可以在这张折线图中加上另一条线。在下面的折线图中，增加了匹兹堡市每小时的相对湿度数据。这组湿度数据与温度数据一起被记录在

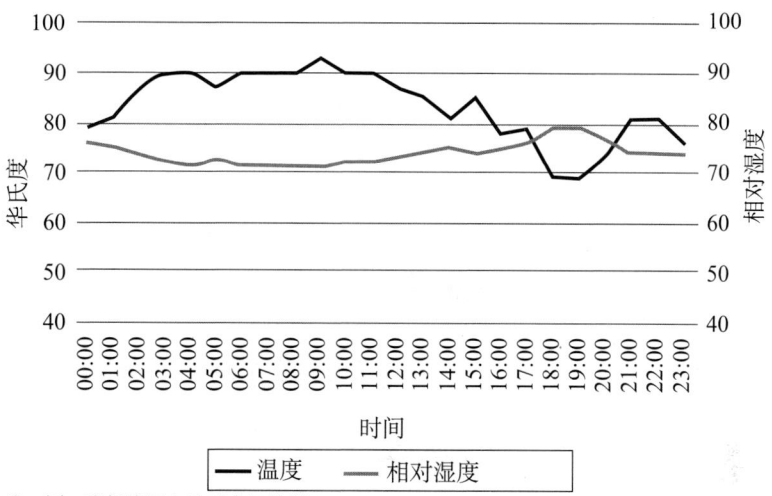

注：同一张折线图上显示多组数据。

资料来源：National Weather Service. Retrieved from http：//www.erh.noaa.gov/pbz/hourly-climate.htm.

了同一刻度中。

如果希望数据被分为几类，我们可以选择**条形图**（bar charts）。例如，这个条形图向我们展示了美国 2009—2010 年高等教育学位授予的数量。这个图之所以一目了然是因为只有少数的分类。如果有大量的分类，或许理解上会有一些问题。

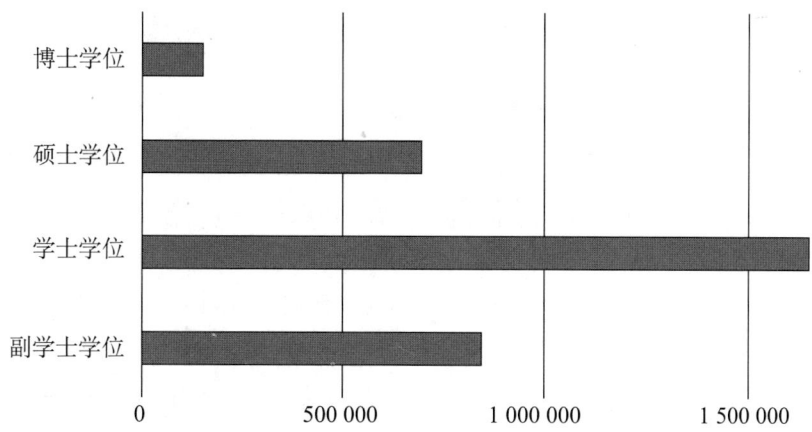

注：用横向条形图显示不同的数据类别。

资料来源：National Center for Education Statistics，Department of Education. Retrieved from http：//nces.ed.gov/programs/digest/d11/tables/dt11_283.asp? referrer=report.

正如我们之前所做的垂直柱状图，可以用堆叠的部分来表示比例。下面的第一个图不仅展示了获得学位的总人数，还展示了男性和女性各自获得学位数量的比例。我们也可以用簇状条形图来比较男性和女性获得的学位数量。

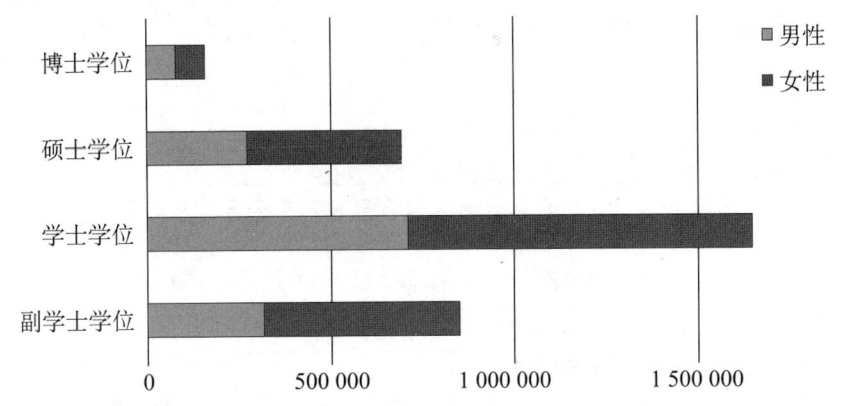

注：用堆叠条形图显示比例。
资料来源：National Center for Education Statistics，Department of Education. Retrieved from http：//nces. ed. gov/programs/digest/d11/tables/dt11 _ 283. asp? referrer=report.

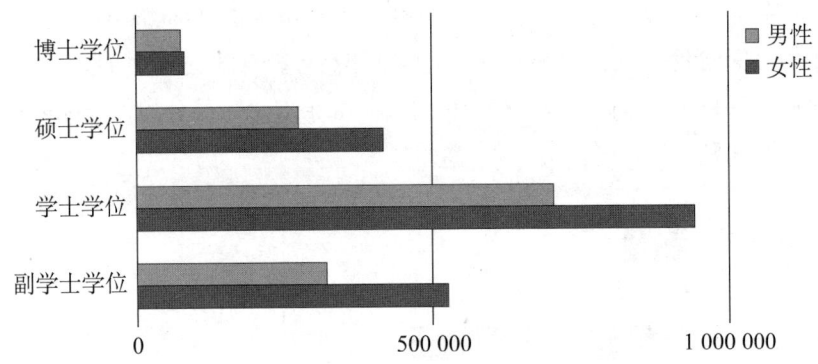

注：用簇状条形图对比不同类别的数量。
资料来源：National Center for Education Statistics，Department of Education. Retrieved from http：//nces. ed. gov/programs/digest/d11/tables/dt11 _ 283. asp? referrer=report.

154 　　**散点图**（scatterplots）帮助我们知道两个数据变量间是否有联系。例如，我们可以通过绘制新生 SAT 或 ACT 的分数和平均绩点分数的图，来观察标准考试的较高分数和学生表现是否存在一定联系。下面引用的第 9 章犯罪率散点图显示了财产犯罪（横坐标）和暴力犯罪（纵坐标）的关系。总的来说，我们发现随着财产犯罪数量的增加，暴力犯罪的数量也随之上升。这个图有一条**趋势线**（trend line），表示数据的中心趋势。任何高于这条趋势线的点表示这个城市的暴力犯罪数量高于预期。Excel 利用**线性回归**（linear regression）的计算方法来判断这条趋势线的位置。

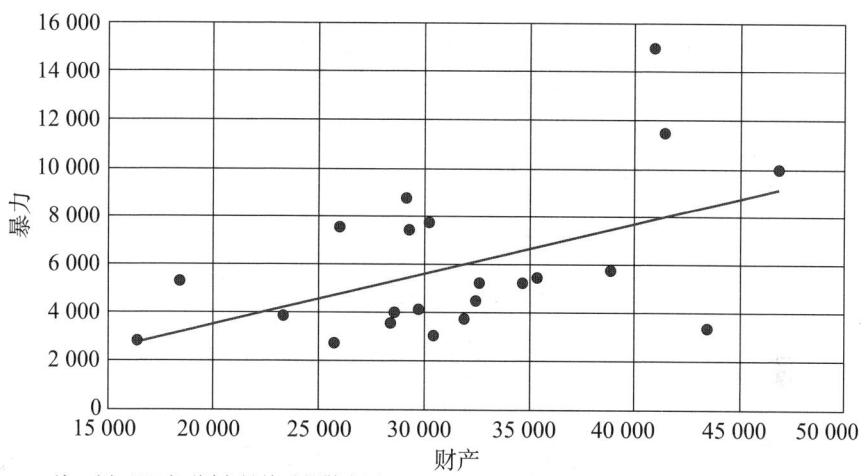

注：用于显示不同变量关系的散点图。

资料来源：Federal Bureau of Investigation. Retrieved from http：//www.fbi.gov/about-us/cjis/ucr/ucr-publications♯Crime.

**股价图**（stock charts），也叫作箱线图（boxplots），可以用来显示股票随着时间变化的表现。大多数时间，我们将股票价格视为线形图，但是股价图可以比简单的线形图提供更多细节。这里，我们用中心的图表示每月谷歌的股票开盘和收盘时的价格，用外边线表示最高价和最低价。

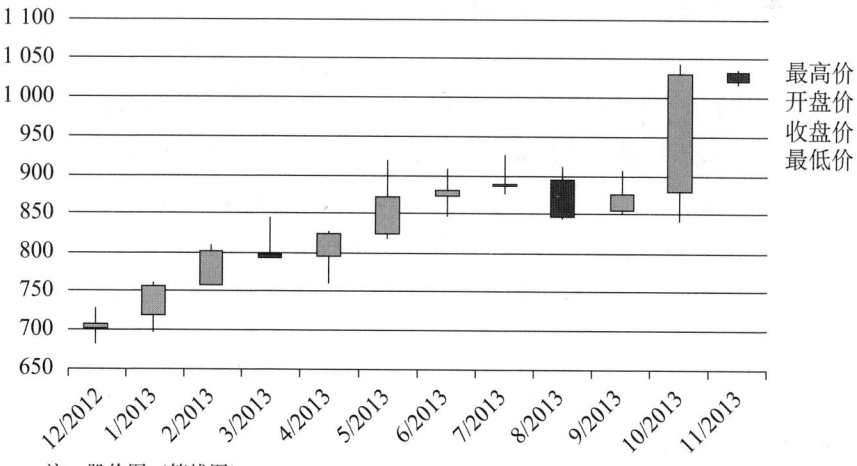

注：股价图（箱线图）。

资料来源：Yahoo Finance. Retrieved from http：//finance.yahoo.com/q/hp？s＝GOOG&a＝07&b＝19&c＝2004&d＝10&e＝6&f＝2013&g＝m&z＝66&y＝66.

**迷你折线图**（sparklines）是一种"醒目的，简单的，文字般大小的图"（Tufte，2006，47），在 Excel 中是一种相对较新的图表选择。迷你折线图被放置于单独的单元格中并替代了数字或文字。在 Excel 中，我们可以创造折线、柱形和盈亏迷你图。下面的迷你图显示了按不同受教育程度分类的男性和女性在1995—2011年间收入的中位数的变化情况。迷你图是帮助比较大量数据组的有力工具。

| | |
|---|---|
| Male, all education levels ........ | ～ |
| Less than high school completion | ～ |
| High school completion\3\ ....... | ～ |
| Some college, no degree ........ | ～ |
| Associate's degree ........... | ～ |
| Bachelor's or higher degree ..... | ～ |
| Bachelor's degree ............ | ～ |
| Master's or higher degree ..... | ～ |
| Female, all education levels ...... | ～ |
| Less than high school completion | ～ |
| High school completion\3\ ....... | ～ |
| Some college, no degree ........ | ～ |
| Associate's degree ........... | ～ |
| Bachelor's or higher degree ..... | ～ |
| Bachelor's degree ............ | ～ |
| Master's or higher degree ..... | ～ |

注：放置在单元格中的迷你折线图。
资料来源：National Center for Education Statistics，Department of Education.

最后，地图通常是展示**地理数据**（geographic data）的最好方式。读者可以定位自己同时知道自己附近发生了什么。话说回来，Excel 不能创造地图，但是我们可以运用插件程序完成。我们可以运用例如 ArcGIS 或者 Quantum GIS 等**地理信息系统**（geographic information system）来创造数据地图。亦或者我们可以用在线的程序，比如 Google Fusion Tables。这个 Fusion Table 地图显示了密苏里的哥伦比亚警察局针对扰民派对（nuisance parties）的报告所提供的住所地址。大多数点集中在有大量学生居住的地区。

现在我们知道了哪些图表最适合我们要展示的数据，我们会在下一章开始学习怎么在 Excel 中构建这些图表。

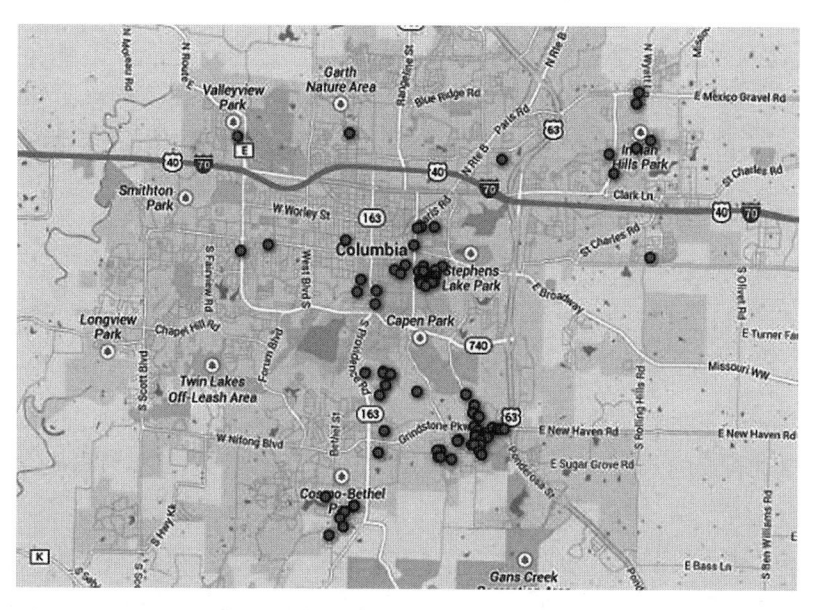

注：Google Fusion Tables 制作的地图。
资料来源：Google maps；City of Columbia，Missouri.

## 个人练习

找到三张打印的或网上的图表。针对每张图表写一些评论：对你来说这些图表是否易懂？这些图表是表现这些数据的最佳选择吗？为什么是或为什么不是？这些图表有必要的元素吗？同时确保你提供了每个图表的复印件或链接地址。

# 第13章 用EXCEL制作图表

现在，我们将要学习如何用Excel来制作第12章提到的图表。从网站上下载与本书配套的"charting.xlsx"文件并打开它。可以看到，这个Excel文件共包含了七个已命名的工作表。第一个工作表的名称是"学位授予"（degree conferred），和其他工作表一样，该工作表中的数据都经过了整理和格式化，所以用它们制作图表很容易。通常，我们想要用来制作图表的数据被储存在不相邻的行或列中，这对我们选择需要的数据造成了困难。在这里提醒各位读者，我们在每个工作表底部标注了这些数据的来源，并且附带链接地址以便读者下载。

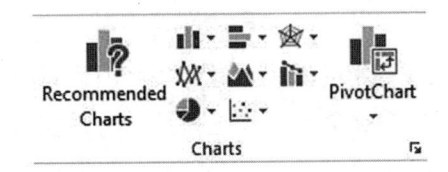

注：Excel图表类型选择。
资料来源：Microsoft Excel for Windows 2013.

## 饼状图

我们将运用美国国家教育统计中心的数据制作一张饼状图，以展现2009—2010年间学位授予比例。表格的前两行包含了我们制作饼状图所需的数据，第一行为学位分类，第二行为各学位分类的数量。

选中从A1到E2的单元格。然后选择"插入"（Insert）菜单并点击向下箭头，显示所有饼状图。

选择"2D饼状图"（2-D Pie），Excel就会创建如下图所示的饼状图。

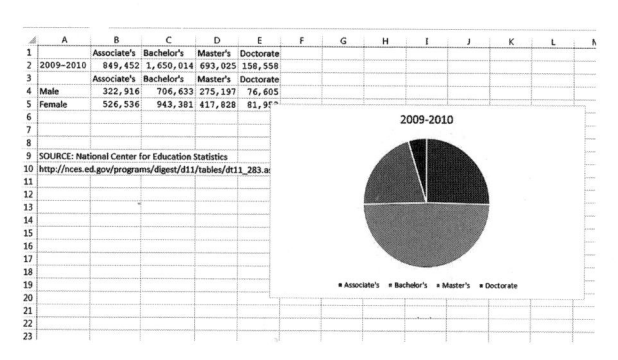

注：生成饼状图。
资料来源：National Center for Education Statistics，Department of Education.

这个图还没有非常清楚地表明它的含义，所以我们还要加入一些元素以帮助读者理解它的含义。双击顶部的图表标题可以进行标题编辑，我们将标题改为"2009—2010年大学学位授予情况"。图例在图标底部，图例中的不同颜色代表对应的学位授予情况。我们将其移动到饼状图右边，并且通过点击图例来改变大小、移动位置。

最后，我们要在饼状图底部添加信息来源，使得我们可以追寻引用的地方并提供数据的链接地址。点击"页面布局"然后在左边寻找"插入图形"（Insert Shapes）工具。选择"文本框"（Text Box）工具然后在第一行输入信息来源，在第二行输入链接地址。如果没有足够的输入信息来源的空间，则需要调整饼状图的大小。

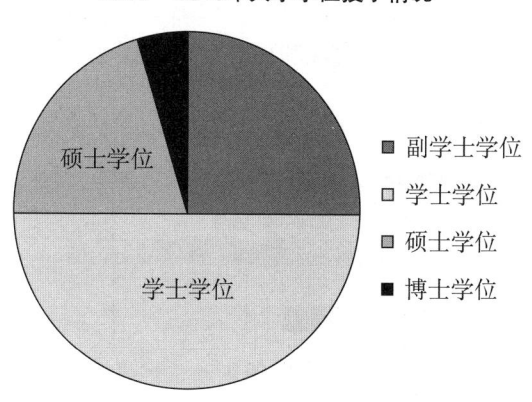

注：带有标题、图例和信息来源的饼状图。
资料来源：National Center for Education Statistics，Department of Education.

查看这张图我们可以发现,近一半的学位授予为学士学位;副学士学位占到学位授予的四分之一;硕士和博士学位共占剩余的四分之一。完成这些工作后,我们另存这个文件以创建文件副本。

### 横向条形图

如果我们想要比较各个学位类别,也可以用横向条形图。再一次选中 A1 到 E2 单元格,选择"插入条形图"(Insert Bar Chart),然后选择"2D 条形图"(2-D Bar)。Excel 会生成这个图。我们可以通过改变图表的标题、增加信息来源来编辑图表。Excel 已经在横坐标自动选择 500 000 作为学位数量的增量。

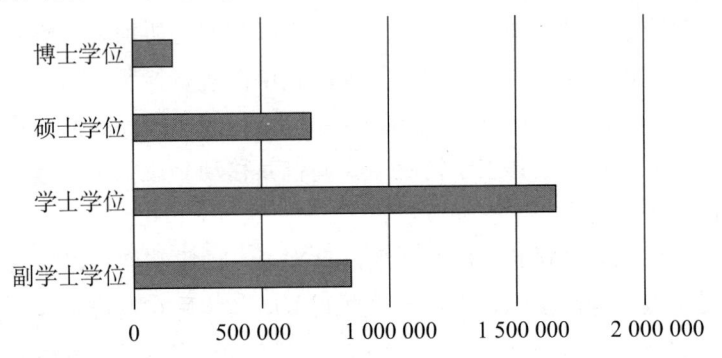

注:横向条形图。
资料来源:National Center for Education Statistics, Department of Education.

下图是按性别划分的学位授予信息。选中 A4 到 E6 单元格。插入一个横向条形图然后选择"堆叠"(Stacked)。这样将会得到包含四个横条的、与上图相似的图表,同时呈现女性和男性的学位授予情况。

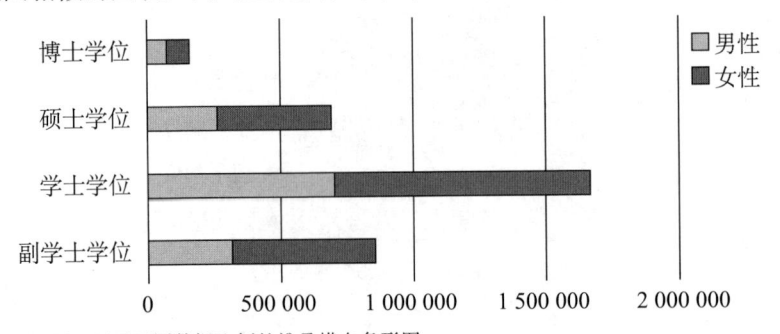

注:用于显示不同数据比例的堆叠横向条形图。
资料来源:National Center for Education Statistics, Department of Education.

正如我们在第 12 章中见到的，簇状条形图更易展现事物之间的不同。下面我们就来制作簇状条形图。我们不用重新开始制作，只需要在已有图形区域点击右键，然后选择"改变图表类别"（Change Chart Type），在出现的工具栏中选择"簇状条形图"（Clustered Bar），Excel 将生成这个图。这个图让我们更容易发现不同性别之间学位授予情况的不同。

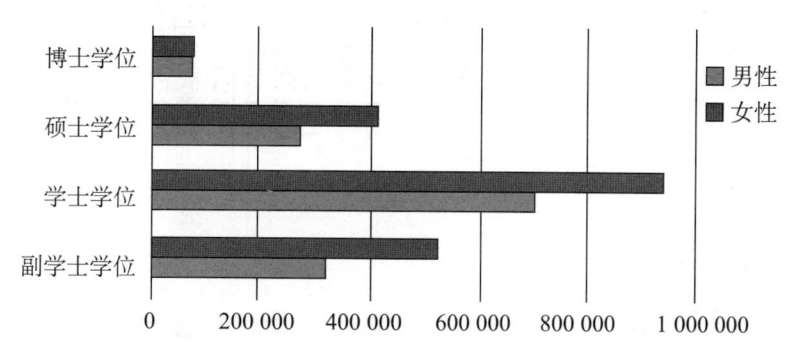

注：用于比较不同类别数据的簇状条形图。
资料来源：National Center for Education Statistics，Department of Education.

## 柱状图和折线图

我们已经学会制作展现不同类别数据在某一时间点的图表，现在我们将要学习如何制作基于一串时间数据的图表。制作这种图表时，我们有两种选择：（1）柱状图：呈现离散时间点的数据。（2）折线图：测量某种基于连续数据的现象，例如天气。

我们将用 GDP 表中的 GDP 数据来制作我们的第一个柱状图。正如在 A 列中呈现的，GDP 数据是以季度记录的。B 列反映了 GDP 季度的百分比变化。

选中 A1 到 B54 来划定我们制作图表需要的数据，插入一个 "2D 簇状柱状图"。Excel 生成了一个缺少大量描述信息的骨头状图。同时，我们发现横坐标显示在图表的中间位置，让我们很难阅读、理解。

我们将这个图表清空，并从中发现一些之后制作图表时可以用到的技巧。让我们先来修改一下横坐标上标签的位置。选择"标签"（Labels），然后出现"设置坐标轴格式"（Format Axis）的工具框，选择柱状图按钮

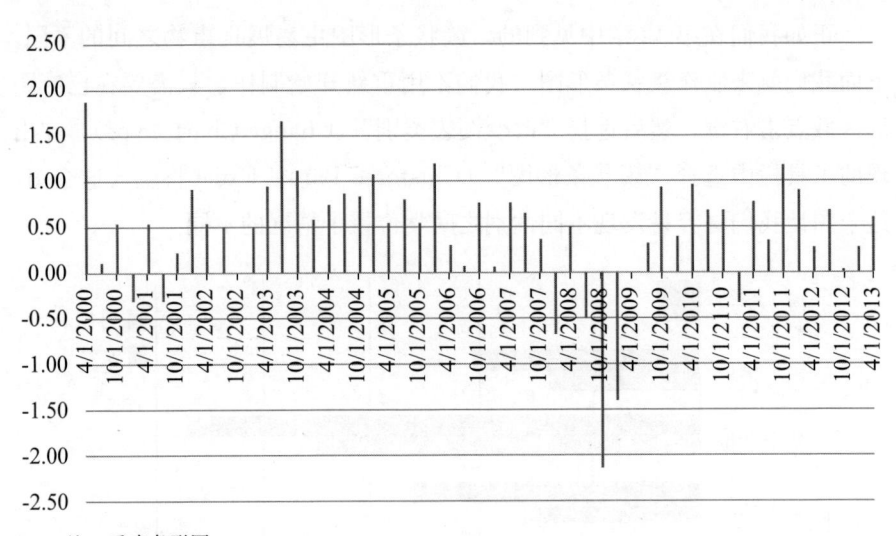

注：垂直条形图。
资料来源：Department of Commerce，retrieved from FRED.

来打开标签条目。下拉并选择"低"（Low）作为标签位置。

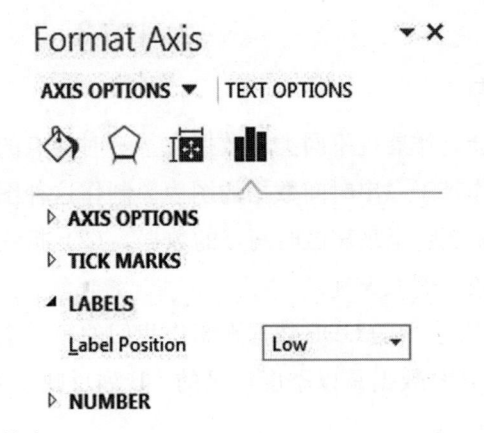

注：设置坐标轴格式。
资料来源：Microsoft Excel for Windows 2013.

现在我们要为横、纵坐标轴都加上标签，以便读表者理解每一个坐标轴的含义。从"设计"（Design）菜单中选择"添加图表项目"（Add Chart Element），然后选择"轴的名称"（Axis Titles）之"初级垂直"（Primary Vertical）。然后会出现一个文本框，在文本框中输入"百分比变化"（Percent change）。同样，创建一个名为"季度"的水平坐标轴，并将整个图表重命名"以实际货币为单位的美国 2000—2013 年 GDP 季度变化"。

最后，我们需要加入信息来源。目前图表的下方没有足够的插入空间，我们可以调整绘图区的大小，这样就会多出一些空间。将鼠标放在绘图区，调整图标就会出现。拖拽图标就可以让绘图区变小。

现在图表看起来很清晰，也方便读者理解。

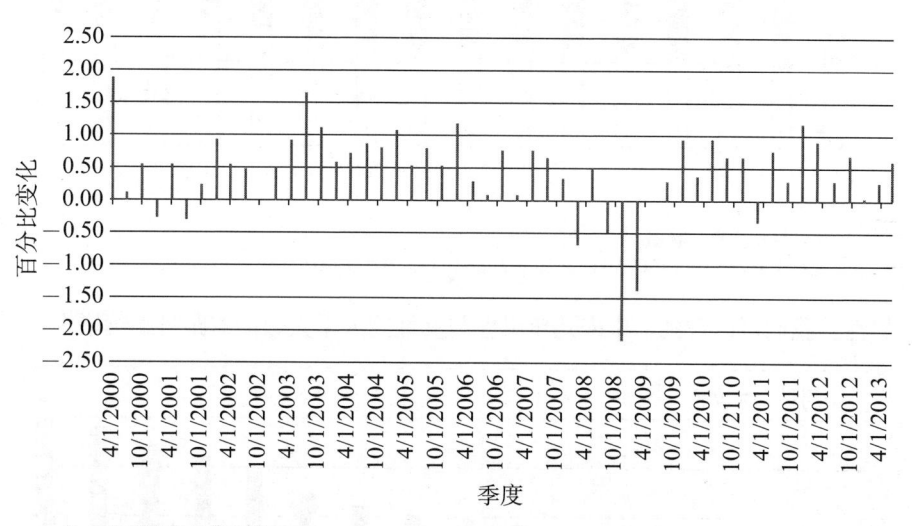

注：将类别标签放在轴下面。
资料来源：Department of Commerce, retrieved from FRED.

下面的柱状图展现的是：美国具有颁发高等教育学位权的大学秋季招生数量的时间变化。通过"招生"这一标签，我们可以从美国国家教育统计中心（NCES）中找到这些数据。第一行是年份的分类，第二行和第三行是作者格式化后的入学数据，这样制作图表的时候纵坐标轴才能表现得更准确。图表中的数字均是以百万为单位的整数。原始数据以千为单位，出现在表中第四行和第五行。

选中单元格 A1 到 S3，插入"堆积柱状图"来制作图表。我们制作的图表展现了从 20 世纪 70 年代开始，招生的人数不断增长，招收女生的数量也不断增长。

点击"改变图表类型"菜单，选择"簇状柱状图"。我们可以看到 1970 年男性入学数量高于女性。而 80 年代的一段时间内，女性入学数量超过了

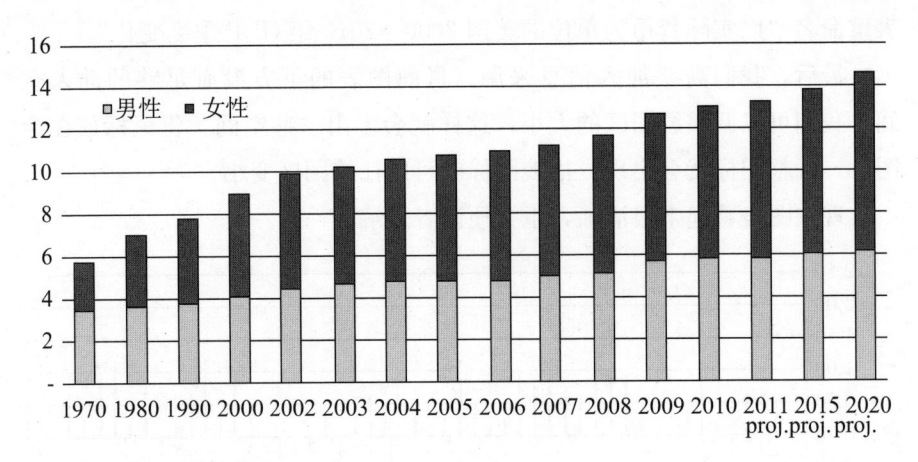

注：堆积垂直柱状图。
资料来源：National Center for Education Statistics, Department of Education.

男性。我们可以看到，未来几年男性与女性间入学人数的差距将继续增大。

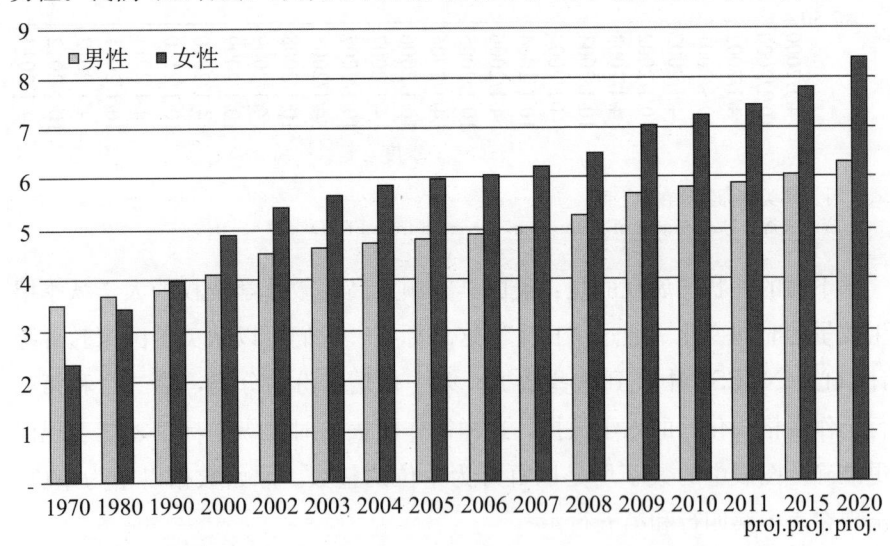

注：簇状垂直柱状图。
资料来源：National Center for Education Statistics, Department of Education.

163　　让我们再来看看用连续性时间数据制作图表。从美国国家气象站下载"PBGH 天气表"（PBGH Weather Sheet），从该表中找到 2013 年 9 月 1 日的每小时温度和相对湿度的数据。我们先做出温度的曲线，再添加湿度曲线。

　　选中单元格 A1 到 B25，插入一个"2D 折线图"（2-D Line Chart），折线图就创建出来了。从折线图来看，似乎每小时温度值上下变动较大，这是因为纵坐标的起始值是 66 度（华氏）。我们可以将该值调小，这样就可以使温度数据表现得更准确。

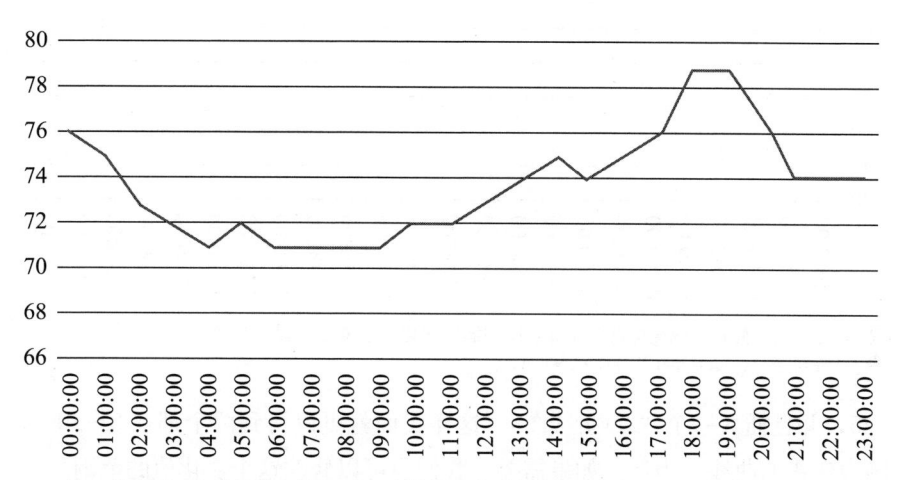

注：折线图，注意起始点是 66 度，这使得温度看起来波动很大。
资料来源：National Weather Service.

选择"纵坐标"标签，然后在"设置坐标轴格式"（Format Axis）的工具框中设置"最小值"（Minimum）为 40。这样图表看起来就好多了。

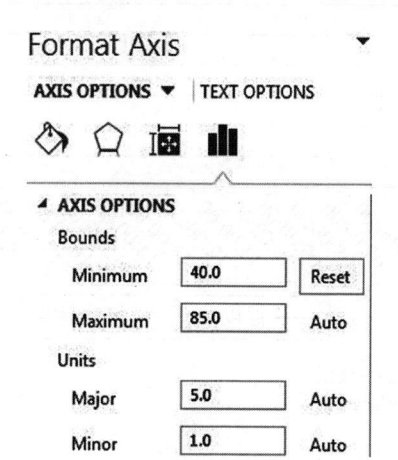

注：设置坐标轴格式。
资料来源：Microsoft Excel for Windows 2013.

接着，我们将创建一个包含温度和相对湿度的图表。选中单元格 A1 到

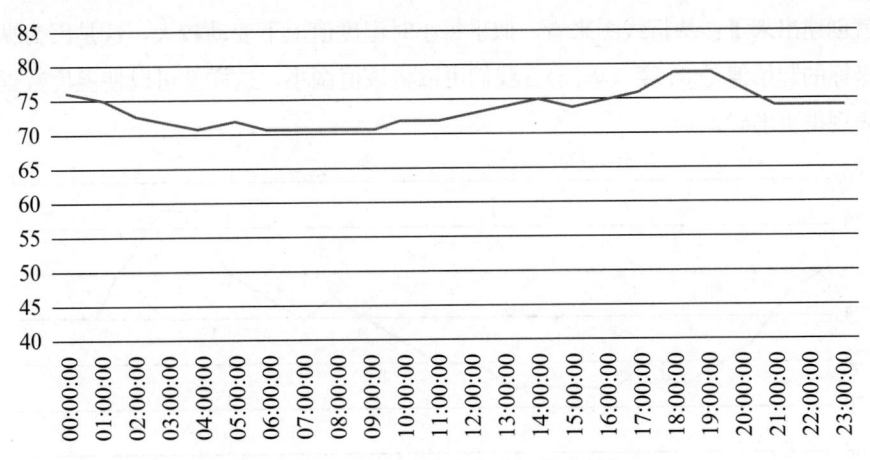

注：由于修正了纵坐标的起始点，图中温度变化看起来更平缓。
资料来源：National Weather Service.

C25，并且插入一个"2D 折线图"。这样我们就可以得到两个都在 0～100 范围内变化的曲线。当然，如果需要，我们也可以修改这个变化值的范围。

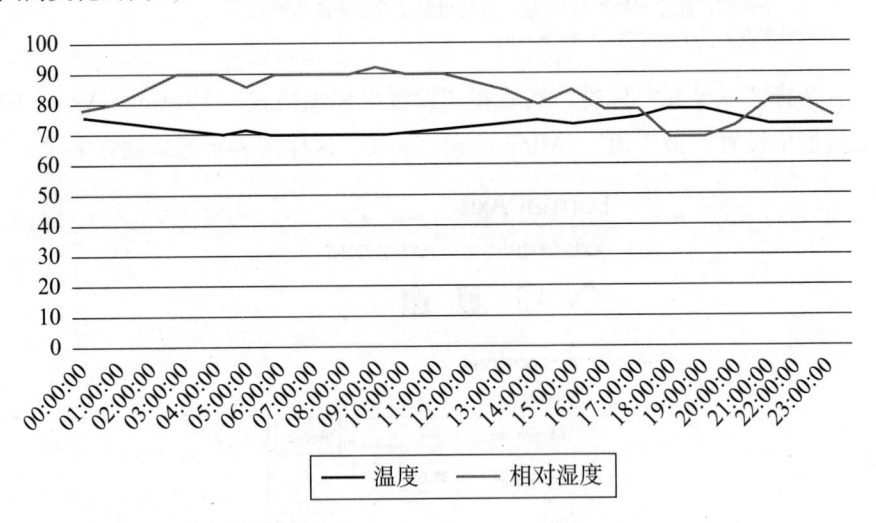

温度　　相对湿度

注：添加了相对湿度的折线图。
资料来源：National Weather Service.

## 散点图

下一个图表我们将再次描述两个变量。我们在之前的章节中学过，散点图可以帮助我们看清数值变量中是否存在关系。找到有关犯罪的工作表，这张表包含人口数在 50 万到 100 万之间的城市的财产犯罪以及暴力犯罪的数据。选中单元格 B1 到 C23，标出这些数据，然后选择第一个选项"插入散点"。从点的分布来看，财产犯罪数量与暴力犯罪数量之间似乎存在一定的关系。

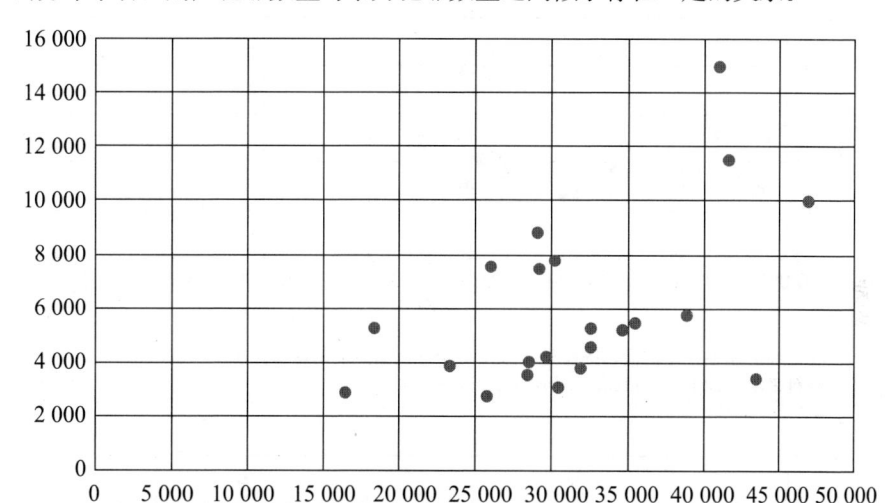

注：财产犯罪和暴力犯罪数量的散点图。
资料来源：Federal Bureau of Investigation.

我们将这张图表命名为"2012 年犯罪"（Crimes 2012），横坐标记为"财产"（Property），纵坐标记为"暴力"（Violent）。从上图中可以看到，所有城市的财产犯罪都在 16 000 次以上，所以我们将横坐标的起始点改为 15 000。这些修改将使图表表达的含义更为清晰。

最后，我们给这张图表加上趋势线。Excel 会根据线性回归的结果画出与数据拟合度最佳的线。位于趋势线上方的点（城市）代表这一地区的暴力犯罪比基于线性回归预测的犯罪数量更多。

## 股价图

选择谷歌的股票表格，该表格包含了来自雅虎财经（Yahoo Finance）的股票月度表现情况数据。请注意如果要创建股价图的话，对应的数据信息必须完整：包括日期以及当日股票的开盘价、最高价、最低价和收盘价。下面的股价图中横轴的日期代表了每个月的第一个交易日。我们选中

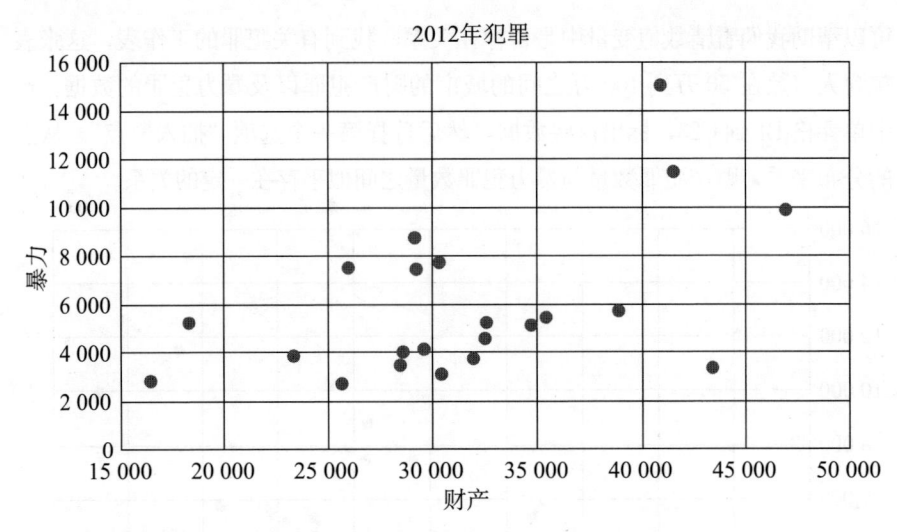

注：加上标签并标记横、纵坐标，改变横坐标起始点后的新散点图。
资料来源：Federal Bureau of Investigation.

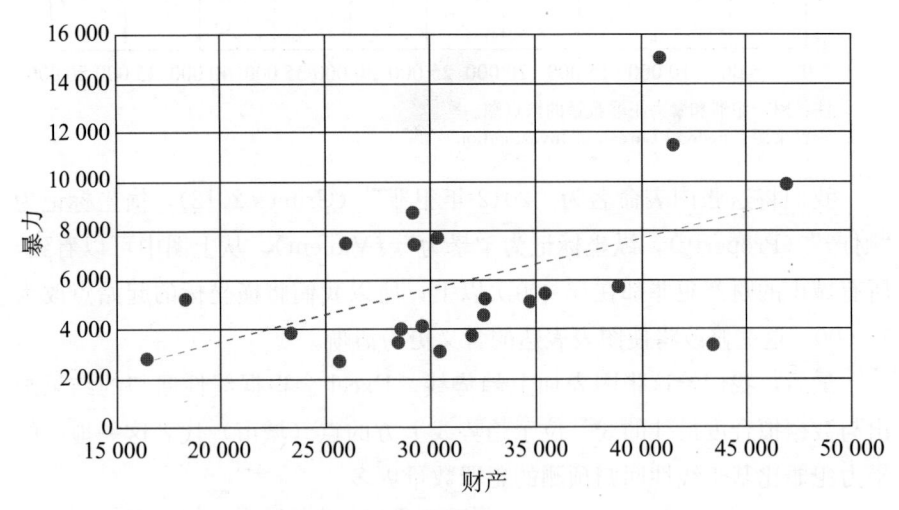

注：加入反映数据集中趋势的趋势线后的散点图。
资料来源：Federal Bureau of Investigation.

从 A1 到 E15 的所有单元格，点击"插入股价图"（看起来像蜘蛛网的那个图标，曲面图和雷达图也是在这里创建的）。接下来选择"开盘价—最高价—最低价—收盘价"（Open-High-Low-Close），为了减少图表底部的空白，我们将纵坐标的起始值设置为 600，这样也能让读图者更容易明白每个月股价是如何变化的。请注意这个股价图中一些表示股票收盘价与开盘价的柱状图是被填充的，这是 Excel 标明收盘价比开盘价低的方式。

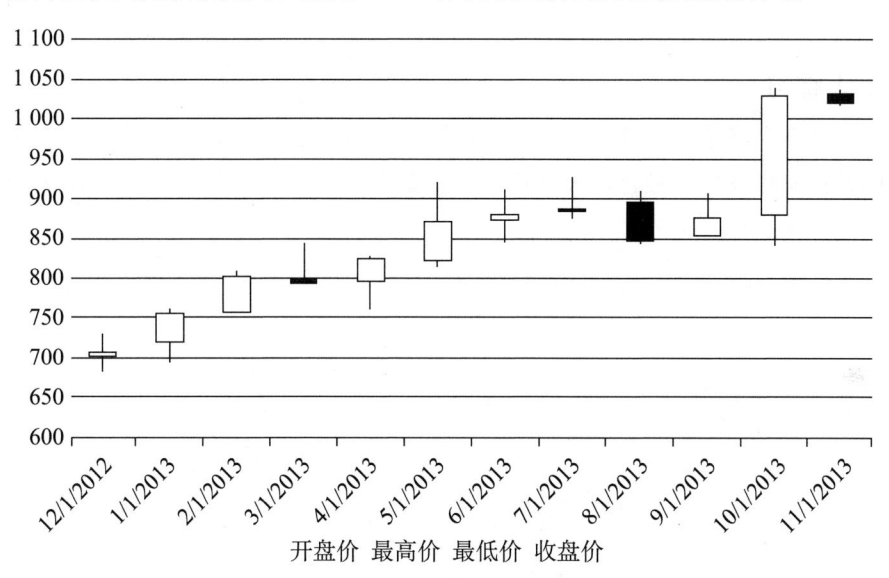

开盘价 最高价 最低价 收盘价

注：标明股票开盘、收盘、最高、最低价的股价图。
资料来源：Yahoo Finance.

## 迷你折线图

本章最后我们介绍一下如何创建（迷你图标签中的）折线图。在美国国家教育统计中心通过选择"收入中位数"（Median income）标签寻找数据，可以得到一个包含 9 列数据的、不同年份的、超过 50 种工作类别的薪水统计表格。创建折线图的步骤比前面介绍的其他图表稍微复杂一些。点击"迷你折线图"（Sparklines）标签中的"折线"（Line）按钮，设定数据范围为 B2：J67，接下来选择放置迷你折线图的位置为 K2：K67，点击"确定"（OK），迷你折线图就会出现在 K 列了。

注：迷你折线图。
资料来源：National Center for Education Statistics，Department of Education.

以上就是本章用 Excel 制作图表的内容了。下一章我们将学习用在线工具生成和分享图表。

## 个人练习

从本书网站上下载"charting2.xlsx"这个文件，使用每一个工作表中的数据制作你认为最合适表现这些数据的图表，并记录你选择这种图表类型的原因。

# 第 14 章 用网络工具制作图表

从上一章我们可以看到，Excel是一款可以用来创建数据可视化图表的强大工具。随着过去几年中Web 2.0技术的发展，我们现在有更多的选择来创建数据可视化并与他人分享。网络上出现了大量可供创建图表的站点，其中一些已经拥有了大批的忠实用户，而其他一些则因为各种原因停止开发。在本章中，我们将介绍一部分工具，这些工具存在时间较久，同时在未来几年的发展中功能日趋完善。这些工具具有强大的功能，可以实现和Excel类似的数据可视化操作。在网页设计和开发方面更有经验的工作者甚至可以创建更复杂、更美观的可视化图表。

在学习使用这些工具之前，我们先来看几个利用政府数据制作的交互数据可视化案例。

第一个的可视化案例展现了美国伊利诺伊州库克郡政府在过去20年间财政预算和实际开支的情况。库克郡包含了芝加哥及周边部分地区。折线图表明：该地区每年的实际支出均低于预算水平。此外，图表右下角的条形图表明：公共安全基金（Public Safety Fund）是地区支出的最大项，接下来是医疗基金（Health Fund）。在图上点击左侧的基金名称就可以获得其详细信息（Look at Cook，n.d.）。

第二个可视化案例来自美国消费者金融保护局（CFPB），它使用了条形图和地图展示了全美范围内按揭贷款申请的情况。这个可视化图表使用了《房屋抵押公开法案》（Home Mortgage Disclosure Act）的数据。我们可以通过设置参数创建个性化的图表，用这些图表呈现我们感兴趣的关于

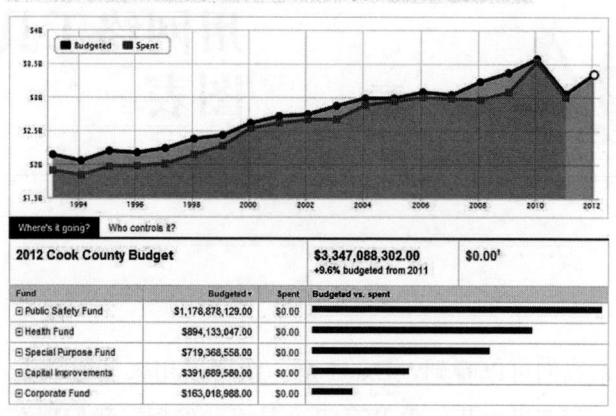

注：利用政府数据进行交互可视化。

资料来源：Where's the money going? (n. d.). Look at Cook：Brought to you by Cook County Commissioner John Fritchey. Retrieved December 20, 2013, from http：//lookatcook.com/.

大城市按揭贷款的统计信息。在这个案例中，我创建了一个簇状条形图，以显示包括拉斯韦加斯（Las Vegas）在内的 MSA 地区的按揭贷款行为，拉斯韦加斯被认为是美国过去几年内房地产市场最繁荣的地区（Consumer Financial Protection Bureau，n. d. b）。

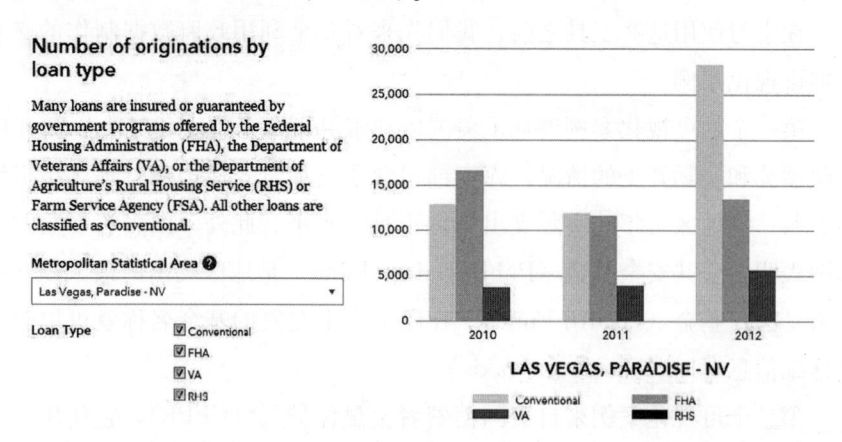

注：使用政府的按揭贷款申请数据创造的可视化作品。

资料来源：Home Mortgage Disclosure Act. (n. d.). CFPB. Retrieved December 20, 2013, from http：//www.consumerfinance.gov/hmda/.

# 第14章 用网络工具制作图表

如同全美很多大城市一样，休斯敦也有一套311报告系统以帮助居民和商户申请维修服务。向该系统提交的所有申请（无论电话申请还是在线申请），都会存储在一个大型数据库中。同时，为了运用这些数据对维修申请进行管理，该市将这个数据库放到了网上，并允许公众运用这些数据进行可视化展示。例如，我创建的这个树地图表明，房产方面的问题是申请维修的主要原因，占到总申请的9%（City of Houston，n. d.）。

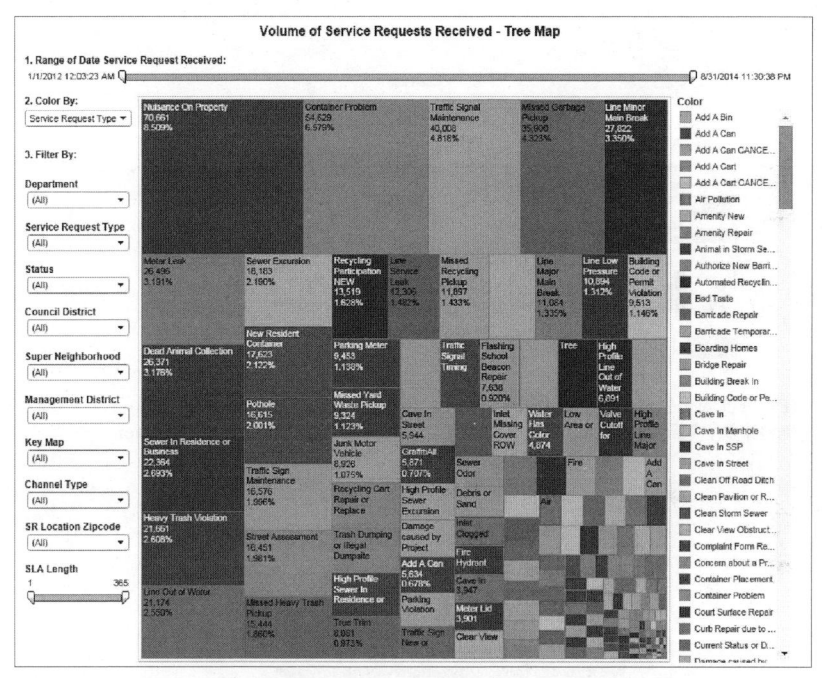

注：利用休斯敦市311中心的数据创建的可视化案例。

资料来源：City of Houston 311 Data Visualizations. （n. d.）Retrieved December 20, 2013, from http：//performance.houstontx.gov/311Dashboards.

## 在线可视化站点选择

在网络上我们有大量的可视化站点可供选择，其中一些来自著名的公司如谷歌、IBM等业界巨头，也有一些来自名气相对小一些的公司如Infoactive和Infogram。

谷歌电子表格程序提供了便利、强大的数据可视化功能。只要使用谷歌Drive或者Gmail账号就能使用这些功能。在这个例子中，我们先将在前一章中使用过的文件"charting.xlsx"上传到谷歌电子表格程序中。

在选中希望展示的数据后，点击"插入图表"，谷歌电子表格的图表编辑器就会自动打开，以便我们进行图表编辑。图表制作完成后，我们可以点击页面右上方的下拉菜单发布这个案例。发布后我们会获得这个交互图表的**嵌入码**（embed code），我们可以将这个嵌入码粘贴到自己的博客或者其他内容管理系统中。

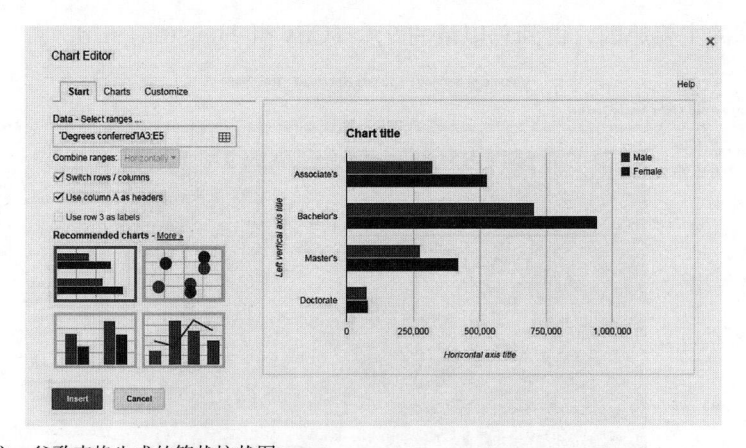

注：谷歌表格生成的簇状柱状图。
资料来源：National Center for Education Statistics，Department of Education.

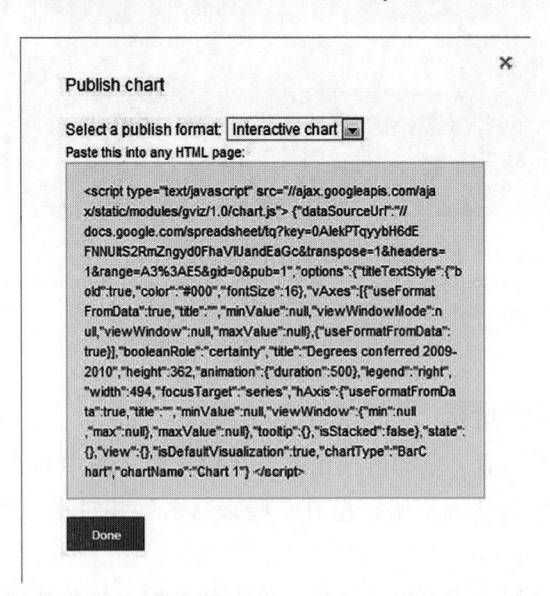

注：用于在其他地方展示图表的嵌入码。
资料来源：Google Spreadsheets.

## 第14章 用网络工具制作图表

Fusion Tables 是谷歌的又一种数据可视化工具,该工具虽然还在不断完善,但近几年已成为一款很流行的可视化工具。与谷歌电子表格相比,在 Fusion Tables 中制作图表的步骤更为复杂,但同时,它也为我们呈现数据带来了更大的灵活性。

例如,我使用了现有的谷歌电子表格中的图表数据,并导入有关 GDP 变化的表单。改变一些设置之后,图表结果如下:

注:Fusion Tables 中的 GDP 数据。
资料来源:Department of Commerce,retrieved from FRED.

IBM 的图示工具 ManyEyes,是另一个使用广泛并且可以很好地建立数据可视化的平台。创建一个免费账号后,用户可以从表格中拷贝数据并粘贴到一个数据盒中来上传这些数据。例如,我使用制表软件中的城市犯罪数据来建立散点图,用来显示财产犯罪数量与暴力犯罪数量间的关系。

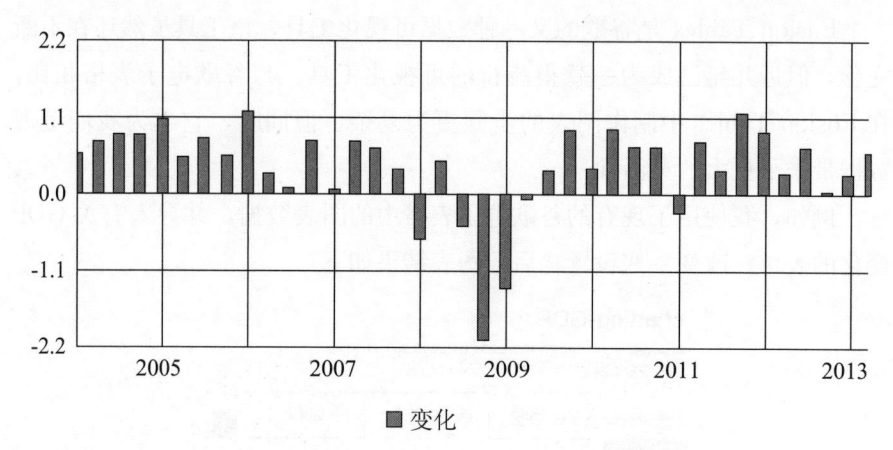

注：Fusion Tables 图表中的 GDP 数据。
资料来源：Department of Commerce, retrieved from FRED.

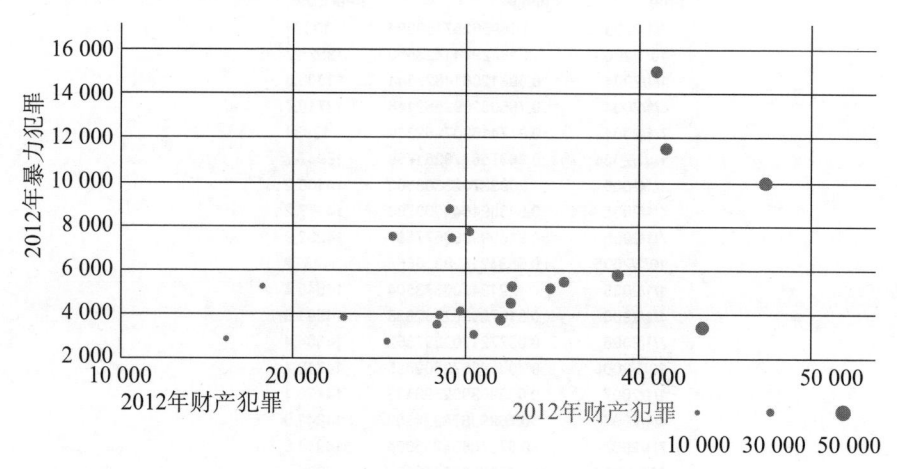

注：ManyEyes 中的犯罪散点图。
资料来源：Federal Bureau of Investigation.

## 网络可视化工具的利弊

评估网络数据可视化平台有助于我们思考其潜在的优点和缺点。

好处一是，大部分网络工具是可以免费使用的。不同于使用如 Excel 这样的商业软件，我们在使用这些网络工具时不需要购买，也不需要获取任何软件的许可证书。同样，我们不需要在笔记本电脑上下载或者安装任何软件。这些公司通过云服务器来运行这些软件并提供可视化服务。

好处二是，我们的数据存储在服务器上。我们不需要担心线上数据的获取和保存。此外，可视化平台可以让我们在任何地方获取到数据。所以，使用这些服务有很多好处。

然而，在使用这些工具时我们也要考虑到它们的一些缺点。最重要的一点是，当我们在这些站点使用数据时，数据是不可控的。所以在使用前，确保已阅读服务条款，这是一个具有法律约束力的文件，它界定了你和网站之间的关系。同时，也要阅读隐私声明，这些声明概述了网站如何使用自身和其他用户提交的数据。

还有其他一些缺点，包括网页应用的服务器崩溃问题。即使最稳定的网络平台也有偶尔崩溃的时候。当你正在使用 Fusion Tables 时网页突然无法加载，你要向谁投诉呢？还有一个相关的风险是可视化平台可能突然关闭。事实上，许多年以前，一个很流行的网络可视化平台"Swivel.com"就突然关闭了。

因此，ManyEyes 和谷歌提供的可视化工具仍然是很好的选择，因为它们存在时间较长并且来自两家大公司。

## 创造融合统计图

在本章最后，我们将运用 Fusion Tables 创造一些图表。你需要确保有一个具有云空间的谷歌账号。然后，将"charting.xlsx"表格上传至你的谷歌 Drive，然后将其转化成"谷歌文档"（Google Docs）的格式。这样，我们就可以运用这些数据制作图表了。

访问以下地址 http://www.google.com/drive/apps.html#fusiontables，启动 Fusion Tables 然后点击"创建链接"（Create link）。在引入新表格的界面中，选择"谷歌电子表格"（Google Spreadsheets），并从列表中选择"图表"。

首先，我们运用匹兹堡天气数据制作一个折线图。然后，我们使用 GDP 数据创建一个柱状图。

为了创建天气数据折线图，选择"charting – PBGH Weather"链接，

注：选择用于 Fusion Tables 的谷歌电子表格。
资料来源：Google Fusion Tables.

然后点击"下一步"（Next）按钮输出图表。

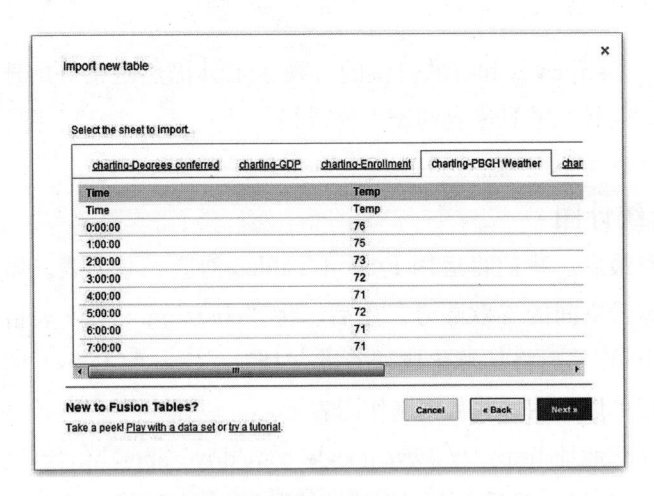

注：为 Fusion Tables 导入谷歌电子表格。
资料来源：National Weather Service.

在接下来的界面中，确认列名在第一行并点击"下一步"（Next）。

在最后的界面，我们可以加入一些元数据，这些数据可以帮助我们和他人理解我们制作图表的含义。随后，我们只需要点击"结束"（Finish）键，表格就会自动出现。

# 第14章 用网络工具制作图表

注：为 Fusion Tables 导入谷歌电子表格。
资料来源：National Weather Service.

注：用于 Fusion Tables 的元数据，也就是我们之前提到的数据说明文件。
资料来源：Google Fusion Tables.

点击红色加号标识，插入表格。原始表格就会出现在屏幕上。我们把图表改为"条形图"。

我们的编辑到这里并未结束，还有一些其他设置需要完成。我们在"数值"（Values）中添加"相对湿度"（Relative Humidity），并将"最大类别"（Maximum categories）改为 26，因为这是我们的表格行数。这样图表看起来就很清晰了。点击"完成"（Done）按钮结束任务。

注：导入 Fusion Tables 后的数据。
资料来源：National Weather Service.

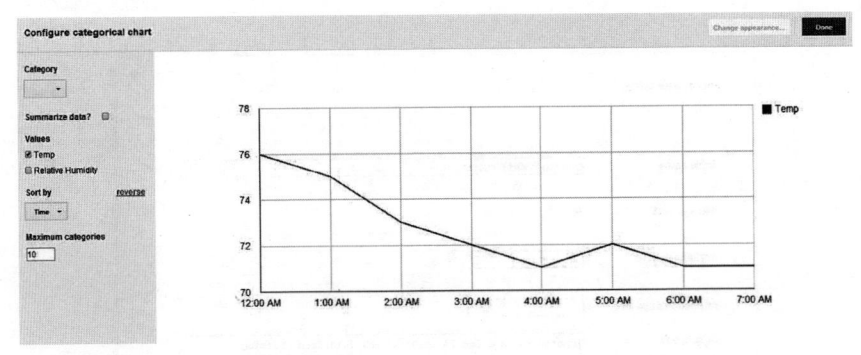

注：Fusion Tables 生成的温度折线图。
资料来源：National Weather Service.

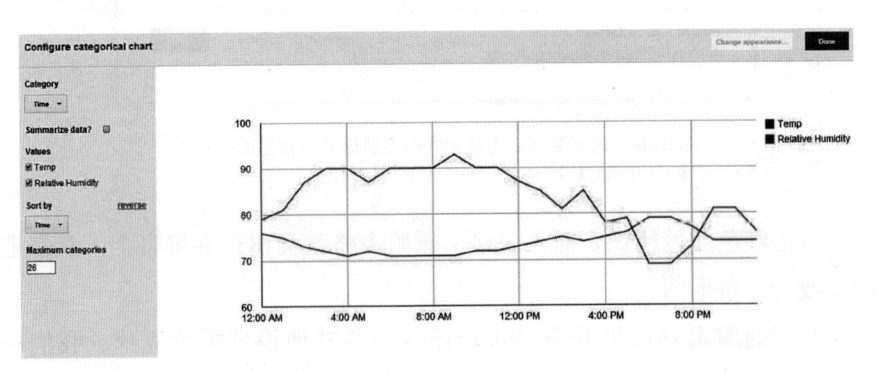

注：将相对湿度数据加入折线图。
资料来源：National Weather Service.

现在我们创建一个关于 GDP 季度性变化的柱状图，这个图表相对会有一点复杂。返回 Drive 并选择"创建"（Create），再在列表中选择"Fusion Table"（如果这个选项不存在，那就选择"连接更多 apps"并搜索）。重复上面的相同步骤选择"绘制表格"，然后导入 GDP 表格。屏幕就会呈现如下图所示内容：

注：Fusion Tables 中的 GDP 数据。
资料来源：Department of Commerce，retrieved from FRED。

我们只想要展示自 2004 年起的数据，点击"过滤器"（Filter）和"日期"（Date），过滤器就会出现在界面上。在第一栏输入"2004"，以展示自 2004 年以后的数据。现在我们已做好制作图表的准备工作。点击"加"标识，选择"插入图表"。

从选项中选出"柱状图"。将最大类别数设为 40，因为我们的表格有 40 行。点击"完成"（Done），我们的图表就制作完成了。

让我们再做一件事：生成一个可以用于博客或其他网站的嵌入码。在菜单中选择"工具"（Tools）并点击"发布"（Publish），这会生成一个可供我们复制粘贴的 HTML 代码。当然，我们还需要改变 Fusion Tables 中的设置以发布此代码并让其正常运行。

这一章是本书数据可视化部分的最后一章。正如我们以上所见，利用像谷歌数据库图表这样的网络可视化工具创建交互式图表是非常简单的。

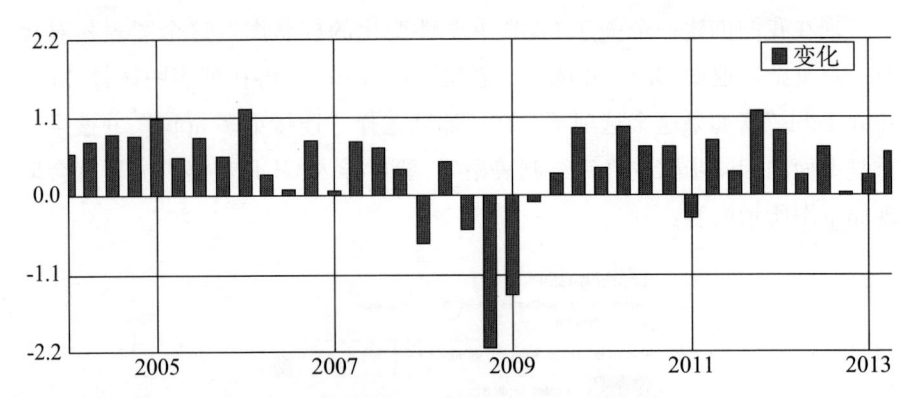

注：Fusion Tables 中显示 GDP 变化的柱状图。
资料来源：Department of Commerce, retrieved from FRED.

注：Fusion Tables 图表的嵌入码。
资料来源：Google Fusion Tables.

本书只是快速创建基本图表的一个简介。

## 个人练习

寻找一些可以上传至谷歌电子表格的数据，并用它们创建一个 Fusion Tables 图表。其中应包含图表的 URL 并简要说明你选择这种可视化图表类型的原因。

# 第15章 更高级的分析方式

本书进行到这里,已经实现了"为读者导览数据世界"这个既定目标。我们在前面的章节中学习了如何发现、获得、评估和清洗数据。此外,我们还学习了数据分析和可视化的技巧。可以说,前14章的学习已经为我们的数据素养打下了坚实的基础。我们使用的也是目前最为主流且易学的软件。这些软件所能实现的功能一定让你大开眼界。

然而,如果需要进一步提高我们的数据分析和可视化技巧,我们还有很多应该学习的东西。在这个领域的大部分专业人士也不仅仅使用电子表格来进行数据分析和可视化,他们还会使用数据库管理软件和统计分析软件。我们在这里简要介绍一下这些软件,看看它们有哪些更高级的功能。

## 数据库管理软件

数据库管理软件,也就是我们前面曾经提到过的 Access 和开源软件 MySQL,主要是用来处理大型数据文件的。一些数据库管理软件能够轻易地处理超过百万行级的数据,这是 Excel 的标准功能中不具备的(尽管 Windows 版本的 Excel 能够通过添加 PowerPivot 扩展来增加数据处理量)。

例如 Access(作为 Windows 平台常用软件之一,它也许已经安装在你的学校机房里了)可以处理 2GB 大小的文件,不过需要注意的是,当文件大小超过 1.5GB 之后,软件运行会变得不稳定。

其他更专业的数据库软件的处理能力则更加强大。MySQL 中,单个表格的大小可以是 2GB 到 16TB 不等。而一个数据库中又可以包含不止一份表格，所以整个数据库的体量是非常巨大的。

大部分数据库软件使用的是结构化查询语言（SQL）。这种功能强大且简单易学的数据库语言是 20 世纪 70 年代创立起来的，当前已经成为各高校计算机专业的主要课程。

当然也有一些软件，例如 Access，是使用**用户图形界面**（graphical user interface）的。图形操作界面和 SQL 相比操作更简单一些，但是这也减少了用户学习 SQL 所能获得的好处。

学习 SQL 至少有以下一些好处：首先，SQL 知识具有通用性，在不同软件之间转换时只需简单的适应即可上手。其次，掌握 SQL 可以让我们在与机构的数据库管理人员沟通时更加高效，有助于我们获得离线数据。最后，SQL 能够帮助用户形成数据库式的思考逻辑，对数据结构有更清晰的认识。

数据库管理软件中一般都具有关联功能，创建的表格是可以互相关联的。这一点对于机构数据库管理人员尤其重要，因为他们的数据库中往往存在多张表格，且这些表格之间是有联系的。

数据库管理软件在提取特定的数据片段时也非常有用。例如，我们可以在数据库中提取 FEC 的竞选捐款的某些特定数据，比如 2012 年 11 月大选前，我们所在地区给奥巴马和罗姆尼的捐款。这里介绍另外一个例子，使用数据库管理软件从美国缉毒局缴获冰毒的数据中选择高纯度冰毒收缴记录。下图是 STRIDE 数据导入 Access 后的样子。

我们接下来运行下列 SQL 代码，Access 将返回上述数据中高纯度冰毒的结果。

数据库管理软件还可用于数据分组和归纳，由此实现的功能与数据透视表类似。依然是上述数据库，我们可以用一些语句来回答下面的问题：哪个州的冰毒查获案件最多？运行下列语句后我们得到了答案：加利福尼亚州。加利福尼亚州在 2007 年间共查获 1 385 起冰毒案件。

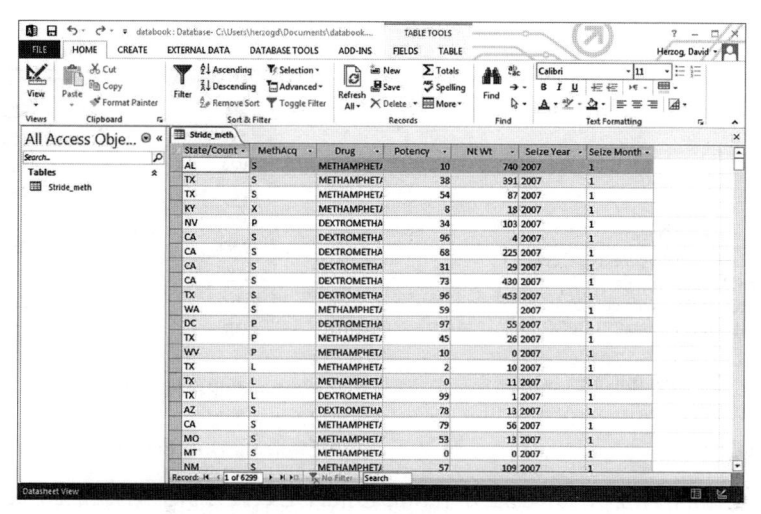

# 第 15 章 更高级的分析方式

注：缉毒局的冰毒收缴数据库在 Access 中的界面。
资料来源：Drug Enforcement Administration.

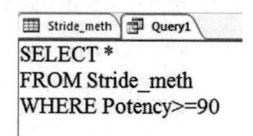

```
SELECT *
FROM Stride_meth
WHERE Potency>=90
```

注：用于在上述数据库中提取高纯度冰毒数据的语句。
资料来源：Microsoft Access 2013.

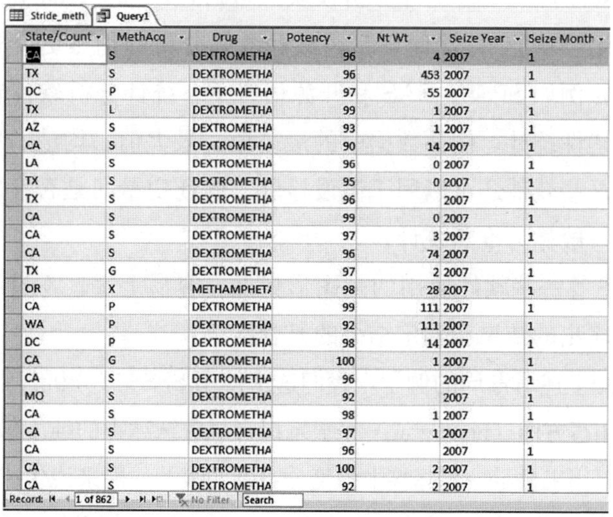

注：上述语句运行结果。
资料来源：Drug Enforcement Administration.

```
SELECT [state/country], Count(*)
FROM stride_meth
GROUP BY [state/country]
ORDER BY Count(*) DESC
```

注：用于分组和汇总的 SQL 命令。
资料来源：Microsoft Access 2013.

| state/country | Expr1001 |
|---|---|
| CA | 1385 |
| TX | 580 |
| WA | 341 |
| FL | 292 |
| VA | 261 |
| MO | 256 |
| AZ | 243 |
| HI | 233 |
| OR | 208 |

注：上述数据按州分组汇总后的结果，与数据透视表类似。
资料来源：Drug Enforcement Administration.

用数据库管理软件来创建分组和汇总报告是数据分析师的日常工作之一。

最后介绍一个表格合并功能，这个进程被称为"joining"。这个功能可以让我们在政府机构的数据库中将不同表格的内容提取出来放到一起。

总结起来，数据库管理软件确实有非常多实用的功能可用于高级的数据分析。

## 统计分析软件

尽管 Excel 自带一些统计分析模块（可通过添加"Analysis Toolpak"插件进一步增强功能），然而很多高级的数据分析师仍然更喜欢专业的数据分析软件，例如 SPSS、SAS 和开源语言 R。统计分析软件首先可以实现基础的描述性统计，例如数据中的最小值、最大值、均值、中位数、计数和汇总。这些软件还可以用于假设检验，验证变量间是否存在统计相关性。这部分一般称为推断统计。

像 SPSS 等一些软件使用的是图形界面，容易上手。不过有时候不太容易理解它输出的结果和判定结果的显著性。

依然使用上述缉毒局的例子，我们这次使用 SPSS 来分析其中的 STRIDE 数据。我使用**直方图**（histogram）来显示缉毒局收缴冰毒的纯度值分布。直方图是一种可以用来显示一列标签中各值分布的图表。一般来说生成的图表还包含了样本均值（Mean）、标准差（Std. Dev.）和样本计数（N）。这里的**标准差**

# 第15章 更高级的分析方式

（standard deviation）是用于表达数据值离散情况的统计学概念。

注：SPSS 中的毒品缴获数据。
资料来源：Drug Enforcement Administration.

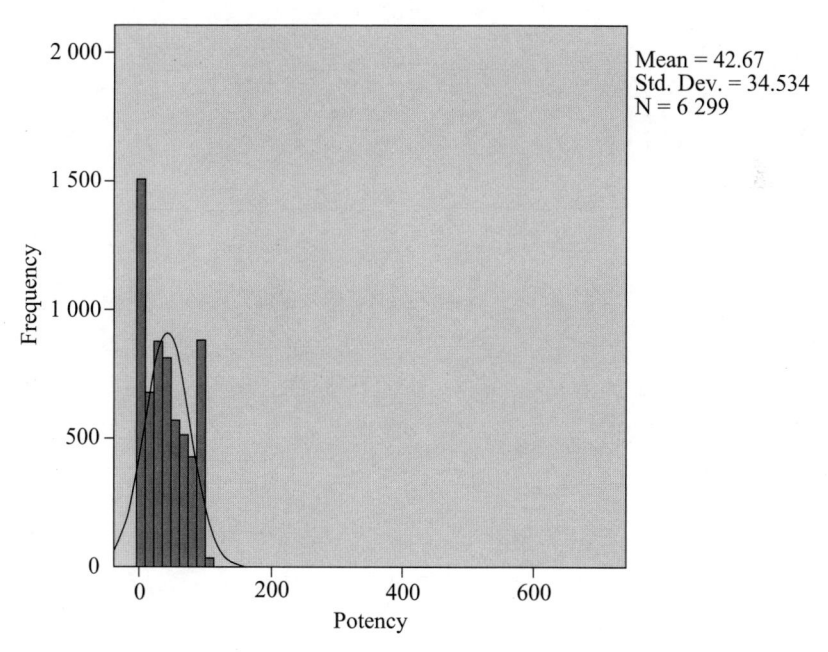

注：SPSS 中缉毒局收缴的冰毒纯度直方图。
资料来源：Drug Enforcement Administration.

在医学和社会科学研究中，研究者通常会先使用描述性统计来帮助自己理解数据，接下来再使用推断统计的方法来验证自己的假设。

想要成为数据高手，需要长时间的修炼。现在大部分大学开设了大量的统计学课程，从基础到高级的都有（如果感兴趣可以适当选修一些）。

对于初学者，再次推荐阅读杰茜卡·尤茨（Jessica Utts）于 2014 年出版的《用统计学看世界》一书，或者马里加·诺鲁瑟斯（Marija Norusis）于 2011 年出版的《用 SPSS 进行数据分析》。两本都是不错的统计学学习书籍。

最后请记住不管是本章介绍的专业软件，还是前面介绍的方法，都能帮助我们攀登知识的金字塔。

条条大路通罗马，你所需要的只是强烈的求知欲和不断的练习。

# 附录

# 数据工具包

任何想要和数据打交道的人都需要掌握一些基本的工具,比如电子表格、文本编辑器和数据清洗工具。以下是本书中所用到的工具和一些其他备选项。

## 电子表格

微软 Excel 软件是在标准安装环境下,微软办公系列软件的一部分(包括 Windows 系统和 Mac 系统)。在大部分大学机房的电脑中和学生们自己的笔记本电脑中有该软件,本书使用的是 Windows 系统的 Excel 2013 版。

Excel 2007 版及之后的版本可以支持超过 1 000 000 行和超过 16 000 列的电子表格文件。而早期版本(2003 版及以前)只能支持不超过 65 000 行和 256 列的电子表格文件。

较新的 Mac 系统 Excel(2008 和 2011 版)所支持的文件大小与同一时期的 Windows 系统 Excel 相同。而早期的 Mac 版 Excel 对数据大小的限制也和同时期的 Windows 系统 Excel 一样。

另一个很好的电子表格软件是开源的 Calc 程序。你可以免费下载含有 Calc 的软件套装 OpenOffice(http://www.openoffice.org/)或者 Libre-

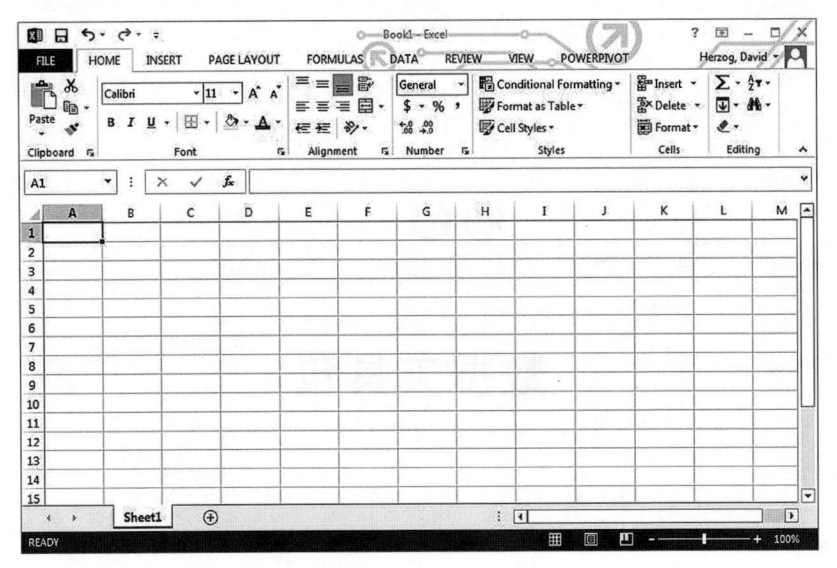

注：Windows 系统 Excel 2013 版界面。

Office（http：//www.libreoffice.org/）。Calc 同样有 Windows 和 Mac 两个版本，支持 256 列超过 1 000 000 行的大型数据文件。

  谷歌电子表格对于处理较小型的文件来说可能是一个不错的选择。它对文件上传和转换的体积限制是 20MB。此外，它的单个文件只支持 400 000 个以内的单元格。这就意味着如果你的电子表格有 40 列的话，那么最多只能有 10 000 行。

  谷歌电子表格的数据透视表功能和 Excel 以及 Calc 相比显得较为原始且落后，但它的亮点在于处理从网上获得的在线数据，而且允许多人协作编辑数据。

## 文本编辑器

  文本编辑器可以让我们检查那些基于文本的数据文件。在本书中，我们使用的是 Windows 系统的 Notepad＋＋（http：//notepad-plus-plus.org/），它是一款免费的软件。如果你在使用它打开一些较大文件时遇到问题，请尝试使用其他文本编辑器，比如同样免费的 PilotEdit Lite（http：//www.pilotedit.com/），或者开源软件 Vim（http：//www.vim.

org/download.php)。

对于 Mac 系统的用户，免费的 TextWrangler（http：//www.barebones.com/products/textwrangler/）和 TextMate（https：//macromates.com/）都是不错的选择。

**数据清洗工具**

本书中我们使用 OpenRefine（http：//openrefine.org/）作为数据清洗工具。OpenRefine 是一款面向 Windows 和 Mac 操作系统的开源软件。它的一个开发者曾表示，OpenRefine 处理 10 列 100 000 行以内的数据不成问题（Huynh，2011）。

# 术 语 表

algorithm　算法：计算机用于解决一类问题的指令集。

alphanumeric　字母数字：一种混合了文本和数字的计算机编码方式。

amount change　数量变化：原始数量一段时间内从一点变化到另一点。计算公式：新数字—原始数字。

ASCII　美国信息交换标准代码：美国信息交换标准代码，诞生于1963年，该代码被用于在美国所有计算机上表示文本。美国信息交换标准代码是最轻便的数据格式，它通常有两种形式：使用分隔符的和固定宽度的。

.asp　动态服务器页面：动态服务器页面，微软的脚本语言。网页表格使用这个脚本语言来实现数据库和表格间的数据传递。

audit reports　审计报告：调查政府机构运作情况的官方报告。这些报告可用于寻找由这些机构所持有的数据。美国政府问责局负责审计联邦机构，而州一级审计部门负责审计州政府机构。

bar chart　条形图：使用水平排列的条形来表示数据的图表。适用于可被分为多个类别的数据。

benchmarks　基准点：使得数据更有意义的一些对比点。基准可来自数据库内部或外部。

bit　比特：计算机数据的最小单位，准确地说是一个二进制数位。8个比特组成1个字节。

cell reference　单元格引用：表明一个单元格在电子表格中的地址，使用列字母和行数字的交叉形式来表示。

central tendency　集中趋势：最佳表述一组数字特点的某些数值，一般包含平均数、中位数、众数。

　　.cfm　奥多比公司的脚本语言。有这个扩展的网页表格使用该脚本语言来实现数据库和表格间的数据传递。

　　CKAN　用于政府开放数据平台的一个开源数据门户网站。其用户包括美国联邦政府的数据网站 Data.gov。

　　clustering　聚类：数据清洗工具 OpenRefine 的一个功能，使用一些算法来识别相似的文本值。

　　column chart　柱状图：使用垂直柱形来表达时间序列数据的图表。适合展现在指定时间内明确定义的、离散的事件节点。

　　concatenation　连接：在电子表格或其他程序中合并两个或更多的文本值。在 Excel 里面，连接符号是："&"。

　　CSV　"逗号分隔值"缩写："逗号分隔值"缩写，一类分隔型的 ASCII 文件。有时也用作文件扩展名。

　　data　数据：任何使用行和列（表格式结构）来将信息组织为文本、数字、日期形式的计算机文件。

　　data documentation　数据说明文件：帮助用户轻松理解和操作数据集的详细数据描述。也可用于指代数据字典、记录格式、文件格式或者元数据。

　　data integrity check　数据完整性校验：一种在数据分析前针对于数据的系统检查，用于发现数据中的缺陷。

　　data_notebook　数据笔记本：一类文本或文字进程文件，用于记录数据源和数据清洗或分析操作的相关信息。

　　data portal　数据门户：一类用于传播数据的网络平台，通常由政府机构进行管理。

　　database managers　数据库管理软件：用于管理存储在多个表格中的大型数据集的计算机软件，例如微软的 Access 和开源软件 MySQL。

　　dBASE　很多商业数据库管理软件使用的一种数据集文件格式。

　　decennial census　十年一度的人口普查：美国每 10 年进行一次的，试图统计全美人口数的普查。该普查于每个末尾是 0 的年份开展，最近的一次是在 2010 年。

**delimited text** 使用分隔符的文本：一种用特殊符号记录列分隔位置的 ASCII 文本文件。

**delimiters** 分隔符：用于记录列分隔位置的 ASCII 符号，其中逗号和制表键 tab 是最常用的符号，也可使用一些其他符号。

**Drivers Privacy Protection Act** 《驾驶员隐私保护法案》：一部 1994 年通过的，用于限制获取各州司机驾驶证记录的联邦法律。

**E-FOIA** 电子信息自由修正案：电子信息自由修正案，一部 1996 年通过的，旨在要求联邦机构在其网站公开其主要信息系统的法律。

**embed code** 嵌入码：使得用户可以将外部网站内容嵌入他们自己的博客或者内容管理系统中的 HTML 代码。

**exploratory data analysis** 探索性数据分析：一套主要依靠制表来理解数据的系统性方法。

**Facets**：OpenRefine 中的一项功能，它提供了一列数据中的所有值的清单和每个值出现的次数。类似于 Excel 中的数据透视表。

**Family Educational Rights and Privacy Act** 《家庭教育权利和隐私法案》：一项于 1974 年颁布的，旨在确保学生受教育记录隐私性的联邦法律。

**file extension** 文件扩展名：一个文件名中的第二部分，通常出现在文件名中的"."之后。大多数文件扩展名包含 3 个字母。

**fixed-width text** 固定宽度文本：一类 ASCII 文本文件，其中所有数据都被分配到列中。

**geographic data** 地理数据：可利用地理信息系统程序进行分析和展示的数据文件。

**geographic information system** 地理信息系统：可供展示和分析地理数据的电脑程序。比如美国环境系统研究所的 ArcGIS 桌面版和开源软件 Quantum GIS。

**Government 2.0** 政府 2.0：一项 21 世纪初开展的，旨在通过使用网络和移动网络计算技术增强公民（对政务）参与度的行动。

**graphical user interface** 用户图形界面：使得用户可以与计算机程序

在可视化环境下进行交互操作的界面。

Health Insurance Portability and Accountability Act 《医疗保险可携带性和责任法案》：一项于 1996 年颁布的，保护公民个人健康记录隐私的联邦法律。

histogram 直方图：一种用于表示数据集中数值分布的垂直柱状图表。

inferential statistics 推断统计：通过分析抽样样本数据从而对其所代表的总体进行假设检验的统计学分支。

information graphic 信息图：用于与特定受众进行沟通的数据可视化，通常使用奥多比的设计程序 Illustrator 来进行制作。

line chart 折线图：用于表现连续性时间序列数据的图表，例如温度值的变化。

linear regression 线性回归：一种可用于创建散点图中趋势线的统计分析方式。

mainframe 大型计算机：可运行多进程任务的大型高速计算机系统。这类计算机自 20 世纪 60 年代开始逐步发展起来，通常被政府机构和公司使用。

mean 算术平均值：算术平均值，计算方法是对一个数据集中的所有数值进行加总，再除以数值个数。

median 中位数：用于表现数据分布特点的常用数值之一。中位数是将一组数据按由小到大的规则排列后，居于中间的那个数字。如果排列后中间存在两位数字，则取其算术平均值。

mode 众数：用于表现数据分布特点的常用数值之一。在一组数据集中，出现频数最多的数字。

Notepad++ 一款免费的文本编辑器，可以处理较大型文件，并展示隐藏的 ASCII 符号，例如制表键 tab。

open-source software 开源软件：免费且无须许可证的软件。此外，其源代码向任何使用者和贡献者开放。

open data 开放数据：通常由政府机构提供的，免费且不设置使用限制的数据。一般可在开放数据门户中找到。

  open government 开放政府：一项在 21 世纪初提出的，旨在提高政府透明度的倡议。该倡议中的一部分是将更多数据对公众开放，包括网站和移动应用程序的开发者们。

  outlier 离群值：数据集中的极端值，可能是错误数值。

  parse 解析：从大文本字符串中剥离出一部分。解析常用于数据清洗。

  percent change 百分比变化：用于描述百分比的改变。计算公式：（新数字—原始数字）/原始数字。

  percent of total 个体占总体百分比：用于表示个体在总体中所占的比例。计算公式：个体份额/总体。

  Perl Perl 脚本语言：一种开源程序语言，有时候用于数据清洗。

  PHP PHP 程序语言：一种开源脚本语言。拥有此扩展的网页表单使用该脚本语言在数据库和表格间进行数据传递。

  pie chart 饼状图：一种最适合表现总体中各部分所占比例的图表。

  pivot table 数据透视表：电子表格的一项功能，它允许用户基于特定类别和数值对数据进行汇总统计。

  primary data 一手数据：由研究者亲自收集的数据，通常来自总体中有代表性的样本。

  Python Python 脚本语言：一款开源脚本语言，有时候用于数据清洗。

  rate 比率：一种用于控制总体的统计手段。通常用于表达一个标准总体，例如 10 万人。计算公式：数量/总体 * 100 000。

  ratio 比例：用来建立比值从而表现两个事物之间的关系，例如生师比。计算公式：学生数量/教师数量。

  raw change 原始（数据）变化：在一定时间内，数据从一个值到另一个值的变化量。计算公式：新数字—原始数字。

  raw data 原始数据：数据中的记录或者行表示一个人、地点或事物的情况。这些数据应是处于原始状态尚未进行归纳的。

records retention schedules　记录保存时间表：一项关于政府机构应该对特定记录保存多长时间的详细指南。

Ruby　Ruby 脚本语言：一种开源脚本语言，有时候用于数据清洗。

scatterplot　散点图：一种显示一个数据集中两个变量关系的图表。

secondary data　二手数据：不是数据使用者自己收集的数据。

servers　服务器：计算功能不如大型计算机强大，这些联网的服务器通常用于处理单任务进程。

Socrata　总部位于美国西雅图的一家公司，向政府机构提供开放数据平台服务。

sparklines　迷你折线图：在每个 Excel 单元格中放置的小型图表。

spreadsheet program　电子表格程序：电脑软件，原本是专门应会计师的需求而开发的。电子表格在表格中存储数据，允许使用者对数据执行数学计算。

standard deviation　标准差：用于表达数据值离散情况的统计学概念。

standardize　标准化：将数据集中的一些变异值（经常是错误值）转化为正确值的过程。

stock chart　股价图：一种用于展示开盘价、收盘价和股价高低值的 Excel 图表类型。

Structured Query Language　结构化查询语言：结构化查询语言，英文缩写为 SQL，是一种在数据库管理软件中进行数据操作时使用的程序语言。

summary statistics　汇总统计：对一个数据集进行简要说明的统计方式。使用的统计量包含计数、求和与平均值。

text editors　文本编辑器：可供用户查看和编辑 ASCII 文本文件的电脑程序，包括供 Windows 系统使用的 Notepad＋＋，供 Mac 系统使用的 TextMate 和 TextWrangler。

text qualifier　文本辨识符：用在分隔 ASCII 文本文件中的可选字符，标记那些应该在一列中保持完整的文本。

Text to Columns　文本分列：电子表格中的一项功能，允许用户将一列表格中存储的数据分为多列。

TextMate　一款运行于 Mac 系统上的免费开源 ASCII 文本编辑器。

TextWrangler　一款运行于 Mac 系统上的免费 ASCII 文本编辑器。

time-series data　时间序列数据：表现不同时间点上的数据。分离时间序列数据用于存储发生在明确时间段内的事件信息。例如美国 GDP 季度报告。连续时间序列数据用于存储可能在任何时间点出现的连续信息，例如温度。

trend line　趋势线：散点图的组成要素之一，用一条线去尽可能完美地拟合图上各点，通常建立在线性回归这一统计方法上。

visualization　可视化：用图形方式呈现数据，帮助受众更好地理解数据。

.xls　Excel 电子表格文件的原有扩展名。

.xlsx　Excel 2007 版本后出现的，基于新的 XML 文件的电子表格文件扩展名。

XML　可扩展标记语言的英文缩写：可扩展标记语言，用于存储和传输数据。Excel 的新版文件格式（以 .xlsx 作为扩展名）就是基于 XML 的。

zip file　压缩文件：一种压缩文件，通常使用 .zip 作为文件扩展名，必须在解压或去除封装后才能使用其内容。

# 参考文献

Ackoff, R. (1989). From Data to Wisdom. *Journal of Applied Systems Analysis*, *16*: 3–9.
Agency for Healthcare Research and Quality. (n.d.). Medical Expenditure Panel Survey. http://meps.ahrq.gov/mepsweb/
Attorney General of Texas: Greg Abbott. (n.d.). How to Request Public Information. https://www.oag.state.tx.us/open/requestors.shtml
AustinTexas.gov. (n.d.). Dangerous and Vicious Dogs. austintexas.gov/department/dangerous-and-vicious-dogs
Awad, E. M., & Ghaziri, H. (2004). *Knowledge Management*. Prentice Hall.
Bureau of Alcohol, Tobacco, Firearms and Explosives (ATF). (n.d.). ATF Fact Sheet: National Response Team. http://www.atf.gov/publications/factsheets/factsheet-national-tracing-center.html
Bureau of Economic Analysis (BEA). (2014, Aug. 28). Gross Domestic Product, Second Quarter 2014 (Second Estimate); Corporate Profits, Second Quarter 2014 (Preliminary Estimate). http://www.bea.gov/newsreleases/national/gdp/gdpnewsrelease.htm
Bureau of Justice Statistics (BJS). (n.d.). All Data Collections. http://www.bjs.gov/index.cfm?ty=dca
Bureau of Labor Statistics (BLS). (n.d.). Mass Layoff Statistics. http://www.bls.gov/mls/
Bureau of Transportation Statistics (BTS). (n.d.). BTS Publications. http://www.rita.dot.gov/bts/bts_publications
Cairo, A. (2013). The Functional Art: An Introduction to Information Graphics and Visualization. New Riders.
California Department of Education. (n.d.a). 2010–11 Lorenzo Manor Elementary School Reporting Form for UMIRS Data. http://dq.cde.ca.gov/dataquest/Expulsion/ExpReports/SchoolExpRe.aspx?cYear=2010-11&cChoice=ExpInfo3&cDistrict=0161309—San%20Lorenzo%20Unified&cCounty=01,ALAMEDA&cNumber=6002653&cName=LORENZO%20MANOR%20ELEMENTARY
California Department of Education. (n.d.b). DataQuest. http://dq.cde.ca.gov/dataquest/
Center for Effective Government. (2013). Center for Effective Government Announces Launch: Press Release. http://www.foreffectivegov.org/center-for-effective-government-announces-launch
Center for Effective Government. (n.d.). Risk Management Plan (PRM) Database. http://www.rtknet.org/db/rmp

Chemical Accident Prevention Provisions, 68 CFR, Sec 68 (1994).

City of Houston. (n.d.). 311 Performance Dashboards. http://performance.houstontx.gov/311Dashboards

Coast Guard. (n.d.). Accident Statistics: Boating Safety Division. http://www.uscgboating.org/statistics/accident_statistics.aspx

Connecticut Office of Governmental Accountability. (n.d.). Freedom of Information Commission. http://www.ct.gov/foi/cwp/view.asp?a=3171&q=488272

Consumer Financial Protection Bureau. (n.d.a). A Snapshot of Complaints Received. http://www.consumerfinance.gov/reports/a-snapshot-of-complaints-received-3/

Consumer Financial Protection Bureau. (n.d.b). The Home Mortgage Disclosure Act. http://www.consumerfinance.gov/hmda/

Coy, P. (2013, July 18). The Rise of the Intangible Economy: U.S. GDP Counts R&D, Artistic Creation. http://www.businessweek.com/articles/2013-07-18/the-rise-of-the-intangible-economy-u-dot-s-dot-gdp-counts-r-and-d-artistic-creation

Cuillier, D., & Davis, C. N. (2011). The Art of Access: Strategies for Acquiring Public Records. CQ Press.

Department of Agriculture (USDA). 2013, July. Fiscal Year 2012 Farm Service Agency Farm Assistance Program Payments. USDA, Washington, DC. www.usda.gov/oig/webdocs/03401-0002-11.pdf

Department of Education (DoE). (n.d.). Family Educational Rights and Privacy Act (FERPA). http://www.ed.gov/policy/gen/guid/fpco/ferpa/index.html

Department of Health and Human Services (DHHS). (n.d.). Health Information Privacy. http://www.hhs.gov/ocr/privacy/

Department of Justice (DoJ). (1996). FOIA Update: Congress Enacts FOIA Amendments. http://www.justice.gov/oip/foia_updates/Vol_XVII_4/page1.htm

Drug Enforcement Administration (DEA). (n.d.a). DEA Major Information Systems. http://www.justice.gov/dea/FOIA/FOIA_TOC.shtml

Drug Enforcement Administration (DEA). (n.d.b). STRIDE Data. http://www.justice.gov/dea/resource-center/stride-data.shtml

Environmental Protection Agency (EPA). (n.d.a) Emergency Planning and Community Right-To-Know Act (EPCRA). http://www.epa.gov/agriculture/lcra.html

Environmental Protection Agency (EPA). (n.d.b). Risk Management Plan (RMP) Rule. http://www.epa.gov/oem/content/rmp/index.htm

epic.org. (n.d.). Drivers Privacy Protection Act (DPPA) and the Privacy of Your State Motor Vehicle Record. http://epic.org/privacy/drivers/#introduction

Federal Aviation Administration (FAA). (n.d.). Airmen Certification Database. http://www.faa.gov/licenses_certificates/airmen_certification/releasable_airmen_download/

Federal Emergency Management Agency (FEMA). (n.d.). The Declaration Process. www.fema.gov/declaration-process

Federal Highway Administration. (n.d.). Quick Find: Motor Vehicles. (n.d.). http://www.fhwa.dot.gov/policyinformation/quickfinddata/qfvehicles.cfm

Federal Reserve Bank of St. Louis. (n.d.) FRED FAQ. Economic Research. http://research.stlouisfed.org/fred2/help-faq/#graph_formulas

FileInfo.com. (n.d.). Data File Formats. http://www.fileinfo.com/filetypes/data

Financial Management Service. (2013, Sept. 22). Current Report: Combined Statement of Receipts,

Outlays and Balances. http://www.fiscal.treasury.gov/fsreports/rpt/combStmt/cs2012/outlay.pdf

Food and Drug Administration (FDA). (n.d.). Total Diet Study. http://www.fda.gov/Food/FoodScienceResearch/TotalDietStudy/default.htm

Goldstein, J. (2013, July 2). Audit of City Crime Statistics Finds Mistakes by Police. *The New York Times*. http://www.nytimes.com/2013/07/03/nyregion/audit-of-crime-statistics-finds-mistakes-by-police.html

Government Printing Office (GPO). (2001a). State Numbering and Casualty Reporting Systems, 33 CFR Sec. 174. http://www.gpo.gov/fdsys/granule/CFR-2010-title33-vol2/CFR-2010-title33-vol2-part174

Government Printing Office (GPO). (2001b). Vessel Numbering and Casualty and Accident Reporting System, 33 CFR Sec. 173. http://www.gpo.gov/fdsys/granule/CFR-2001-title33-vol2/CFR-2001-title33-vol2-part173

Gregory, S. (2013, March 14). Sunshine Week: University of Kansas responds to "Let's Break FERPA" letter. Student Press Law Center. http://www.splc.org/blog/splc/2013/03/sunshine-week-university-of-kansas-responds-to-lets-break-ferpa-letter?p=4945

Hickey, W. (2013, Jun. 17). The Worst Chart in the World. *Business Insider*. http://www.businessinsider.com/pie-charts-are-the-worst-2013-6#ixzz2WU7bwUlY

Huynh, D. (2011). Google Refine Tutorial. http://davidhuynh.net/spaces/nicar2011/tutorial.pdf

Inter-university Consortium for Political and Social Research (ICPSR). (n.d.). List of Member Institutions and Subscribers. http://www.icpsr.umich.edu/icpsrweb/membership/administration/institutions

Lohr, S. (2012, Aug. 28). I.B.M. Mainframe Evolves to Serve the Digital World. *The New York Times*. http://www.nytimes.com/2012/08/28/technology/ibm-mainframe-evolves-to-serve-the-digital-world.html?_r=2&hpw&&gwh=D08AE3D472E69C065942744D18AC8E11

Look at Cook. (n.d.). Where's The Money Going? Brought to You by Cook County Commissioner John Fritchey. http://lookatcook.com/

Marshals Service. (n.d.) Major Information Systems. http://www.usmarshals.gov/readingroom/titles.html

McCallum, Q. E. (2012). *Bad Data Handbook*. O'Reilly Media.

Merriam-Webster. (n.d.). Data: Definition. *Online Dictionary and Thesaurus* http://www.merriam-webster.com/dictionary/data

Microsoft Developer Network. (n.d.). Introducing the Office (2007) Open XML File Formats. http://msdn.microsoft.com/en-us/library/office/aa338205(v=office.12).aspx

National Center for Education Statistics (NCES). (n.d.). Publications & Products. http://nces.ed.gov/pubsearch/index.asp?searchcat2=pubslast90&HasSearched=1

National Highway Traffic Safety Administration (NHTSA). (n.d.). Who We Are and What We Do. http://www.nhtsa.gov/About+NHTSA/Who+We+Are+and+What+We+Do

National Security Archive. (2007). File Not Found: 10 Years after E-FOIA, Most Federal Agencies Are Delinquent. http://www.gwu.edu/~nsarchiv/NSAEBB/NSAEBB216/guidance.htm

Nixon, R. (2013, Nov. 8). Telephone interview with the author.

Norusis, M. J. (2011). *SPSS Statistics Guide to Data Analysis*. Pearson.

OpenMissouri.org. (n.d.). Egg Licenses. http://openmissouri.org/data_sets/51-egg-licenses

OpenSecrets.org. (2014). Most Expensive Races. http://www.opensecrets.org/overview/topraces.php?cycle=2012&display=allcands

Osborne, J. W. (2013). Best Practices in Data Cleaning: A Complete Guide to Everything You Need To Do Before and After Collecting Your Data. Sage.

Oxford. (n.d.). Data: Definition and Pronunciation. *Oxford Advanced American Dictionary*. http://oaadonline.oxfordlearnersdictionaries.com/dictionary/data

Pell, M., McNeill, R., & Gebrekidan, S. (2013, July 8). Exclusive: U.S. System for Flagging Hazardous Chemicals Is Widely Flawed. http://www.reuters.com/article/2013/07/08/us-chemical-tierii-idUSBRE9670K720130708

Public Law 109-8. (2005). Bankruptcy Abuse Prevention and Consumer Protection Act of 2005. http://www.gpo.gov/fdsys/pkg/PLAW-109publ8/content-detail.html

Rowley, J. (2007). The Wisdom Hierarchy: Representations of the DIKW Hierarchy. *Journal of Information Science*, 33(2): 163–180. http://jis.sagepub.com/content/33/2/163.full.pdf+html

Silver, N. (2012). The Signal and the Noise: Why So Many Predictions Fail—but Some Don't. Penguin Press.

Sinai, N., and Van Dyck, H. (2013, May 13). Recap: A Big Day for Open Data. http://www.whitehouse.gov/blog/2013/05/13/recap-big-day-open-data

Smith, E. B. (2013, May 2). Disclosed: The Pay Gap Between CEOs and Employees. http://www.businessweek.com/articles/2013-05-02/disclosed-the-pay-gap-between-ceos-and-employees

Snyder, T., & Truman, J. (2013, June 26). Indicators of School Crime and Safety, 2012. http://www.bjs.gov/index.cfm?ty=pbdetail&iid=4677

Socrata.com. (2014). Socrata Customer Spotlight. www.socrata.com/customer-spotlight/

Susko, J., Putnam, J., & Carroll, J. (2012, August 28). Bay Area School Safety Data Flawed, No Oversight. http://www.nbcbayarea.com/investigations/School-Safety-Data-Flawed-No-Oversight-165171666.html

Tavernise, S. (2011, August 25). New Numbers, and Geography, for Gay Couples. *The New York Times*. http://www.nytimes.com/2011/08/25/us/25census.html?_r=1&

Texas Parks and Wildlife Department. (n.d.). Hunter Education Outdoor Learning Publications. http://www.tpwd.state.tx.us/publications/learning/hunter_education/

Tufte, E. R. (1983). The Visual Display of Quantitative Information. Graphics Press.

Tufte, E. R. (2006). *Beautiful Evidence*. Graphics Press.

Tukey, J. W. (1977). *Exploratory Data Analysis*. Addison-Wesley.

U.S.C. Title 46. (2011). United States Code, 2011 Edition. Title 46–SHIPPING. http://www.gpo.gov/fdsys/pkg/USCODE-2011-title46/html/USCODE-2011-title46-subtitleII-partD-chap61-sec6102.htm

United States Courts. (n.d.a). Bankruptcy Statistics. http://www.uscourts.gov/Statistics/BankruptcyStatistics.aspx

United States Courts. (n.d.b). Chapter 11. http://www.uscourts.gov/FederalCourts/Bankruptcy/BankruptcyBasics/Chapter11.aspx

Utts, J. M. (2014). *Seeing Through Statistics*, 4th edition. Duxbury Press.

Westhoff, P. (2013, Sept. 8). Telephone interview with the author.

Wolfram Alpha. (n.d.). Timeline of Systematic Data and the Development of Computable Knowledge. http://www.wolframalpha.com/docs/timeline/

Yau, N. (2011). Visualize This: The FlowingData Guide to Design, Visualization, and Statistics. Wiley.

# 索引

（所注页码为英文原书页码，即本书边码）

Ackoff, R. L. 罗素·阿科夫 6
Adobe ColdFusion 奥多比公司一款动态 Web 服务器 22
Agencies 机构
 in data analysis 数据分析 15-19
 in data collection 数据收集 15-19
 data entry by 数据录入 19-23
 in data publication 数据公开 15-19
 data storage by 数据存储 38-40
 database creation by 创建数据库 15-19
Agricultural data, dirt in 农业数据污染 71-72
Airman Directory Releasable File 飞行员目录发布版文件 42-43
Algorithms 算法 8
Alphanumeric 字母数字 42
American Library Association's State Agency Databases 美国图书馆协会州机构数据库 55
American Standard Code for Information Interchange, See ASCII 参见 ASCII
Amount change 数量变化 117-123
ASCII 美国信息交换标准代码 9, 46
.asp 动态服务器页面 22
Audit reports 审计报告 52-53
Awad, E. M. 阿瓦德 7

Babbage, Charles 查尔斯·巴比奇 8
Bankruptcies 破产 4-5
Bankruptcy filings 破产数据 72
Bar charts 条形图
 description of 描述 152-154
 in Excel 在 Excel 软件中 158-160
 horizontal 横向条形图 158-160

Benchmarking 基准点 118
Bit 比特 3
Boxplots 箱线图 155
Bureau of Alcohol, Tobacco, Firearms, and Explosives 烟酒枪炮及爆炸物管理局 20
Bureau of Economic Analysis 经济分析局 73
Bureau of Justice Statistics 司法统计局 36
Bureau of Labor Statistics 劳动统计局 37
Bureau of Transportation Statistics 交通统计局 36–37
Bush, George H. W. 乔治·布什 18

Calc 电子表格软件 Calc 188
Cell references 单元格引用 122
Census Bureau 人口普查局 35–36
Central tendency 集中趋势 116
.cfm 奥多比公司的脚本语言 22
Charts/charting 图表
 bar 条形图 152–154
 clustered column 簇状柱状图 151
 data visualization using 用图表将数据可视化 149–156
 in Excel 在 Excel 软件中 157–167
 line 折线图 152
 pie. See Pie charts 参见饼状图

stock 股价图 155
vertical column 柱状图 150–151
web tools for. See Web tools 参见网络工具
CKAN 用于政府开放数据平台的一个开源数据门户网站 31, 33–34
Clustered column charts 簇状柱状图 151
Clustering 聚类 109–110
Coast Guard 海岸警卫队 15–16
Column carving 将数据分列 96–103
Column charts, in Excel Excel 中的柱状图 160–164
Comma-delimited text files 逗号分隔文本文件 11
Comma-separated values (CSV) file 逗号分隔值文件 11
Comparing data 比较数据
 rates for 比率 118, 126–127
 ratios for 比例 118, 127–128
Computer servers 计算机服务器 58
Concatenation 连接 103–106
CSV 逗号分隔值 11
Cuillier, David 戴维·库伊列尔 62

Data 数据
 alphanumeric 字母数字 42
 comparing. See Comparing data 参见比较数据

in dates 日期数据 106

　　definition of 描述 3

　　error-checking tools for 数据纠错功能 70

　　geographic 地理数据 156

　　history of, 数据世界简史 8-9

　　offline. See Offline data 参见离线数据

　　primary 一手数据 6

　　publication of, agencies involvement in（政府）机构参与的数据公开 15-19

　　raw 原始数据 5

　　run-on 没有隔断的数据 70

　　secondary 二手数据 6

　　visualizing. See Data visualization 参见数据可视化

Data analysis 数据分析

　　agencies involvement in（政府）机构的数据分析 15-19

　　benchmarking 基准点 118

　　comparisons 对比 117-118

　　database managers 数据库管理 181-184

　　exploratory 探索性数据分析 145

Data cleaners 数据清洗工具 188

Data cleaning 数据清洗

　　column carving 将数据分列 96-103

　　concatenation 连接 103-106

　　description of 描述 95

Data collection 数据收集

　　agencies involvement in（政府）机构的数据收集 15-19, 23

　　changing rules for 改变收集数据规则 72

　　for legal mandate fulfillment 依法律要求收集数据 15-19

Data comparisons 数据对比 117-118

Data documentation 数据说明文件 42

Data entry, in databases 在数据库中录入数据 19-23

Data extraction, from PDFs 从PDF文档中提取数据 111-112

Data files 数据文件

　　downloading of 数据文件的下载 43-49

　　formats of 数据文件的格式 9-11

　　information held by 数据文件含有的信息 4-5

　　inspecting of 检查数据文件 43-49

　　unzipping of 解压数据文件 43-49

Data-information-knowledge-wisdom pyramid 数据—信息—知识—智慧（DIKW）金字塔 6-8

Data integrity checks 数据完整性校验

　　big-picture checks 全局校验 76

－78

　　overview of 概述 75－76

　　pivot tables for 用数据透视表进行校验 78－94

Data portal 数据门户 29－35

Data search, using Google Advanced Search 使用谷歌高级搜索进行数据搜索 41－42

Data storage, by government agencies 政府机构的数据储存 38－40

Data visualization 数据可视化

　　best practices for creating 创建图表的指南 146－148

　　charts for 图表 149－156

　　definition of 数据可视化的定义 145

　　exploratory data analysis 用可视化进行探索性数据分析 145

　　online options for 在线可视化站点选择 171－174

Database managers 数据库管理软件 7, 181－184

Databases 数据库

　　agencies that create（政府）机构创建的数据库 15－19

　　data entry in 录入数据库中的数据 19－23

　　reports from 从数据库中得出的报告 23－25

Data.gov 联邦政府数据集公开网址 29, 33－35

Data-Notebook 数据笔记本 32

Dates, data in 日期中的数据 106

Davis, Charles N. 查尔斯·戴维斯 62

dBASE 数据集文件格式 9

Decennial census 十年一度的人口普查 35

Delimited text files 使用分隔符的文本

　　comma-separated 逗号分隔的文本 11, 44－45

　　definition of 定义 9

　　delimiter character used in 使用的分隔符 47

　　example of 案例 10－11

　　image of 图例 44－45, 47

　　text qualifiers used in 使用的文本辨识符 45－46

Delimiters 分隔符 11

Department of Energy 能源部 43

Digital computers 数字计算机 8

Dirty data 数据污染

　　in agricultural data 农业数据中的污渍 71－72

　　environments for 数据污染的原因 69

as hindrance 数据污染的影响 69–70

overview 概述 67–69

Drivers Privacy Protection Act (DPPA)《驾驶员隐私保护法案》62

Electronic Freedom of Information Act Amendments (E-FOIA) 电子信息自由修正案 53

Embed code 嵌入码 171

Environmental Protection Agency 环境保护局

 databases from 环境保护局的数据库 17–18，40

 purpose of 环境保护局的职责 18

 Risk Management Plan database of 环境保护局的风险管理计划数据库 17–18

ESPN 娱乐体育节目电视网 7

Excel Excel 软件

 bar charts in 条形图 158–160

 charting in 用 Excel 制表 157–167

 column carving 将数据分列 96–103

 column charts in 柱状图 160–164

 Comma Separated Values File 逗号分隔值文件 44

 Concatenation 连接 103–106

data in dates 日期数据 106

data types 数据类型 48

description of 描述 187–188

filtering 筛选 134–137

format of Excel 文件格式 9

grouping 分组 138–141

horizontal bar charts in 横向条形图 158–160

line charts in 折线图 160–164

pie charts in 饼状图 157–158

PowerPivot with Excel 扩展插件 181

purpose of 使用目的 4

scatterplots in 散点图 164–166

sorting 排序 131–134

sparklines in 迷你折线图 167

summarizing 汇总 138–141

Text to Columns 文本分列 95，97

Exploratory data analysis 探索性数据分析 145

Extensible markup language. See XML 参见可扩展标记语言

Facets OpenRefine 中的一项功能 109

Family Educational Rights and Privacy Act (FERPA)《家庭教育权利和隐私法案》61–62

Farm Service Agency 农场服务局 53

Fatality Analysis Reporting System

database 死亡事故分析报告系统数据库 18-19

Federal Aviation Administration 美国联邦航空管理局 42

Federal Deposit Insurance Corporation 美国联邦存款保险公司 38-39

File extensions 文件扩展名 9

Filtering 筛选 134-137

Fixed-width text files 固定宽度文本文件

 definition of 定义 9

 example of 案例 9-10

Food and Agricultural Policy Research Institute (FAPRI) 食品和农业政策研究所 71-72

Freedom of Information Act《信息自由法案》58-61

Freedom of Information Commission 信息自由委员会 63

Fusion Tables 融合统计图 172-173, 175-180

Geographic data 地理数据 156

Geographic information system (GIS) 地理信息系统 156

Google Advanced Search 谷歌高级搜索 25-26, 41-42, 49

Google Spreadsheets 谷歌电子表格 171-173, 188

Government 2.0 政府 2.0 29

Government Accountability Office (GAO) 政府问责局 52, 64

Government agencies. See Agencies 参见机构

Government websites 政府网站

 Bureau of Justice Statistics 司法统计局 36

 Bureau of Labor Statistics 劳动统计局 37

 Bureau of Transportation Statistics 交通统计局 36-37

 Census Bureau 人口普查局 35-36

 data documentation from 政府网站的数据说明文件 42

 Department of Labor 劳工部 37

 forms and reports from 政府网站中的表格和报告 25-27

Graphical user interface 用户图形界面 181

Gross domestic product (GDP) 国内生产总值 73

Grouping 分组 138-141

Health Insurance Portability and Accountability Act (HIPAA)《医疗保险可携带性和责任法案》62

Histogram 直方图 184-185

Hollerith, Herman 赫尔曼·何乐礼 8

Horizontal bar charts, in Excel Excel 中的横向条形图 158–160

Industrial Revolution 工业革命 8

Inferential statistics 推断统计 115

Information, in data-information-knowledge-wisdom pyramid 数据—信息—知识—智慧(DIKW)金字塔中的"信息" 6–7

Information graphic 信息图 145

Inter-university Consortium for Political and Social Research 校际政治与社会研究联盟 41

Jacquard, Joseph Marie 约瑟夫·玛丽·雅卡尔 8

Key collision 一种 OpenRefine 的聚类方法 110

Knowledge 知识
 creation of 创造知识 7
 decision making uses of 利用知识决策 7
 generation of 产生知识 7

Line charts 折线图
 description of 描述 152
 in Excel Excel 中的折线图 160–164

Linear regression 线性回归 154

Mainframes 大型计算机 58

Mass layoffs 大规模裁员 72

Maximum numbers 最大值 117, 122–123

Mean 算术平均值 116, 129

Median 中位数 116–129

Medical insurance costs 医疗保险开支 72

Memo entries 备忘录 75

Metadata 元数据 75

Microsoft 微软
 Access Access 数据库管理 58, 181–184
 Active Server Pages 动态服务器页面 22
 data file formats 数据文件格式 9
 Excel. *See* Excel 参见 Excel
 SQL SQL 58

Minimum numbers 最小值 117, 122–123

Missouri Ethics Commission 密苏里州伦理委员会 70

Missouri Sunshine Law 密苏里州《阳光法案》59

Mode 众数 117

Motor vehicle registrations 车辆注册数据 72-73
MySQL 数据库管理软件 182

National Center for Education Statistics 美国国家教育统计中心 37-38
National Freedom of Information Coalition (NFIOC) 全美信息自由联盟 63
National Highway Traffic Safety Administration 美国国家公路交通安全管理局 18-19
National Safe Boating Council 美国国家船只安全局 16
National Security Archive 美国国家保密档案馆 53
Nearest neighbour 最近邻点算法 110
Nixon, Ron 罗恩·尼克松 60-61
No Child Left Behind Act 《"不让一个孩子掉队"法案》67-68
Nongovernmental resources 民间的资源 40-41
Nongovernmental websites 民间组织网站 54-56
Notepad++ Notepad++ 9, 44, 46, 188

Offline data 离线数据
    audit reports 审计报告 52-53
    getting help with 获得帮助 62-64
    identifying of 识别 51-57
    obstacles to obtaining 获取离线数据的障碍 61-62
    open-records request letter for 提起数据申请 60
    requesting of 请求数据 58-59
    research on 研究离线数据 57-58
    records retention schedules 记录保存时间表 51-52
Open data policy 公开数据政策 54
Open data portal 公开数据门户 30-35
Open government 开放政府 29
Open Government Guide 开放政府指南 62-63
Open Knowledge Foundation 英国的非营利机构 31
Open-records request letter, for offline data 提起离线数据申请 60
Open-source software 开源软件 9
OpenRefine 数据清洗 95, 107-112, 188
Oresme, Nicole 妮科尔·奥里斯姆 8
Outliers 离群值 69, 89, 116

PDFs, data extraction from 从 PDF

文档中提取数据 111-112

Percent change 百分比变化 117, 123-125

Percent of total 个体占总体的百分比 117, 128-129

Perl Perl 脚本语言 95

PHP PHP 程序语言 22

Pie charts 饼状图

 description of 描述 149-150

 in Excel Excel 中的饼状图 157-158

Pivot tables, for data integrity checks 用数据透视表进行数据完整性校验 78-94, 188

PowerPivot Excel 扩展插件 181

Primary data 一手数据 6

Public-records laws 记录公开法 58-59

Punch cards 打孔卡片 8

Pythagoras 毕达哥拉斯 8

Python 程序语言 95

Rates, for comparing data 用比率比较数据 118, 126-127

Ratios, for comparing data 用比例比较数据 118, 126-128

Raw change 原始（数据）变化 117, 123

Raw data 原始数据 5

Reporters Committee for Freedom of the Press 新闻自由记者委员会 60

Reports 报告

 from databases 来自数据库的报告 23-25

 on government websites 来自政府网站的报告 25-26

Records retention schedules 记录保存时间表 51-52

Right to Know Network 知情权网络 17-40

Risk Management Plan database 风险管理计划数据库 17-18

Roper Center 罗普中心 41

Rowley, Jennifer 珍妮弗·罗利 7

Ruby Ruby 程序语言 95

Run-on data 没有隔断的数据 70

Scatterplots 散点图

 description of 描述 154

 in Excel Excel 中的散点图 164-166

Schickard, Wilhelm 威廉·契克卡德 8

Secondary data 二手数据 6

Servers, computer 计算机服务器 58

Show-Me Institute Show-Me 组织 40-41

Silver, Nate 纳特·西尔弗 7

Socrata Socrata 公司 31

Sorting data 数据排序 131-134

Sparklines 迷你折线图
    description of 描述 155
    in Excel Excel 中的迷你折线图 167

Spreadsheet programs 电子表格程序 9

Spreadsheets 电子表格
    Excel，187-188. See also Excel 参见 Excel
    filtering in 筛选 134-137
    Google 谷歌电子表格 171-173，188
    grouping in 分组 138-141
    sorting in 排序 131-141
    summarizing in 汇总 138-141
    types of 种类 9

SPSS SPSS 软件 184-185

Standard deviation 标准差 185

Standardizes 标准化 111

Statistical programs 统计软件 184-185

Statistics 统计
    inferential 推断统计 115
    summary 汇总统计 115-117

Stock charts 股价图
    description of 描述 155
    in Excel Excel 中的股价图 166

STRIDE data STRIDE 数据 138-141，182-185

Structured Query Language（SQL）结构化查询语言 95，181-183

Summarizing 汇总 138-141

Summary statistics 汇总统计
    calculation of 计算 121-122
    definition of 定义 115
    simple 简单的 116-117

Sunshine Law《阳光法案》59

Tabs 制表键 45-46

Text editors 文本编辑器 9，188

Text files 文本文件 9

Text qualifiers 文本辨识符 45-47

Text to Columns 文本分列 95，97-102

TextMate 一款运行于 Mac 系统上的免费开源 ASCII 文本编辑器 188

TextWrangler 一款运行于 Mac 系统上的免费 ASCII 文本编辑器 9，44，188

Time-series data 时间序列数据 150-151

Trend line 趋势线 154

U. S. Department of Labor 美国劳工部 37

U. S. Marshals Service 美国法警局 54

U. S. Postal Service 美国邮政局 54

Vertical column charts 垂直柱状图 150–151

Visualizations. *See* Data visualization 参见数据可视化

Web tools 网络工具
  data visualization with 用网络工具进行数据可视化 171–174
  evaluation of 评估网络工具 174–175
  Fusion Tables 融合统计图 172, 175–180
  overview of 概述 169–170
  platforms for 站点 174–175

Websites. *See* Government websites 参见政府网站

.xls 文件扩展名 9

XML 可扩展标记语言 9

Zip files 压缩文件 44

# 译后记

《数据素养——数据使用者指南》这本书的翻译前后历时约半年，我们翻译全书的过程，也是一次学习的过程，尤其是参与本书翻译工作的研究生同学们，都表示在参与本书翻译的过程中有极大的收获。借此我们也将自己的翻译工作简单介绍一下。

本书的语言风格平实简练，作者赫佐格先生，如同我们了解到的，是一位具有丰富新闻写作经验的作者，同时又是一位大学教师，他非常清楚如何用最简洁的语言表达自己的中心思想。同时，本书又有着非常明确的目标受众，即那些没有专业统计或者数学背景的读者，这让作者在组织内容的时候，更加强调用通俗易懂的语言和现实生活中的例子来让读者对"数据素养"产生感知。简而言之，从写作角度，本书的语言流畅自然，也充分考虑了目标读者的知识结构，这样的写作特点也给我们的翻译工作带来了很多帮助。

例如作者在第三部分第五章描述"数据污染"这一概念的时候，就找到了美国的医疗保险开支、车辆注册信息等与日常生活息息相关的例子，来让读者对"数据污染"有直观印象。也许对于非本土读者来说，这样的感受不会那么直观，但是您也许可以思考，书中的例子在中国的社会环境中，或者您与数据打交道的过程中，有没有类似的情况？例如上述对数据污染的描述中，作者提到纽约这一地名在不同的数据集中可能以"New York City"

"NYC"或者"N.Y."等形式存在。类似的，您有没有遇到过"上海"这一地名在不同的数据集中的不同表示呢？这样的思维转换，也许能帮助读者更准确地理解书中的内容。出于译者的角度，我们忠实于原著，尽可能准确地将大量基于美国社会的词汇（例如美国政府机构的名称）翻译成中文。然而我们建议您不妨在一些情境中带入本土化的思维，以便理论联系实践。

此外，在翻译的过程中，我们发现插图的大量使用也是本书的一大特点。这些基于实例的截图能帮助读者更容易地感知数据世界，形成数据素养。我们将每幅插图的注释进行了翻译，此外作者也给出了这些插图的原始出处。有兴趣的读者可以据出处访问这些网站，对相应内容进行更深入的探究。

站在译者角度，还有一点希望与读者分享的是，我们并未严格按照原著装订成书后的顺序进行翻译，而是在目录和序言部分之后，首先翻译了全书末尾的术语表（Glossary）。这份术语表中包含了作者认为需要单独进行解释的词语，其中既有"聚类""透视表"等数据方面的专业词语，也有《信息自由法案》等涉及美国社会和法律的专业词语。对于译者而言，明确这些词语在本书语境下的意义，对于翻译的准确性有极大帮助。同样对于读者而言，尤其我们假设您是一位既不熟悉美国社会又刚刚接触数据领域的读者，在阅读全书前首先浏览术语表，将帮您熟悉一些高频出现的词语，继而显著地提高阅读效率。

最后谈一谈本书的翻译分工。在第一译者沈浩的指导下，译稿初稿的大部分由李运在英国交流期间完成。在初稿的基础上，中国传媒大学2015级传播研究方法和媒介市场调研的硕士研究生罗晨等人，对全书进行了校对，在此感谢同学们为本书付出的辛苦劳动。在此期间，我们也针对原著一些表述的固定译法和全书的语言风格进行了大量讨论。本着严谨的学术态度，我们在能力范围内，力求忠实地还原原著的内容。然而因为时间仓促，水平有限，本书的翻译难免存在纰漏。对于我们可能存在的疏忽甚至谬误之处，还请各位专家学者、读者朋友们批评指正。

沈浩、李运<br>2017年2月20日于中国传媒大学

Data Literacy：A User's Guide，1e by David Herzog

English language edition originally published by SAGE Publications of London，Thousand Oaks，New Delhi and Singapore，© 2016 by SAGE Publications，Inc.

《数据素养：数据使用者指南》为世哲出版社（英国、美国、印度和新加坡）首次出版。简体中文版由世哲出版社授权出版。
Simplified Chinese edition © 2017 by China Renmin University Press.

All Rights Reserved.

图书在版编目（CIP）数据

数据素养：数据使用者指南/（美）戴维·赫佐格（David Herzog）著；沈浩，李运译．—北京：中国人民大学出版社，2018.1
　书名原文：Data Literacy：A User's Guide
　ISBN 978-7-300-25083-0

Ⅰ.①数… Ⅱ.①戴… ②沈… ③李… Ⅲ.①信息素养 Ⅳ.①G254.97

中国版本图书馆 CIP 数据核字（2017）第 256062 号

## 数据素养
### 数据使用者指南
[美] 戴维·赫佐格（David Herzog）　著
沈　浩　李　运　译
Shuju Suyang

| | | | | | |
|---|---|---|---|---|---|
| 出版发行 | 中国人民大学出版社 | | | | |
| 社　　址 | 北京中关村大街 31 号 | | 邮政编码 | 100080 | |
| 电　　话 | 010-62511242（总编室） | | 010-62511770（质管部） | | |
| | 010-82501766（邮购部） | | 010-62514148（门市部） | | |
| | 010-62515195（发行公司） | | 010-62515275（盗版举报） | | |
| 网　　址 | http://www.crup.com.cn | | | | |
| | http://www.ttrnet.com（人大教研网） | | | | |
| 经　　销 | 新华书店 | | | | |
| 印　　刷 | 北京东君印刷有限公司 | | | | |
| 规　　格 | 170 mm×240 mm　16 开本 | | 版　次 | 2018 年 1 月第 1 版 | |
| 印　　张 | 15.75 插页 2 | | 印　次 | 2018 年 1 月第 1 次印刷 | |
| 字　　数 | 218 000 | | 定　价 | 59.80 元 | |

版权所有　侵权必究　　印装差错　负责调换